国家出版基金项目
NATIONAL PUBLICATION FOUNDATION

"一带一路"沿线国家教育政策法规研究丛书

塞尔维亚
教育政策法规

主编 / 张德祥 李枭鹰

编译 / 王玉平　齐小鹏　潘乐　耿宁荷

大连理工大学出版社
Dalian University of Technology Press

图书在版编目（CIP）数据

塞尔维亚教育政策法规 / 王玉平等编译. -- 大连：大连理工大学出版社，2020.12
（"一带一路"沿线国家教育政策法规研究丛书 / 张德祥，李枭鹰主编）
ISBN 978-7-5685-2578-7

Ⅰ.①塞…　Ⅱ.①王…　Ⅲ.①教育政策－塞尔维亚②教育法－塞尔维亚　Ⅳ.①D954.321.6

中国版本图书馆 CIP 数据核字（2020）第 105748 号

SAI'ERWEIYA JIAOYU ZHENGCE FAGUI

大连理工大学出版社出版
地址：大连市软件园路 80 号　　邮政编码：116023
发行：0411-84708842　　邮购：0411-84708943　　传真：0411-84701466
E-mail：dutp@dutp.cn　　URL：http://dutp.dlut.edu.cn
上海利丰雅高印刷有限公司印刷　　　　大连理工大学出版社发行

幅面尺寸：185mm×260mm　　印张：18.25　　字数：380 千字
2020 年 12 月第 1 版　　　　　　2020 年 12 月第 1 次印刷

责任编辑：张　岩　　　　　　　　　　责任校对：孟凡彩
封面设计：奇景创意

ISBN 978-7-5685-2578-7　　　　　　　　定　价：128.00 元

本书如有印装质量问题，请与我社发行部联系更换。

总　序

　　共建"一带一路"是中国提出的伟大倡议,也是中国与"一带一路"沿线国家的共同愿望。"一带一路"倡议出自中国,却不只属于中国,而属于"一带一路"沿线所有国家,乃至全世界。中国是"一带一路"的倡导者和推动者,沿线所有国家是"一带一路"的共商者、共建者和共享者。

　　为推进共建"一带一路"伟大倡议,让古丝绸之路焕发新的生机与活力,以新的形式使亚欧非各国联系更加紧密,互利合作迈向新的历史高度,中国政府于 2015 年 3 月 28 日发布了《推动共建丝绸之路经济带和 21 世纪海上丝绸之路的愿景与行动》,强调"一带一路"是促进共同发展、实现共同繁荣的合作共赢之路,是增进理解信任、加强全方位交流的和平友谊之路。中国政府倡议,秉持和平合作、开放包容、相互借鉴、互利共赢的理念,全方位推进务实合作,打造政治互信、经济融合、文化包容的利益共同体、命运共同体和责任共同体。

　　为贯彻落实《推动共建丝绸之路经济带和 21 世纪海上丝绸之路的愿景与行动》,2016 年 7 月 13 日中华人民共和国教育部牵头制定了《推进共建"一带一路"教育行动》。该文件指出,推进共建"丝绸之路经济带"和"21 世纪海上丝绸之路",为推动区域教育大开放、大交流、大融合提供了大契机。"一带一路"沿线国家教育加强合作、共同行动,既是共建"一带一路"的重要组成部分,又为共建"一带一路"提供人才支撑。中国愿与沿线国家一道,扩大人文交流,加强人才培养,共同开创教育的美好明天。

　　自共建"一带一路"倡议提出至 2019 年 8 月底,已有 136 个国家和 30 个国际组织与中国签署了 195 份共建"一带一路"合作文件。"一带一路"是一个多极的和多文化的世界,无论是政治、经济、文化、教育、生态还是种族、民族、宗教、习俗等,不同国家或地区之间存在这样或那样的差异。因此,只有全面了解民间需求与广泛民意,消除误解误判,只有国家的学者、企业家、政府部门、民间组织和民众充分理解各国的国际关系、宗教信仰、历史文化、风俗习惯、法律法规和民心社情,才能更好地推动"一带一路"建设。也就是说,"一带一路"沿线国家建立政治互信、经济融合、文化包容的利益共同体、命运共同体和责任共同体,必须根基于沿线国家间的"文化理解或认同",而这又与教育尤其是高等教育的交流合作密切相关。

　　教育政策法规是了解一个国家教育发展状况和治理水平的重要窗口,是各国之间教育合作交流的基本依据。为此,教育部牵头制定的《推进共建"一带一路"教育行动》呼吁沿线国家"加强教育政策沟通",即通过开展"一带一路"教育法律、政策协同研究,构建沿线各国教育政策信息交流通报机制,为沿线各国政府推进教育政策互通提供依据与建议,为沿线各国学校和社会力量开展教育合作交流提供政策咨询;积极签署双边、多边和次区域教育合作框架协议,制定沿线各国教育合作交流国际公约,逐步疏通教育合作交流政策性瓶颈,实现学分互认、学位互授联授,协力推进教育共同体建设。

　　大连理工大学切实贯彻《推进共建"一带一路"教育行动》的精神,精心谋划和大力支持"一带一路"教育研究。该校原党委书记张德祥教授带领课题组成员克服文本搜集、组建团队、筹措经费等多重困难,充分发挥学校高等教育研究院、"一带一路"高等教育研究中心、中俄暨独联体合作研究中心以及教育部国别和区域研究中心"独联体国家研究中心"的优势和特色,积极参与和服务于"一带一路"的推进和共建,编译"一带一路"沿线国家教育政策法规,并在国内率先开展"一带一路"沿线国家教育政策法规研究,具有很好的教育发展战略意识和强烈的服务国家发展战略的责任感和使命感。中国高等教育学会大力支持这项工作,将"'一带一路'国家高等教育政策法规研究"立项为2016年高等教育科学研究"十三五"规划重大攻关课题,并建议课题组首先聚焦于编译"一带一路"沿线国家的教育法、高等教育法以及教育中长期发展规划等,及时为国家推进共建"一带一路"教育行动搭建教育政策沟通桥梁。该课题组根据中国高等教育学会专家组的意见,组织力量,编译了这套《"一带一路"沿线国家教育政策法规研究丛书》。作为中国高等教育学界的一名老兵,看到自己的学生们带领国内一批青年学者甘于奉献、不辞辛劳、不畏艰难,率先耕耘在"一带一路"沿线国家教育研究这片土地上,我由衷地感到欣慰。同时,大连理工大学出版社全力支持这套丛书的出版,不遗余力地为丛书的出版工作提供支持,使这套丛书能及时出版发行。最后,我真诚地希望参与这项工作的师生们努力工作,高质量、高水平地把编译成果呈现给"一带一路"的教育工作者。

　　是为序。

潘懋元于厦门大学高等教育研究中心
2019年9月10日

前　言

2015 年 3 月 28 日《推动共建丝绸之路经济带和 21 世纪海上丝绸之路的愿景与行动》和 2016 年 7 月 13 日《推进共建"一带一路"教育行动》的相继颁布,将"政策沟通"置于"五通"之首,让我们意识到编译《"一带一路"沿线国家教育政策法规研究丛书》的重要性和紧迫性。对我们来说,承担这一艰巨任务是一种考验,更是一种使命。

2016 年中国高等教育学会组织申报高等教育科学研究"十三五"规划课题,将"'一带一路'背景下我国高等教育国际化研究"列入重大攻关课题指南。我们在这个框架之下组织申报的"'一带一路'国家高等教育政策法规研究",获得了中国高等教育学会专家组的认可和支持,这对我们是极大的鞭策和鼓励。2016 年 11 月,我们认真筹备和精心谋划,参加了中国高等教育学会组织的开题论证工作,汇报了课题的研究设想。听取了专家组的宝贵意见后,我们及时调整了课题研究重心。我们考虑首先要聚焦于编译"一带一路"沿线国家教育政策法规,因为,我们对许多国家的高等教育政策法规还不了解,国内也缺乏这方面的资料。编译这些资料既可以为我们日后的研究打下基础,也可以为其他研究者和部门进行相关研究、制定政策提供基础性的资料和参考。于是,我们调整了工作思路,即先编译,然后再进行研究。同时,考虑到许多国家的高等教育政策法规常常包括在教育政策法规中,我们的编译从"高等教育政策法规"拓展到"教育政策法规",这种转变正好呼应了《推进共建"一带一路"教育行动》中的"政策沟通"。

主编《"一带一路"沿线国家教育政策法规研究丛书》,是一项相当繁重和极其艰辛的工作,其中的酸甜苦辣只有经历了才能体会到。第一,参与共建"一带一路"的国家相当多,截至 2019 年 8 月底,已有 136 个国家和 30 个国际组织与中国签署了共建"一带一路"合作文件。这套教育政策法规研究丛书虽然只涉及其中的 69 个国家,但即使是选择性地编译这些国家的教育法、高等教育法以及中长期教育发展规划等,也需要大量的人力、财力等的支持。第二,不少"一带一路"沿线国家的教育本身不够发达,与之密切关联的教育政策法规通常还在制定和健全之中,我们只能找到和编译那些现已出台的政策法规文本,抑或某些不属于政策法规却比较重要的文献。编译这类教育政策法规时,我们根据实际需要对某些文本进行了适当删减。由于编译这套丛书的工作量很大、历时较长,我们经常刚编译完某些国家旧有的教育政策法规,新的教育政策法规又出台了,我们不得不再次翻译最新的文本而舍弃旧有的文本。如此反反复复,做了不少"无用功"。即便如此,我们依然不敢担保所编译的教育政策法规是最新的。第三,"一带一路"沿线国家或地区的官方语言有 80 多种,涉及非通用语种 70 种(这套教育政策法规研究丛书涉及的 69 个国家,官方语言有 50 多种),我们竭尽全力邀请谙熟非通用语种的人士加盟,但依然还很不够。由于缺乏足够的谙熟非通用语种的人士加盟,很多教育政策法规被迫采用英文文本。在编译过程中,我们发现那些非英语国家的英文文本的表达方式与标准英文经常存在很大的出入,而且经常夹杂着这样或那样的"官方语言"或"民族语言"。这对编译工作是一个极大的挑战和考验,我们做到了尽最大努力去克服和处理。譬如,新西兰是一个特别注重原住民及其文化的国家,其教育政策法规设有专门的毛利语教育板块,因而文本中存有大量的毛利语。为了翻译这些毛利语,编译者查阅了大量有关毛利文化的书籍和文献,有时译准一个毛利语词语要花上数十天甚至更长的时间。类似的情况经常碰到,编译者们付出了难以计量的劳动,真诚地希望这套丛书的出版能给他们带来足够的精神上的慰藉。

为了顺利推进研究工作,我们围绕研究目标和研究重点,竭尽全力组建结构合理的研究团队,制订详尽的研究计划,规划时间表和线路图,及时启动研究工作,进入研究状态。大连理工大学积极参与"一带一路"建设,高度重视"一带一路"沿线国家教育研究工作,成立了"'一带一路'高等教育研究中心"、"中俄暨独联体合作研究中心"和教育部国别和区域研究中心"独联体国家研究中心"。大连理工大学、大连外国语大学、大连民族大学、杭州师范大学、广西民族大学、广西财经学院、广西职业技术学院、广西桂林市委党校、南开大学、海南大学、重庆大学、赤峰学院、天津市教育科学研究院等单位的有关专家、学者、教师、学生积极参与此项工作,没有他们的艰辛付出和辛勤劳动,编译工作将举步维艰。这项工作得到了大连理工大学出版社的大力支持,出版社的同志们不畏艰辛、不厌其烦、不计回报,为这套丛书的出版付出了难以想象的汗水和精力。对此,课题组由衷地表示感谢。

张德祥　李枭鹰
2019 年 9 月 8 日

目 录

塞 尔 维 亚

　　塞尔维亚位于巴尔干半岛中北部,东北与罗马尼亚,东部与保加利亚,东南与北马其顿,南部与阿尔巴尼亚,西南与黑山,西部与波黑,西北与克罗地亚,北部与匈牙利相连。塞尔维亚国土面积为 8.84 万平方公里(科索沃地区 1.09 万平方公里)。共有 30 个州,下辖 198 个区。矿藏有煤、铁、锌、铜等,森林覆盖率为 31.12%,水力资源丰富。主要工业部门有冶金、汽车制造、纺织、仪器加工等。塞尔维亚土地肥沃,雨水充足,农业生产条件良好。农业用地 506 万公顷,主要集中在北部的伏伊伏丁那平原和中部地区,其中耕地 329 万公顷,果园 24 万公顷,葡萄园 5.6 万公顷,草场 62.1 万公顷,牧场 84.5 万公顷。

　　议会是塞尔维亚国家最高权力机构,实行一院制。议员通过直选产生,任期4年。总统由直选产生,任期 5 年。政府是最高权力执行机构。

　　塞尔维亚实行 8 年制义务教育。全国主要大学有贝尔格莱德大学、诺维萨德大学、尼什大学、克拉古耶瓦茨大学和普里什蒂纳大学。

注:以上资料数据参考依据为中国外交部官方网站塞尔维亚国家概况(2020 年 10 月更新)。

塞尔维亚共和国教育基本法

一、总则

法律的主体

第 1 条

本法管辖学前教育、中小学教育和教学，具体包括：教育原则、教育教学的目标和标准，学前教育、中小学教育和教学的行为和条件，教育机构的成立、组织、融资和监管，以及与教育和教学相关的其他事宜。

教育和教学

第 2 条

1.教育和教学系统包括学前教育和中小学教育，以及构成塞尔维亚共和国所有公民终身学习的组成部分。

2.教育和教学应当遵循教育和教学的一般原则，最终实现教育和教学的目标和标准。

教育和教学系统总则

第 3 条

1.教育和教学系统必须为所有儿童、学生和成人服务：

（1）提供平等地接受教育的机会，不得因为性别、社会群体、文化、民族、宗教、居住地/住所、经济、健康状况、发育障碍、身体残疾等因素实行歧视性和隔离教育。

（2）利用现代科学的成就，根据儿童、学生或成人的年龄及个人教育需求，提供与之相适应的、均衡的高质量教育。

（3）建立具有社会责任感的民主教育机构，通过教育促进社会开放，培养合作、宽容的态度，树立文化和文明意识，培育基本道德观和正确的价值观，追求真理、团结、自由、诚实和勇于担当的精神；确保教育机构充分尊重儿童、学生和成人的权利。

（4）针对儿童的特点实施不同形式的教育、学习和评价体系，满足学生的不同需求，提高学习的积极性，提升教育质量。

（5）保障不同层次、不同形式的教育公平，满足儿童、学生和成人的需要，扫除其在调整或完成继续教育及终身教育过程中可能出现的障碍。

（6）为学生和成人提供相关的培训，使他们适应现代职业的要求。

2.教育及其体系发挥作用的形式：

（1）与家庭进行有效的合作，促进父母或监护人参与教育，以实现预期的教育目标。

（2）与当地社区开展多种形式的合作，协调更广泛的社会资源，充分协调个人兴趣和社会需求之间的关系。

（3）提高教育机构的有效性和灵活性，以达到最佳的教育效果。

（4）开辟广阔的教育创新空间。

3.坚持上述原则，应特别注意如下几点：

（1）保障适龄儿童及时接受学前教育。

（2）学校教育应当帮助学生做好准备，使其从一个教育层次向另一个教育层次顺利而平稳地过渡。

（3）为具有特殊能力的学生和成人（有天赋的儿童和成人）提供机会，无论其经济状况如何，都应获得适当水平的教育；同时认定、检测和激励具有超常能力的学生，使其走上未来成为科学家和研究人员的道路。

（4）为患有发育障碍和残疾的儿童、学生和成人提供机会，无论其经济状况如何，使他们都有机会获得不同层次的教育；社会福利机构的儿童和患有疾病的儿童，享有在教育机构、医院及家中接受治疗的权利，同时享有接受教育的权利。

（5）教育权利的实现，不得妨碍儿童享有其他的权利。

教育及其体系的目标

第 4 条

教育及其体系的目标是：

（1）根据每名学生的发展需求、能力和兴趣，发展其智力、情感、体能和社会能力。

（2）培养语言、数学、科学、艺术、文化、技术和信息素养，促进其获得高质量知识、技能，使其具备在现代社会中生活和工作的能力。

（3）培养学生的创造能力，培养他们的创造性、审美意识和文化品位。

（4）充分、高效地利用信息和通信技术，培养儿童发现、分析、利用、交流信息的能力。

（5）培养学生解决问题的能力，充分认识不同知识和技能之间的关系，并将其应用于继续教育、专业工作和日常生活中。

（6）培养儿童和学生的学习积极性，使他们能够独立学习，并具备终身学习、接受国际教育的能力，为其职业生涯奠定基础。

（7）培养学生的自我意识，发挥其主动性，培养他们进行自我评价和表达个人意见的能力。

（8）帮助儿童和学生能够就自己未来的教育、职业发展和未来生活做出合理的规划。

(9)培养儿童和学生现代社会生活所需的能力，利用现代科学、经济和技术的发展成果，按照特定的职业要求，发展专业技能。

(10)帮助儿童和学生养成健康的生活方式，提高自身对健康、安全以及体能重要性的认识。

(11)提高对可持续发展重要性的认识和保护自然与环境、生态与动物的重要性的认识。

(12)帮助儿童和学生提高沟通能力，培养团结和高效合作的意识，掌握团队建设技能，促进儿童能力的发展。

(13)培养儿童和学生作为公民的社会责任感，使他们尊重人权和公民的权利、尊重他人追求个性的权力，具备在民主和人性化的社会中生活的能力；培养关心他人、追求正义、真理和自由的价值观，做诚实和有责任感的公民。

(14)帮助儿童和学生形成自己的意见、观点和价值观，培养塞尔维亚共和国的民族意识和归属感，学习塞尔维亚共和国语和他们自己的地方语言、塞尔维亚共和国的传统和文化、少数民族的传统和文化，发展多元文化，尊重和保护国家的世界遗产。

(15)尊重和平等地对待不同种族、民族、文化、语言、宗教、性别和年龄的群体，保持宽容的态度，尊重差异。

普通教育、教学成果及标准

第5条

1.普通教育和教学成果是整个教育和教学过程的结果。教学过程保证儿童、学生和成人获得知识、技能和价值观；这些因素促进其发展、走向成功，同时有助于推动其家庭、社区和社会的发展。

2.教育和教学系统必须为儿童、学生和成人提供一切条件，使他们能够：

(1)建构他们的知识体系，帮助其更好地交流已有的知识。

(2)掌握学习方法并勤于思考。

(3)使用批判性思维和创造性思维发现问题、解决问题，并做出决定。

(4)作为团队、群体、组织和社区成员与他人高效地合作。

(5)负责高效地管理自己和他人的活动。

(6)收集、分析、组织和批判性地评估信息。

(7)使用不同的语言、视觉和符号等进行有效的沟通。

(8)批判性地高效使用科学技术，同时对自己和他人的生活及环境负责。

(9)认识世界是一个由许多不同的、相互关联的系统组成的整体，处理实际问题时，他们应该明白自己不是在孤军奋战。

(10)倡导并随时准备接受变革，勇于担当，鼓励创业，明确要实现的目标和努力的方向。

3.各层次教育机构应通过不同的形式和具体工作内容,确保普通教育顺利实施和取得较好的教学结果。

4.教育和教学标准应包括:

(1)儿童和学生的一般知识、特殊知识、技能和价值标准(以下称为一般和特殊成就标准)。

(2)教师和幼儿教师职业所需的知识、技能和价值观(以下称为能力)及其专业的发展。

(3)教育机构的执行董事或校长、教学督导和教育顾问的能力标准。

(4)教材、教学工具和材料的质量标准。

(5)教育机构工作的质量标准。

5.培养效果评价标准应该是一套关于教育层次、教育周期、教育类型、培养方案、课程、科目或模块的教育、教学结果。

6.教学结果根据不同的教育层次、教育周期、教育类型和培养方案来确定,普通教育目标评价标准应当按照教学结果来确定。

7.特殊教育目标评价标准应当在普通教育和教学成果以及普通教育标准的基础上,根据课程、学科或模块来确定。

8.特殊教育目标评价标准可以适当调整以适用于弱势学生群体(发育障碍、残疾或任何其他原因导致有障碍的学生),同时持续监测其成长发育状况。

9.特殊教育评价标准应当在普通教育和教学成果以及一般教育成就标准的基础上,根据课程、科目或模块建立。

10.特殊教育评价标准可以调整以适用于发育障碍、残疾或其他有困难的儿童,同时不断监测其成长发育状况。

11.特殊教育评价标准可以调整以适用于具有特殊能力的儿童或学生,同时不断监测其生长发育状况。

受教育的权利

第 6 条

1.每个人都有受教育的权利。

2.塞尔维亚共和国公民,无论其性别、种族、民族、宗教、语言、社会文化、财产、年龄、发育障碍、残疾、政治见解或其他个人特征如何,均有平等接受教育的权利。

3.发育障碍和残疾人士应当有权接受普通教育,同时正常系统内应额外提供个人或组织援助或在特殊学前班/组或学校内考虑他们的教育需求。

4.特殊人群应当根据本法和相应的法律,在正常系统内、特殊班或特殊学校内,根据其特殊教育需求接受教育。

5.外国公民和没有公民身份的人士应与塞尔维亚共和国公民享有同等条件、同样方式的教育。

教育及教学活动实施

第 7 条

1. 教育和教学活动应当由教育机构提供。

2. 公共服务条例适用于本条第 1 款规定的教育机构的设立、运行和相关活动。

3. 提供教育和教学等活动的方式应按照本法和教育教学领域的相关法律执行。

教育活动的开展

第 8 条

1. 教育机构内的教育活动应由教师、幼儿教师和心理学家共同开展。

2. 教师、幼儿老师和心理学家应当具备适当的高等教育背景：

（1）根据 2005 年 9 月 10 日《高等教育法》（《塞尔维亚共和国官方公报》，第 76/05 号、第 100/07 号——97/08 权威解释），需通过第二学位的学习，即研究生学习（硕士）、专科学术学习或专门职业学习获得的高等教育。

（2）根据 2005 年 9 月 10 日之前高等教育的规定，开始至少四年的学习。

3. 在特殊情况下，教师和幼儿教师可以是通过第一学位的学习（初级学术学习或初级专业学习）且学期长达三年的学习或通过学院教育而获得高等教育的人士。

4. 本条第 2 款和第 3 款所规定的人员应在其学习期间或毕业后在高等教育机构心理学、教育学和教学方法学科至少获得 30 学分以及获得 6 学分的教育机构实习学分（根据欧洲学分转换体系）。

5. 在开展教学活动时，教师、幼儿教师和心理学家可以根据本法得到其他人的协助。

6. 本条第 1 款和第 5 款中涉及的人员以及教育机构的其他雇员在工作中，有义务遵守教育原则并推动实现普通和特殊教育目标，营造积极的学习氛围。

教学语言

第 9 条

1. 教育和教学工作及其活动应当以塞尔维亚语进行。

2. 少数民族成员的教育、教学工作及其活动应以母语进行。特殊情况下，教育教学工作及其活动可按照相关法律的规定以双语或塞尔维亚语进行。

3. 根据本法或相关法律，教育教学工作及其活动可以用外语或双语进行。

4. 使用手语或特殊方式的人群的教育、教学工作及其活动应使用手语或采用特殊的方式。

档案及公共文件

第 10 条

1. 教育机构应当保存规定的档案，并按照相应的法律程序签发公文。

2.教育机构应在公共教育信息系统维护数据库。

3.根据教育教学工作及其活动的需要,对档案中的个人资料进行收集、处理、存储和利用,并提交给负责教育和教学的部委(以下简称教育部),以便依照法律的规定开展工作、组织活动。

4.所有形式的数据收集、处理、发布和使用均应依照有关个人数据的法律保护规定进行。

5.根据科学研究工作和科学活动的需要,在开展统计数据的分析时,个人资料的使用和发布应当以适当的方式进行,以保护参与教育过程人员的信息。

6.违反上述条款及其他相关法律签发的公共文件无效。

监督

第 11 条

教育部依据本法的规定对本法的实施进行监督。

二、保障、发展和提高教育和教学质量

(一)委员会

委员会的分类

第 12 条

1.为了监测、促进和提高教育教学质量,应当建立以下机构:

(1)国家教育委员会——针对学前教育、小学、普通中等和中等艺术教育。

(2)职业培训和成人教育委员会——提供中等职业教育、专科和艺人培训、成人教育、实用技能培训、专业技能培训。

2.在审查共同关注的问题时,本条第 1 款所述的委员会有义务进行合作并调整其立场和观点。

3.在审查教育领域普遍关注的问题时,本条第 1 款所述的委员会有义务与负责高等教育发展问题的相关委员会协作并形成统一的观点。

4.委员会有义务向国民议会或政府提交其工作和活动的报告、陈述教育领域的情况。

5.本条第 1 款所述的委员会可以根据议事规则设立由教师、幼儿教师、心理学家、和其他知名专家和科学家等组成的常设/永久委员会。

6.本条第 5 款规定的常设委员会可以专门为少数民族特别关心的教育问题而设立。

7.国家教育委员会的运作经费应由塞尔维亚共和国的预算提供。国民教育委员会的成员有权根据国会决定的数额获得工作报酬。

8.教育部有义务为本条第1款所述的委员会提供行政和技术活动的所有必要条件。

9.本条第1款所述的委员会应通过多数赞成的方式做出决定。

10.委员会应当审核并通过其议事规则。

11.本条第1款所述委员会的工作和活动应当公开。

12.本条第1款所述委员会主席由教育专家担任。

13.教育部的代表和塞尔维亚共和国国民议会主管委员会应当按照本条第1款的规定出席委员会会议,但无权做出决定。

14.塞尔维亚共和国高中生联盟选出的学生会可以有两名代表参加本条第1款所述的委员会会议,但无权做出决定。

国家教育委员会的组成

第13条

1.国家教育委员会由43名成员组成,其中包括主席。

2.国家教育委员会主席和成员由国民议会任命,任期六年。

3.国家教育委员会主席和成员的任命及名额分配如下:

(1)塞尔维亚共和国科学和艺术院三名成员——从塞尔维亚共和国科学和艺术院提名的候选人名单中选出三名终身教授;从马赛卡·斯巴斯卡协会提名的候选人名单中选出一名马赛卡·斯巴斯卡协会的大学教授。

(2)贝尔格莱德大学的四位教师——从贝尔格莱德大学的候选人名单中选出。

(3)从塞尔维亚共和国设立的每所大学中选出一名教师:尼什大学、克拉古耶瓦茨大学、诺维萨德大学,科索夫斯卡米特罗维察的普里什蒂纳大学、贝尔格莱德艺术大学和诺维帕扎尔州立大学。

(4)由塞尔维亚共和国成立的教师培训学院提名的候选人名单中选出一名培训教师的教员。

(5)教师、幼儿教师和心理学家等每个教师专业协会选出一名成员,协会包括:塞尔维亚共和国幼儿教师协会联合会、塞尔维亚共和国教师协会、塞尔维亚共和国语言学会、塞尔维亚共和国外语学会、塞尔维亚共和国数学协会、塞尔维亚共和国历史学协会、塞尔维亚共和国地理学协会、塞尔维亚共和国物理学协会、塞尔维亚共和国化学协会、塞尔维亚共和国生物学协会、塞尔维亚共和国哲学协会、塞尔维亚共和国音乐和芭蕾舞教育协会、塞尔维亚共和国视觉艺术教育协会、塞尔维亚共和国体育教育联合会、塞尔维亚共和国心理学家协会、塞尔维亚共和国教育学会、塞尔维亚共和国社会学学会和塞尔维亚共和国缺陷研究学会,从上述社团和协会提出的候选人名单中分别选出。

(6)从中等职业教育和培训学校协会联合提出的候选人名单中选出两名成员;包括一名从中选出的体育协会成员。

(7)从塞尔维亚共和国培养学前教育教师的国立大学教育机构联合会提出的候选人名单中选出一位成员。

（8）从教会提出的候选人名单中选出一名来自塞尔维亚共和国东正教会的成员。

（9）从塞尔维亚共和国东正教会以外的传统教会和宗教团体联合会提出的候选人名单中选出一位成员。

（10）从少数民族委员会联合提出的候选人名单中选出一名代表少数民族的成员。

（11）国家就业局从本机构提出的候选人名单中选出一名成员。

（12）在塞尔维亚共和国领土范围内成立的主要工会，其职责范围是教育领域，从上述工会联合会提出的候选人名单中选出成员一名。

（13）从雇主协会联合会提出的候选人名单中选出一名成员。

4.申请人有义务提出候选人，候选人应当具有与该委员会职责范围相适应的教育水平。

5.本条第 3 款所述的申请人有义务在国家教育委员会成员任期届满前四个月提交候选人名单。

6.本条第 3 款所列候选人名单人数应当多于所需成员人数。

7.如果申请人未能在本条第 5 款规定的期限内提交候选人名单，国民大会应当从拟定的小组中任命国家教育委员会的成员。

国家教育委员会成员中至少有一半应当是教育教学领域的专家和专业人员。

8.被任命、选举或授权担任国家机关、区域自治当局或地方自治政府机构、政党官员、机构的管理人员，受聘于教育部、教育发展研究所、教育质量评估研究所、教科书和教具材料研究所以及教育督察的教授，均不得被选为国家教育委员会成员。应申请人的要求，如果其没有履行其义务和责任，或者其行为损害了委员会的声誉，或者本条第 9 款规定的情形，国民议会应在任期届满之前免除其国家教育委员会成员的职位。

9.如果国家教育委员会成员在其任期届满之前被免除职位，则应在推荐的候选人名单中增选出一名新成员，任期至本届任期届满为止。

国家教育委员会的职权范围

第 14 条

1.为了发展、完善教育系统，国家教育委员会应当：

（1）监督和分析各层次教育机构在其业务范围内的实际情况以及教育体系是否与欧洲原则和价值观相匹配。

（2）提出幼儿园、小学、普通中学和艺术教育机构的课程改革发展建议。

（3）参与幼儿园、小学、普通中等和中等艺术教育机构的教育战略发展规划的制定。

（4）在制订和审核通过有关教育重大事项的法律和其他规定的过程中，行使审查职能，并代表官方提出意见。

（5）确定：

①一般教育标准和特殊教育标准。

②教师和幼儿教师能力标准及其职业发展标准。

③教育机构执行董事或校长的能力标准。

④教材和教学工具及材料质量标准。

⑤在学前教育领域提供特殊课程所需条件的标准。

⑥教育机构运行的质量标准。

（6）采纳：学前教育和教学的基础知识，小学、普通中等和中等艺术教育机构的课程和教学大纲，中等职业教育和成人教育普通教育科目的课程和教学大纲以及教学计划采纳的基本原则。

（7）建议：根据现行法律和相关法律，提出完成小学教育的期末考试、普通教育和艺术教育入学考试的计划。

（8）确定是否需要新的教科书；审核通过教科书的计划和总体安排；并向部长提出建议批准学前班、小学和普通中等艺术教育机构的教科书、教学工具和材料；职业中学和成人教育机构的普通教育科目。

（9）向负责高等教育发展的委员会推荐教师、幼儿教师和心理学家的教育和附加培训项目。

（10）积极和社会边缘化群体的代表进行磋商并就磋商意见形成报告提交给有关部门；依法开展其他工作和活动。

2.本条第 1 款第（5）项所述文件应当在《塞尔维亚共和国政府公报》上公布；本条第 1 款第（6）项所述文件应当在《教育公报》上公布。

职业培训和成人教育委员会的组成

第 15 条

1.职业培训和成人教育委员会由 21 名成员组成，其中包括主席。

2.政府从下列组织机构的人员中任命主席、职业培训和成人教育委员会成员：商会、工匠、雇主协会的杰出代表，职业教育培训和成人教育领域的专家以及来自协会的教师，在塞尔维亚共和国境内成立的职业学校和教育领域有代表性的工会代表。

3.政府任命职业培训和成人教育委员会成员，任期六年。

4.本条第 3 款的情况例外，首次当选的职业培训和成人教育委员会的成员中近半数人的任期应为三年。

5.被任命、选举或授权担任州政府、区域自治当局或地方自治政府机构、政党官员或被任命为学校董事会成员的人员，均不得被选为职业培训和成人教育委员会委员。

职业培训和成人教育委员会的职权范围

第 16 条

职业培训和成人教育委员会应当：

（1）在职责范围内监督和分析教育领域的实际情况，检测是否与欧洲原则和价值观相匹配，并提出改进措施。

（2）参与职业教育发展和质量改进战略的制定，特别是中等职业培训、成人教育、专家和工匠的培训，针对发育障碍和残疾人士的中等职业培训以及其他形式的职业教育（正式和非正式）。

（3）向部长建议：

①教育规划目录。

②中等职业教育和特殊教育成就标准。

③附属成人职业学校和成人教育学校操作的质量标准。

④中等职业教育和培训、职业能力提升等职业教育国家标准。

⑤根据学校规定进行培训和实施教育时，制订职业培训和教育计划的实施标准。

⑥教育规划的部分课程和教学大纲的确定，即中等职业教育和职业培训、成人教育的科目以及其他形式职业培训的课程和教学大纲，这类培训可以分为实用技能培训、专业技能培训。

⑦测试计划：专业考试、技术考试、实用技能培训期末考试、专业技能考试、培训结业考试以及根据本法和相应法律获得的知识和技能的测试等。

⑧职业教育及培训学校的预科考试和期末考试计划。

⑨批准职业学校相关课程的教科书、教学工具和教学材料。

⑩中等职业教育和培训、其他形式的职业教育和培训的国家资格框架。

（4）在法律起草的过程中，针对职业教育培训学校网络和成人教育学校网络以及其他关于教育的法律文件的规定，在其管辖范围内向教育部提出意见和建议。

（5）监督、支持和指导教育与就业活动，监测其对经济发展的影响。

（6）促进职业培训和成人教育的发展以使受教育者的兴趣和需求有机地结合。

（7）在其职权范围内审查并提出职业发展模式和指导计划。

（8）依法履行其他的职责并开展活动。

（二）其他机构

第 17 条

1. 为了监督和改善教育系统的质量促进其发展，并在学前教育和中小学教育系统中开展咨询、研究及其他专业性活动，国家应建立以下机构：

（1）教育发展研究所。

（2）教育质量评估研究所。

2. 政府应当通过官方文件管理教育发展研究所和教育质量评估研究所（以下简称研究所）的设立。

3. 有关公共服务的运作和活动的规定应适用于研究所的创立、组织和运作。

4. 政府应当确定研究所的名称、地址及其地位。

5. 政府应当批准研究所的章程、年度工作计划和方案。

6.各研究所有义务在教育和教育相关的重要问题及共同利益方面进行合作。

7.各研究所应协调其工作、业务计划和方案,保证与规定的教育发展课程协调一致,并与政府的教育战略、教育部的相关文件、国家教育委员会、职业培训和成人教育委员会以及欧盟一体化进程有关的活动保持一致。

8.每年应至少向政府提交一次工作和活动报告,并定期向教育部提交有关研究所的工作和活动等重大问题的报告。

9.研究所的设立和运行经费应由塞尔维亚共和国的预算提供。

教育发展研究所

第 18 条

1.教育发展研究所应当在教育和教学领域开展专业活动,并协同参与教育部、国家教育委员会、职业培训和成人教育委员会职责范围内的文件的制订,同时依据法律、合作条例及其他法规参与上述部门的活动。

2.本条第 1 款所述的研究所应包括下列组织单位、中心:

(1)教育计划和教科书开发中心。

(2)职业培训和成人教育中心。

(3)教育工作者专业发展中心。

3.本条第 1 款所述的教育发展研究所可以根据章程设立专门的组织机构处理少数民族和其他组织机构的教育问题。

教育计划和教科书发展中心

第 19 条

1.在教育计划和教科书发展中心,教育发展研究所开展下列专业工作和活动:

(1)拟定标准:

①用于评价教材和教学工具及材料的质量。

②实施特殊学前教育和教育计划所需的工作。

(2)制订:

①学前教育和教育计划的大纲。

②小学、普通中学、中等艺术教育教学课程和教学大纲。

③教学计划的大纲。

④职业培训和成人教育中的普通教育课程和教学大纲。

(3)在国外接受学前教育和初等教育的计划。

(4)编制小学、普通中等和中等艺术教育教科书,以及职业培训和成人教育教科书。

(5)对小学、普通中学和中等艺术教育的教科书、职业培训和成人教育教科书进行专业评估。

(6)依照本法和社团条例开展的其他活动。

2.教育发展研究所应当按照本条第1款第(5)项的规定开展工作和组织相关活动。

职业培训和成人教育中心

第 20 条

1.在职业培训和成人教育中心,教育发展研究所应当在以下方面开展专业工作和组织相关活动:

(1)在职业培训和成人教育委员会职权范围内制定标准。

(2)编写部分中等职业教育课程和教学大纲以及期末考试和职业技能预科考试的方案和计划。

(3)编写部分成人初等、中等职业教育课程和教学大纲,以及期末考试和职业技能考试方案。

(4)编写工匠和专家教育计划及相关考试方案。

(5)编写实践技能培训课程和教学大纲的部分内容及相关的期末考试方案、实用专业培训计划和相关考试方案,以及已获得的知识和技能的证明文件。

(6)参与编写职业培训和成人教育教科书的计划、制定教学工具和材料的质量标准。

(7)在审批过程中,提供职业培训和成人教育使用教材的专业评估标准。

(8)为中等职业教育、专科和工匠教育以及其他形式的职业教育制定国家质量标准。

(9)编制教育档案目录。

(10)为成人教育机构和职业学校编制网络教育方案并检测其成效。

(11)拟订与职业培训和就业相关的发展项目和活动。

(12)为了使学员获得专业技能需进行培训,按照非学校教育的形式开展工作和组织相关活动。

(13)就特殊实用技能获取的方式和培训计划提出意见。

(14)在职业教育和成人教育的规划、发展和实施的各个层次,协调社会各方力量帮助实施。

(15)根据本法和社团条例开展的其他活动。

2.教育发展研究所应当按照本条第1款第(7)项和第(12)项的规定开展工作并组织相关活动。

教师职业发展中心

第 21 条

1.在教师职业发展中心,教育发展研究所应当从以下方面开展专业工作并组织相关活动:

（1）为教师、幼儿教师职业发展和专业发展制定职责标准，并为校长制定职责标准。

（2）加强幼儿园、中小学教育工作者的能力，不断提升和促进其职业发展。

（3）制订实习工作计划、入职计划和执业考试计划。

（4）批准提高教师、幼儿教师、心理学家、教育家和校长能力的培训方案。

（5）在员工职业发展计划领域参考实施欧洲和国际计划。

（6）遵守教育和教学原则，为教师和幼儿教师编写补充材料和手册，推动其实现教育目标并促使其达到标准。

（7）根据本法和社团条例开展的其他活动。

2.教育发展研究所应当按照本条第1款第(4)项的规定开展工作、组织相关活动。

教育质量评估研究所

第 22 条

1.教育质量评估研究所应当开展专业工作并组织专业性活动，监测和评估教育目标实现的程度、一般原则的贯彻情况，并依照法律、社团条例和章程开展其他活动。

2.本条第1款所述的教育质量评估研究所应当从以下方面开展专业工作、组织相关活动：

（1）拟订：

①普通教育和特殊教育成就标准。

②机构运行质量标准。

③基础教育、普通中等教育和中等艺术教育特殊成就标准。

④基础教育期末考试计划、普通中等教育和中等艺术教育预科考试计划。

⑤小学教育期末测试方案，普通中等教育和中等艺术教育预科测试方案，并对考试数据进行处理和分析。

（2）实验评估。

（3）机构工作运行情况评估。

（4）开展国际合作研究，全国性普查和监测学生成绩。

（5）在质量保障、数据收集和处理方面向教育部和主管委员会提供专业性的协助。

（6）在监测和评估目标、普通和特殊教育标准、教育机构自我评估、为学生考试准备材料等方面向教育机构提供专业支持，并根据专家的建议，调整特殊教育标准。

（7）监督教育评估和质量保证体系与欧洲国家的教育评估和质量保证体系相一致。

（8）根据本法、社团条例和教育机构章程开展其他活动。

3.本条第1款所述的教育质量评估研究所应当包括下列组织单位：

（1）质量标准中心。

（2）考试中心。

（3）评估和研究中心。

4.本条第 1 款所述的研究所可以根据章程设立特殊的组织单位,负责处理少数民族和其他组织单位的教育活动。

5.本条第 1 款所述的教育质量评估研究所应向国家教育部定期提交教育评估报告。

专家委员会

第 23 条

研究所在其职权范围内开展工作和相关活动,可以设立由教育领域专家组成的特别专家委员会和小组,或者可以由该部批准的科研机构承担。

国家教育委员会、部长和研究所的关系

第 24 条

1.本法第 17 条规定的研究所负责制定或参与制定章程,章程由国家教育委员会或部长批准,研究所有义务履行这些职责,并在部长规定的时间内将编制章程的材料提交给教育部。

2.部长应当按照本条第 1 款的规定将材料提交给国家教育委员会审议。

3.如果国家教育委员会在收到本条第 2 款规定的材料之日起三个月内未能在其权限范围内审核通过该文件,则该文件应由部长审核通过。

(三)教育部

教育部的职责范围

第 25 条

1.教育部将采取一切必要措施,确保儿童、学生和成人充分享受本法保障的免费教育及其他权利。

2.教育部应根据普通教育的原则和目标确保教育和教育系统的运行,特别是:

(1)规划和监测教育教学的发展。

(2)监管教育机构和研究机构的工作和业绩。

(3)协调和组织教育工作者不断提高自身能力。

(4)审核在共和国层面确定的教育目标和任务的达成情况。

(5)根据教育发展规划开展国际合作,借鉴国外经验,分析引进欧洲项目的成果。

(6)建立和管理塞尔维亚共和国教育的信息系统,确保数据信息畅通并提高信息的准确性和秘密性。

(7)注册、签发教师、幼儿教师和心理学家、教育家的执业资格证。

(8)为中等职业教育、职业提升和其他形式职业教育确定国家资格框架。

3.本条第 2 款第(8)项所述的正式文件应当在《塞尔维亚共和国政府公报》上公布。

地区性教育行政办公室

第 26 条

1.为了便于专家进行教学监督,加大对教育机构运行发展规划和质量保证的支持以及执行法律规定的其他活动,教育部应当依法在其总部以外设立一个组织机构,即地区性教育行政办公室。

2.教育部在地区性教育行政办公室应:

(1)对教育机构进行专业的教学监督。

(2)促进教师、幼儿教师、心理学家、执行董事或校长以及教育机构秘书的能力提升。

(3)为幼儿园、学校和教学项目的发展规划实施以及质量保证提供支持。

(4)在已设立地区性教育行政办公室的地区编制教育发展计划并监督其实施情况。

(5)提供一切条件,使教育机构能够在完善的教育信息系统内自由访问、填写、更新和维护教育信息。

(6)监控教育机构专项资金的使用情况。

(7)依照法律和相关规定开展其他活动。

3.部长应当规定并督促建立一个完整的教育信息系统,收集、录入、更新、访问和维护与系统相关的其他事宜。

三、教育机构和其他组织

组织类型

第 27 条

1.教育教学的工作和活动应当由以下组织实施:

(1)学前教育机构。

(2)小学、成人初等教育学校、小学音乐学校、小学芭蕾舞学校和针对发育障碍的学生提供的初等教育学校。

(3)中学教育学校,即中学(普通和专门中学)、职业中学、联合中学(中学和职业或音乐学校)、艺术学校、成人中等教育学校、为发育障碍的学生提供中等教育的学校。

2.学校可以为学生提供食宿(以下称"寄宿学校")。

3.为发育障碍学生设立的学校,可以为其主区域和其他学校或家庭中发育障碍儿童、学生和成人教育提供额外的援助。

4.为了本法的实施,设立特别教育机构,该机构是塞尔维亚共和国唯一提供特别教育的机构。

5.为了塞尔维亚共和国的特别利益,可以设立塞尔维亚共和国特别利益教育机构,为塞尔维亚共和国的某项特别利益开展教育和教学活动;或者设立对塞尔维亚共和国的文化、教育具有重要历史意义的教育机构。

6.政府应当设立对塞尔维亚共和国具有特别利益的教育机构或特别教育机构。

教育机构的设立

第 28 条

1. 塞尔维亚共和国、自治省、地方自治政府、其他法人实体或私人实体机构，均可以设立教育机构。

2. 私人实体机构负责人因家庭暴力遗弃、疏忽或虐待未成年人、乱伦、行贿受贿、性侵、侵害通信自由、违反人道主义和其他国际法的行为，将被判处三个月以上监禁，将终身不得创建教育机构；法律证实有歧视行为的人员也不得创建教育机构。

3. 根据本法，塞尔维亚共和国或自治省可以建立一个隶属于大学的特殊机构——特定专业实验室。

4. 关于本条第 3 款所述机构的设立，部长应当制订更为详细的规划，提出管理机构设立的建议和成员的遴选方式，规定执行董事或校长的任职条件，确定教师、幼儿教师、心理学家的特殊资格。

教育机构的布局

第 29 条

1. 塞尔维亚共和国、自治省或地方自治政府设立教育机构的数量和规模，按照管理教育机构的规划，根据办学机构的类型和组织结构进行规划。

2. 本条第 1 款所述的教育机构应当根据管理教育机构的规划设立。

3. 管理塞尔维亚共和国、自治省或地方自治政府单位建立的学前教育机构规划和小学规划，应当按照政府的规定，由地方自治政府审核通过。

4. 在地方自治政府中，如果官方使用少数民族的语言和文字，或者以少数民族的语言和文字开展教育、教学工作，管理学前教育机构和小学的规划应当由使用少数民族语言文字的全国少数民族委员会提出建议后审核通过。

5. 初等教育规划应由教育部批准。

6. 如果地方自治政府的权力机构没有在一定的期限内审核通过小学管理规划，教育部将设定一个审核通过文件的期限。

7. 如果地方自治政府的权力部门在本条第 6 款规定的期限内未能审核通过该文件，则教育部将审核通过该文件。

8. 管理中学规划应由政府根据以下因素审核通过：

(1) 具体地区学生人数的预测。

(2) 具体地区的特性(山区、边境地区、欠发达地区、不同民族混居地区、长期存在的有教育传统的地区)。

(3) 根据该地区已有的计划和就业需求及长期发展计划确定发展目标。

(4) 平等获得教育的机会。

(5) 交通状况。

教育机构建立、启动和实施教育工作和组织活动的条件

第 30 条

1.如果满足下列条件,塞尔维亚共和国、自治省或地方自治政府可以设立教育机构:

(1)特定地区的儿童、学生或成人有接受教育的需求。

(2)具备教育和教学方案。

(3)具有建立和运行该教育机构的资金。教育机构可以由其他法人或私人实体建立,除遵守本条第 1 款第(2)项和第(3)项所述的条件外,该实体需要具备由商业银行提供的担保资金,且资金数额应满足学前教育机构一年的运行费用,或满足小学教育一个周期所需的费用或中学教育一个周期所需的费用。

2.教育机构如果能够满足成立所需的条件,同时具备下列条件,即可开展教育、教学和相关活动:

(1)具备规定的空间、设备、教学工具和材料。

(2)有长期聘用的教师、幼儿教师和心理学家(教师)。

(3)根据本地区的法律和法规,具有适当的卫生和技术条件。

3.对教育机构的建立、开展教学工作和相关活动,教育部部长应当制定更详细的规定。

教育机构的办事处

第 31 条

1.教育机构应当在其所在地开展工作和相关活动。

2.教育机构如果满足本法第 30 条第 1 款第(3)项所述的条件,经教育部批准,该机构可以在其所在地之外,或者通过设立办事处在另一地点开展教育工作。

3.办事处不具有法律实体资格。

4.办事处的组织和运行应遵守本法和其他相关法律的规定。

教育机构的核查

第 32 条

1.教育机构在确定其符合设立和开展教学所必需的条件,并经过核查准许办学后,便可以开始运行。

2.如果教育机构内部情况发生变化,如变更地址或设施,组织设立办事处,引入和实施新的教学方案,该机构需要提出核查申请。

3.核查请求应包括:教育机构的名称、所在地和教育机构类型、教育计划、教育教学工作和活动所使用的语言、由教育机构创建人提供的教育机构设立的原因和条件。申请应附有机构章程且满足本法第 30 条规定的证明文件。

4.教育部应当从教育机构提交核查请求之日起三个月内做出核查决定。

5.教育机构核查申请做出的决定即为最终决定。

教育机构工作和活动的拓展

第 33 条

1.经核查批准的教育机构可以开展其他支持教育教学的工作和活动(拓展工作和活动),但须不妨碍教育工作和活动。

2.未满 15 岁的学生不得参与学校的拓展工作和活动。

3.15 岁及以上的学生只能在上课期间参加拓展工作和活动,而学校的工作人员只有在不妨碍提供教育和教学工作的情况下才可以参与拓展工作和活动。

4.教育机构的拓展工作和活动包括提供服务、生产、销售和其他活动,这些活动可以促进或服务于教育教学工作。

5.中学可以根据劳动力市场的需要提供培训课程。

6.拓展工作和活动应当由该教育机构的管理者征得教育部同意后实施。

7.由塞尔维亚共和国、自治省或地方自治政府创立的教育机构的拓展工作和活动计划还应包含为实施这些拓展工作和活动所需的支出和收入计划,以及根据预算的规定聘用雇员以及分配和使用所得资金的计划。

8.对于教育机构开展拓展工作和活动的条件,教育部部长应当更详细地做出规定。

办学状态、名称和地址的变更

第 34 条

1.教育机构可以变更其办学状态、名称和地址。

2.改变教育机构办学状态的决定应在其管理机构创始人同意的情况下做出。

3.关于改变教育机构名称或地址的决定应在其管理机构创始人同意的情况下做出,当创始人是塞尔维亚共和国、自治省或地方自治政府时,变更决定应当在上述政府部门同意的情况下做出。

4.学校不得在学年中途变更其办学状态、名称和地址。

教育机构工作和活动的限制

第 35 条

1.如果负责检查或专业教学监督的部门确定某教育机构不符合规定的办学条件,或未按照规定的方式履行其工作和责任,或组织违法的停工或罢工,该部门将责令涉事教育机构限期取消其违规行为,并通知其创始人。

2.如果由塞尔维亚共和国、自治省或地方自治政府创立的教育机构未能遵守本条第 1 款所述的规定,或者管理机构不履行其职责,该部门可以采取下列临时措施:

(1)解除管理机构的职权,并指定临时管理机构。

（2）解除教育机构执行董事或者校长的职权，并指定教育机构的临时执行董事或校长。

（3）免除管理机构、执行董事或校长的职务，并指定临时管理机构代理执行董事或校长。

3. 本条第 2 款规定的临时管理机构应当至少包含五名成员，并在管理机构的权限范围内履行职责。

4. 如果在执行第 2 款第（1）项所述措施的过程中执行董事或校长的任期结束，则部长应任命代理执行董事或校长，直至该措施失效或任命新的执行董事、校长。

5. 如果执行第 2 款第（2）项所述措施期间管理机构的职能期限结束，部长应任命一个临时管理机构，直至该措施失效或直到指定新的管理机构为止。

6. 教育机构的代理执行董事、校长和临时管理机构应履行职责和义务，直到该部门的确定符合本条第 1 款规定的条件或违规行为消除、终止，时间不超过六个月。

7. 如果教育机构的代理执行董事或校长和临时管理机构未能消除确定的违规行为，应禁止涉事教育机构继续运行。

8. 由其他法人实体或私人实体创立的教育机构未能在规定期限内按照本条第 1 款所述的职责开展业务时，或者管理机构未履行其职责和义务，并且创始人未依照法律规定采取措施在规定期限内消除违规行为，该部门应当禁止涉事教育机构继续运作。

教育机构的关停

第 36 条

1. 教育机构的关停应依法进行。
2. 学校关停期间，学生有权在教育部确定的其他学校完成学业。

外国教育机构

第 37 条

1. 为了实施在国外已经认证的教育、教学项目，外国教育机构、外国法人实体或私人实体，按照国际协定的条款或互惠条件，满足本法第 30 条第 1 款规定的条件，经过教育部批准后，可以设立教育机构。

2. 根据本条第 1 款的规定，由学校签发给学生的文件，按照相应法律规定，应当予以确认。

3. 教育部应当保留经批准办学的外国教育机构的档案。

提升职业技能的培训中心

第 38 条

1. 区域自治单位或地方自治政府单位可以单独或与其他地方自治政府单位合作，依据公共服务的相关法律，建立培训中心。

2.本条第 1 款规定建立的培训中心在开展工作和活动时,有义务遵守教育和教学的一般原则和目标,并依据本法履行员工能力提高计划。

3.本条第 1 款所述建立的培训中心应筛选能力提升计划,并优先考虑可达到普通教育标准最有效的计划。

其他组织

第 39 条

1.其他组织或法人如果符合在学前教育和教学中提供特殊课程的标准,经教育部批准可以在学前教育和教学领域提供特殊课程。

2.经过教育部批准,其他组织或法人实体可以提供符合规定标准的能力提升和培训计划。

注册

第 40 条

1.教育部应保存下列档案(以下简称登记册):

(1)从事教育教学工作和活动以及拓展工作和活动的教育机构的档案资料。

(2)在学前教育和教学领域开展工作和活动,或执行规定的经批准的特殊能力提升和培训计划及其他组织和私人实体的档案资料。

(3)规定或批准的专业技能和培训计划。

2.教育部部长应当规定保留登记册的内容和形式。

教育机构的自主权

第 41 条

1.教育机构的自主权包含以下方面:

(1)审核通过章程、教育和教学方案、发展计划、年度工作计划、教育机构内部行为规范和其他一般性机构文件。

(2)审核通过教师、幼儿教师和心理学家(教师)的能力提升和职业发展计划。

(3)对教育机构内部进行评估。

(4)选择员工和员工代表进入管理部门和专业部门。

(5)确定专家组的内部组织和运作形式。

(6)建立与教育、卫生、社会和儿童保护、公共企业、公司和其他组织的合作模式,以保障儿童、学生和员工的权利。

2.教育机构应当遵照普通教育和教学的一般原则和目标,以最有效地实现普通教育成果的一般原则和目标,制订普通教育及其他正式文件。

教育机构保障儿童和学生安全的责任

第 42 条

1.教育机构有义务制定儿童和学生在该机构受教育、参与该教育机构组织的其他活动期间的安全措施条例,并与当地自治政府的相关部门进行合作。

2.教育机构有义务执行本条第 1 款所述的措施。

3.部长应详细规定教育机构内儿童和学生的安全条件、保障类型、保障形式、措施、程序和指导方针等。

教育机构的行为规范

第 43 条

1.教育机构应尊重儿童、学生、员工和家长的人格。

2.员工有责任通过自己的工作和行为为教育机构的发展营造积极的氛围。

3.教育机构员工的行为以及儿童、学生、雇员和家长之间的关系应遵守教育机构的行为准则。

禁止歧视

第 44 条

1.教育机构内部禁止因种族、民族、族裔、语言、宗教背景、性别、身体和心理特征、发育障碍和残疾、健康状况、年龄、社会文化背景、经济状况、政治观点等因素实施贬低、歧视或区别对待不同的团体或个人,禁止鼓励或不阻止此类歧视行为发生,禁止法律规定的其他类型的歧视行为。

2.对一个群体或个人的歧视可以理解为任何直接或间接的、秘密或公开的排除或限制权利和自由、实施不平等的待遇或通过采取行动、松散的纪律,以及给予优先权等行为实施不平等的待遇。

3.为保障弱势群体的平等权益而采取的特别保护措施不属于歧视的范畴。

4.教育部部长和负责人权保障的部长应当共同制定更详细的标准,使得教育机构内的雇员、学生或其他人能够发现不同形式的歧视现象。

禁止暴力、虐待和忽视

第 45 条

1.教育机构内禁止对儿童和学生在身体和心理方面实施任何暴力、虐待和忽视行为,禁止实施体罚和侮辱行为,禁止对儿童、学生和员工进行性虐待。

2.暴力和虐待包括各种形式的、一次或多次语言或非语言行为,对儿童、学生或雇员的健康、未来发展和尊严产生实际或潜在的危害。

塞尔维亚共和国教育基本法

3. 疏忽或粗心对待的行为包括代表教育机构的员工或员工自己玩忽值守，未能为儿童或学生的适当发展提供条件。

4. 如果教育机构发现员工有暴力、虐待或冷漠忽视的迹象，该教育机构有义务立即向主管当局递交诉状。

5. 本条第1款所指的暴力应包括：员工和其他成年人对儿童和学生的体罚行为，对儿童、学生或员工造成实际或潜在的人身伤害行为，员工对儿童、学生或其他员工实施的暴力行为以及学生对其他学生或员工实施的暴力行为。

6. 就本条第1款而言，心理暴力包括导致暂时或永久损害儿童、学生或员工的心理和情绪健康和尊严的行为。

7. 就本条第1款的目的而言，社会暴力包括将儿童排除在外、将学生从同伴群体中排除和将学生从该教育机构不同形式的活动中排除的行为。

8. 本条第2款规定的任何形式的暴力和虐待行为，都应禁止在学校内以学生、家长（监护人）或成人的名义对教师、幼儿教师、心理学家、教育者和其他员工实施。

9. 对违反本条第8款所述禁令的父母或子女的监护人或学生的行为应启动刑事审查程序。

10. 部长应建立暴力和虐待快速反应机制，干预虐待、暴力事件活动的实施，防止暴力、虐待和忽视现象的发生。

11. 教育部长应当规定更详细的标准，以便在监护活动、休息和娱乐以及其他形式的教育和教学工作和活动中能够发现对儿童和学生进行的非语言形式的虐待。

禁止政治组织及其活动

第 46 条

教育机构内禁止建立政治组织、开展政治活动，禁止使用教育机构的设施组织和从事政治活动。

教育机构章程

第 47 条

1. 教育机构应当有其活动章程。

2. 章程是教育机构最基本的一般法律文件，用来管理教育机构的组织、运行方式、管理模式和机构的行为，以确保儿童和学生行使其权利，保护儿童、学生和职工的安全，防止违反本法的行为，并向利益相关各方通报教育机构做出的决定和其他事项。

教育机构运行的质量保证

第 48 条

1. 教育机构应当致力于提供和改善教育和教学发展的条件、教育方案的质量保证和改进措施，也可以与地方自治政府合作开展上述工作。

2.为了保证教学工作和活动的质量，教育机构应当评估教学目标、教育计划以及学生、家长或儿童及其监护人的满意度。

3.质量评估应分别通过自我评估和外部评估的方式进行。

4.教育机构开展自我评估的内容有：教育和教学方案的质量及其实施情况、开展教育教学工作和活动的形式和方法、能力提升和专业发展、教育教学工作和活动的实施条件、学生、家长或儿童及其监护人的满意度等。

5.专家组织、家长委员会、学生会、教育机构的执行董事或校长，以及管理机构，应当参与自我评估的过程。

6.单项自我评估每年进行一次，全面自我评估每4～5年进行一次。

7.教育机构运行质量的自我评估报告应由校长或教育机构的执行董事向教育委员会、教师委员会或教学委员会、家长委员会和管理机构提交。

8.对教育机构开展的外部评估应由教育部和教育质量评估研究所组织专家进行。

9.教育质量评估研究所应通过评估学生学业终考和入学考试的成绩的方式进行教育机构运行质量的外部评估，或在需要时进行教育机构运行质量的外部评估。

10.教育部部长在收到有资质的委员会提交的正式意见报告后，应规定教育机构权威和主管部门监督教育和教学计划实施的程序、其他形式的教育和教学工作实施的条件、自我评估的基础和标准、公开自我评估结果和评估教育机构工作的内容和方式。

教育机构发展计划

第49条

1.每一个教育机构都应该有一个发展计划。

2.教育机构发展计划应当是其战略发展计划，其中包括开展教育和教学工作和活动的事项、规划和实施活动的计划、活动的标准和评估标准以及促进教育机构发展的重要事宜。

3.教育机构发展计划应当根据自我评估报告、教育目标达成报告和教育机构运行的质量指标进行审核。

4.发展计划应当由管理机构根据专家组对未来三至五年的发展规划的建议进行审核并通过。

5.在教育机构运行质量保证体系中，发展计划的实施也应纳入评估的范畴。

教育机构的资产

第50条

由塞尔维亚共和国、自治省或地方自治政府创立的教育机构获得的土地、建筑物和其他业已获得的资产应为公共财产，并应当按照本法规定用于开展教育工作和组织活动。

教育机构和相关组织的联系

第 51 条

1. 为了改善和促进教育，教育机构可以与国内外相应的机构建立联系和合作。

2. 为了提高教育水平，教育机构可以和专业协会建立相互联系。

3. 协会按照本条第 2 款关于协会的管理规定进行设立、登记、组织和运作。

4. 专业协会有权就相关教育机构工作的一些问题提出意见。

5. 教师、幼儿教师、心理学家(教师)可以通过专家协会和教育机构建立联系。

6. 专家协会有权提出意见和建议，以改进教育和教学工作和活动，并参与处理教育教学委员会的工作和活动。

7. 有关协会管理的规定同样适用于专家协会的创立、登记、组织和运行管理规定。

四、教育机构的管理机关

教育机构的管理机关

第 52 条

1. 依照本法、公司法和其他文件的规定，教育机构应当设立管理机关、领导班子、专家和咨询机构。

2. 由其他法人或私人实体创立的教育机构，在确定其管理机关的组成时，应当给予家长代表同等的权利，教育机构的专家管理机构应当根据法律文件设立。

3. 塞尔维亚共和国、自治省或地方自治政府应建立教育机构的管理机关。

教育机构的管理机关

第 53 条

1. 学前教育机构的管理机关应为管理委员会。

2. 学校的管理机关应该是学校董事会。

3. 主席和管理机关成员应在其权限范围内履行职责和义务，不领取报酬。

管理机关的组成和任命

第 54 条

1. 管理机关应当由九名成员构成，包括主席。

2. 管理机关的成员应当由地方自治机关的议会任免，主席由管理机关成员选举产生，获得多数票的成员当选。

3. 教育机构的管理机关应当分别由员工、家长和地方自治政府的三方代表组成。

4. 以少数民族语言提供教育并开展教学工作和活动的教育机构的管理成员——地方自治政府单位的代表，应在收到相应的少数民族委员会正式意见后开始任命。如果全国少数民族委员会从收到请求之日起 15 日内未提交任命的意见,则可以认定为已经批准该意见。

5.对于大部分班级以少数民族语言开展教育教学工作和活动的教育机构,按照全国少数民族委员会职责管辖范围的法律,全国少数民族委员会应当至少向管理机关推荐一名地方自治政府单位成员,这是特定的少数民族政策的重要体现。

6.成人初等教育的校董事会由包括主席在内的七名成员组成,其中三人为职工代表、四人为地方自治政府代表。

7.在关系到塞尔维亚共和国特别利益的中学或特殊学校,教育部在商会、工匠、雇主协会、国家职业介绍所、工会和其他对学校工作和活动感兴趣的组织(以下称为社会合作伙伴)中,应向地方自治政府单位的议会推荐三位代表。地方自治政府议会应至少任命一名社会合作伙伴代表。

8.成人中等教育学校董事会应由包括主席在内的九名成员组成,其中包括来自员工、社会合作伙伴和地方自治政府等组织的三名代表。

9.代表雇员的管理机关成员应由教育和教学委员会、教师委员会和家长委员会以无记名投票的方式选出。下列人员不得被任命为管理机关的成员:

(1)因家庭暴力、遗弃、疏忽或虐待未成年人、乱伦、行贿受贿、性侵、侵害通信自由、违反人道主义和其他国际法的人员,被判处三个月以上监禁,或者被证实有歧视行为的人员。

(2)代表工会以外若干机构利益的人员。

(3)其工作、责任或岗位职能与其在管理机关的工作不可协调的人员。

(4)已经被任命为其他教育机构的成员。

(5)已经被任命为其他教育机构执行董事的人员。

(6)法律规定不适合担任的其他人员。

10.地方自治政府大会通过官方决定是否接纳其他授权推荐组织提出的候选人。

11.如果授权推荐组织未能依照法律执行该程序,或者违反法律规定提出候选人,地方自治政府大会将按照法律规定为其提出的其他人选设定一个明确的期限。

12.如果授权推荐组织未能在规定期限内依法提出其他人选,地方自治政府会议可以在没有授权推荐组织提出人选的情况下任命管理机关成员。

13.管理机关成员的任命或免除的决定为最终决定。

管理机关的任务

第 55 条

1.管理机关成员的任期为四年。

2.任命管理机关成员的程序应当在现任管理机关成员任期届满前的两个月启动。

3.管理机关成员任期届满之前,包括主席,在个人提出申请以及在下列情况下,地方自治政府单位大会应免除其职责:

（1）管理机关通过非法决定，或者未能做出法律和章程的规定，及机关职责范围内的决定。

（2）管理机关成员无故缺勤或缺乏工作意识妨碍了管理机关的运行。

（3）在修订任命文件的过程中出现违规行为。

（4）由于管理机关成员任用发生变化，原推荐组织应发起动议解除该成员的职责。

（5）出现本法第54条第10款所述的情况。

4. 新任命的管理机关成员的任期应持续到管理机关任期届满。

5. 如果部长认定任命过程中或解除管理机关成员职责的过程中存在违规行为，地方自治政府大会有义务立即或在矫正措施的文件提交后15日内消除已认定的违规行为。

6. 如果地方自治政府大会未能启动任命文件的修订，修订文件中解除管理机关成员的职责或者在本条第5款规定的时间内未能履行职责，部长将免除现任管理机关成员的职责，并为教育机构指定临时管理机关。

临时管理机关

第56条

1. 现任管理机关成员任期届满前，如果地方自治政府未能任命新的管理机关成员，教育部部长将为该教育机构指定临时管理机关。

2. 临时管理机关的任期应持续到任命新的管理机关时止。

管理机关的权限范围

第57条

1. 教育机构的管理机关应当：

（1）审核通过教育机构的章程、行为规范和其他一般性文件，并批准组织和分工文件。

（2）审核通过幼儿园、学校、教学计划（以下简称教学计划）、发展计划、年度工作计划；审核通过实施报告、评估和自我评估报告。

（3）确定塞尔维亚共和国预算草案编制的财务计划提案。

（4）依法审核通过教育机构的财务计划。

（5）采纳业务运行报告、年度财务报告、实地考察或休养报告。

（6）公布招聘公告和任命执行董事或校长。

（7）审查教育机构是否坚持原则，达到既定目标和教育标准，并采取措施改善工作条件，促进教育教学工作和相关活动的开展。

（8）审查员工能力提升计划并审核通过实施报告。

（9）受理针对执行董事或校长的申诉或投诉事件。

（10）依照法律、社团条例和法规开展其他工作和相关活动。

2.管理机关应当依据全体成员的多数票做出决定。

3.工会成员应当出席学校董事会议并参与工作,但无权做出决定。

4.学生会的两名代表应出席小学董事会议并参与其工作,但无权做出决定。

5.学生会的两名代表应出席中学董事会议,并在学校董事会讨论第57条第1款第(3)项、第(4)项、第(5)项、第(6)项和第(9)项所述问题时参与工作,但没有决定权。

6.中等学校委员会在审议和决定第57条第1款第(1)项、第(2)项、第(7)项和第(8)项所述问题时,应当举行扩大会议。

7.扩大会议应当有两名由该学校的学生会选举产生的成年学生参加。

8.管理机关履行工作职责应当向教育机构及其创始人负责。

家长委员会

第 58 条

1.教育机构应当设立家长委员会,成人教育学校除外。

2.如果学校提供学前教育计划,家长委员会应当包含每个班级或学前班的一名学生家长代表。

3.受教育者中如果包含少数民族或族群成员,在该教育机构的家长委员会中应当按比例包含少数民族或族群的家长代表。

4.受教育者中如果包含发育障碍的儿童和学生,家长委员会的成员应当包含发育障碍儿童和学生的家长代表。

5.家长委员会应当:

(1)推荐儿童或学生家长作为管理机关的成员。

(2)建议其成员作为负责发展规划的专家小组以及该教育机构的其他小组的代表。

(3)提出质量保证措施,改进教育和教学工作。

(4)参与选修课程的筛选和教材选用的过程。

(5)审查教育和教学计划、发展计划、年度工作计划、计划实施报告、评估和自我评估报告。

(6)审查捐赠到账资金和教育机构拓展活动所得资金的使用情况。

(7)对通过学生合作所得和来自学生家长的资金,应向管理机关提出分配方案。

(8)审查教育机构的工作条件、儿童和学生的发展和学习条件及其安全保护措施。

(9)参与本法第42条规定的各项措施条例的制定过程。

(10)批准实地考察或休养计划的实施形式,并审查实施报告。

(11)审查章程规定的其他问题。

6.家长委员会应当将其提议和意见转交该教育机构的管理机关、执行董事或校长和教育机构的专家组织。

7.家长委员会的选举形式应当在教育机构章程中做出规定,其工作和活动应按委员会议事规则进行。

教育机构的执行董事或校长

第 59 条

1. 执行董事或校长应当管理该教育机构的运行。

2. 教育机构的执行董事或校长应当符合本法第 8 条第 2 款和第 120 条的规定。

3. 学前教育机构的执行董事可以是具有下列条件的人员:按照本法第 8 条第 2 款规定接受过幼儿教师或心理学教育,具备职业资格证、经过培训、通过董事所要求的考试、接受相关教育且具有 5 年学前教育机构工作经验。

4. 履行学前教育机构执行董事职责的人员应当具有本法第 8 条第 3 款规定的相应教育、学前教育、经过培训、通过执行董事要求的考试、接受适当教育且具有 10 年在学前教育机构工作的经验。

5. 校长的职责可以由具有下列条件的人员担任:本法第 8 条第 2 款规定的学历要求、教师或心理职业资格证,经过培训且通过担任校长所需的考试、接受相关教育且具有在教育机构 5 年以上的工作经验。

6. 在特殊情况下,如果按照本法第 8 条第 2 款规定的学历要求,没有人提出申请,则履行小学校长职责的人员应当具有本法第 8 条第 3 款规定的相应教育、教师职业资格证、经过培训且通过担任校长所需的考试、接受相关教育后且在该教育机构具有 10 年的工作经验。

7. 如果同一职位再次被宣布空缺,则本法第 8 条第 2 款和第 3 款规定的对候选人的学历要求应被视为等同。

8. 满足执行董事必须的条件、可以证明自己已经参加过规定的培训的人员可以参加担任执行董事或校长所需的考试。

9. 已经通过担任教育机构执行董事或校长所需考试的人员应取得执行董事或校长的任职资格证(以下简称执行董事、校长任职资格证)。

10. 选任的执行董事或校长如未能通过担任执行董事或校长所需的考试,则必须在任职后一年内通过该考试。

11. 执行董事或校长在被任命后一年内未能通过执行董事或校长所需的考试,应免去其职务。

12. 如果教育机构的执行董事或校长在履行其职责时被定罪并被判定为刑事犯罪或有欺诈行为,其执行董事或校长的资格则自动终止。

13. 教育机构的执行董事或校长任期为四年。教育机构执行董事或校长的委任权力自其履行职责之日起生效。

14. 执行董事或校长在本单位的就业状态在其作为执行董事或校长期间暂停。

15. 执行董事或校长在委任过程中如果确定其不符合本条第 2 款规定的条件,或者其拒绝接受管理机关要求的体检,对其的委任即行终止。

16. 管理机关应决定教育机构执行董事或校长的权利、义务和责任。

17. 部长应更详细地规定任命教育机构执行董事或校长的条件、与执行董事或校长能力相一致的培训计划、考试计划、考试的形式和过程、部委运作的形式和工作内容、自治省主管考试的部门、执行董事或校长资格证的内容和外观、资格证登记的内容和方式、考试费用、委员会成员的费用以及与考试相关的其他事宜和教育机构执行董事或校长资格的取得程序。

执行董事或校长的选举

第 60 条

1. 教育机构的执行董事的产生应当采取公开竞聘的方式,管理机关在公布竞聘岗位后,听取教育教学委员会和教师委员会或教师教学委员会提出的意见后,选举产生执行董事。

2. 以少数民族语言及大多数班级的教育教学工作和活动以少数民族语言开展的教育机构,应当在收到相应的全国少数民族委员会的意见后选举执行董事或校长。

3. 如果全国少数民族委员会从收到请求之日起 15 日内未提出意见,则视为已经批准该意见。

4. 本条第 1 款所述的委员会意见应在全体员工参加的特别会议上形成,会议以无记名投票的方式进行投票。

5. 执行董事或校长的竞聘公告应当在现任执行董事或校长任职期届满前三个月公布。

6. 候选人情况及其随附的文件应提交教育部部长批准。

7. 管理机构对执行董事或校长的任命决定应视为最终决定;如果从任命决定提交之日起 30 日内未收到任命决定的否决意见,则被视为已经被部长批准通过。

8. 本条第 7 款规定的期限过后,管理机关应当审核通过任命执行董事或校长的正式决定,并提交给申请人。正式决定应当载明新任执行董事或校长履职的时间及其是否应当按照规定的义务参加教育机构的执行董事或校长的任职考试。

9. 如果申请人对本条第 8 款所述的官方决定不满意,其有权在行政程序中得到法律的保护。

10. 如果程序中确实存在没有依照法律做出决定的情况,或者决定的通过危及教育机构的运行,则教育部部长可以拒绝签署批准文件。

11. 如果教育部部长没有同意执行董事或校长的任命,应当公布新一轮的聘任信息。

代理执行董事或代理校长

第 61 条

1. 如果执行董事或校长的任期已满但新的竞聘公告尚未发布,或管理机关未能就任命做出决定,或者教育部部长已经通过正式文件否决了管理机关的决定,则应由管理机关任命代理执行董事或代理校长,直至产生新的执行董事或校长。

2.如果管理机关未能在本条第1款所述情况下指定代理执行董事或校长，或者在新的竞聘实施后管理机关还没有做出决定，或者在新的竞聘后教育部部长尚未做出决定，与教育部部长沟通任命结果后七日内任命代理执行董事或代理校长。

3.在委任过程中没有被批准获得执行董事或校长职位的人员不得被任命为教育机构的代理执行董事或代理校长。

4.教师、幼儿教师或心理学家（教师）可以被任命为代理执行董事或代理校长，但任期不得超过六个月。

5.代理执行董事或代理校长在履行职责时其在本单位的工作应暂时搁置。

6.执行董事或代理校长的权利、义务和责任同样应适用于代理执行董事或代理校长。

教育机构执行董事或校长的责任和职责范围

第 62 条

1.执行董事或校长负责教育机构的合法运行。

2.执行董事或校长的工作活动应当对管理机关和教育部部长负责。

3.除了法律和教育机构章程规定的工作和活动外，执行董事或校长还应：

（1）计划和组织实施教育和教学计划以及该教育机构的其他活动。

（2）确保质量、自我评估，达到培养标准并促进教育教学工作和其他活动。

（3）负责落实、实施该教育机构的发展规划。

（4）决定财务计划拨款的使用情况，并依法负责审批和使用计划资金。

（5）与地方自治机关、组织和协会进行合作。

（6）组织开展教学指导和审查工作，监控教育工作和活动以及教学质量，采取措施改进和提高教师、幼儿教师和心理学家（教师）的教学质量。

（7）规划和检测教师的能力提升计划，并组织教师、幼儿教师和心理学家（教师）的职称评审工作。

（8）当出现违反本法第44条、第45条和第46条规定的条款和现象时，应采取措施制止雇员的不良行为并尽可能地消除其对儿童和学生产生的不良影响。

（9）采取措施执行教育督察、教育顾问以及其他检查机构的命令。

（10）确保及时准确地输入数据，并在统一的信息系统内维护、更新教育机构的数据库。

（11）确保及时地向感兴趣的员工、学生和家长或监护人、专家机构和管理机关提供有关教育机构和机构运行的所有信息。

（12）召集和主持教育和教学委员会、教师委员会的会议，但无权做出决定。

（13）建立专家机构和团队，指导和协调教育机构内部专家的工作和活动。

（14）与家长、儿童和学生的监护人合作。

（15）每年向管理机关至少提交两次工作和活动以及教育机构的运行情况的报告。

（16）审核通过岗位分类和组织的一般文件。

（17）依照本法和相应的法律，决定学生和员工的权利、义务和责任。

4.如果执行董事或校长暂时缺席或无法履行其职责和义务，则根据管理机关、执行董事或校长的授权，由学校内的教师、幼儿园老师或心理学家（教师）代替执行董事或校长履行相应的职责和义务。

执行董事或校长职责和义务的终止

第 63 条

1.如果出现教育机构执行董事或校长的就业状态终止、聘用合同到期的情况，应个人要求，执行董事或校长的职责和义务将在任期结束时终止。执行董事或校长的职责和义务终止的决定应当由管理机关做出。

2.出现下列情况，管理机关将解除执行董事或校长的职务：

（1）该教育机构未及时审核通过教育计划，或未提供教育和教学计划，没有采取措施实现教育目的、教学目标和标准。

（2）该教育机构未实施对儿童和学生的安全保护措施。

（3）出现违反本法第 44 条、第 45 条和第 46 条规定的禁令以及员工违反工作责任的情况下，执行董事或校长未曾采取或当时没有采取措施，或采取了不当的措施。

（4）无法提供按照教育机构要求应当妥善保存的档案和文件。

（5）教育机构违反本法和其他相关法律发布保留的档案和公共文件。

（6）执行董事或校长不能满足本法第 59 条规定的要求。

（7）执行董事或校长没有按照通知要求开展工作，或没有执行主管当局旨在纠正所发现的问题和违规行为而采取的措施。

（8）执行董事或校长通过不合法的决定，利用片面、不及时和不正确的信息或不符合法律程序的规定召集会议，损害管理机关和员工的措施。

（9）执行董事或校长没有在教育系统中启用及时而正确的数据录入程序，也没有维护、更新教育机构的数据库。

（10）未按照本法和一般文件规定聘用全职人员或者外包人员工作。

3.如果违反本法第 141 条规定的员工义务或者按照劳动法，终止雇用合同的情况出现，管理机关将按照聘用终止的程序解除执行董事或校长的职责。

4.如果权威机构的最终文件确定教育机构执行董事对违反本法或相应法律的行为负责或在其履行职责和义务时存在欺诈、刑事犯罪行为，管理机关应在执行董事或校长任职期满前解除其职务。

5.管理机关在收到教育督察命令后，应当在八日内免除执行董事或校长的职务。

6.管理机构关于解除执行董事或校长职务的决定应视为最终决定，免职决定递交部长后 15 天内，如果没有收到教育部部长的否决意见，则被视为已经获得教育部部长批准。

7.如果教育部部长确定管理机构在解除职务程序过程中没有依照法律做出决定或者决定的通过危及教育机构的运行,将否决该决定。

8.如果管理机关未能在本条第 5 款规定的期限内做出正式决定解除执行董事或校长的职务,教育部部长在收到文件的 15 日内,可以解除执行董事或校长的职务。

执行董事或校长的职责和义务终止后的权利

第 64 条

1.执行董事或校长的任期结束,根据个人要求免除其职务,根据其受教育水平和类型安排相应的工作。

2.如果该教育机构或其他教育机构没有相应的工作岗位,则本条第 1 款所述人员应当根据法律享有与无须继续服务的人员相同的权利。

3.根据本法第 63 条第 3 款和第 4 款的规定,已经解除职务的执行董事或校长立即终止聘用,无须发放派遣费。

4.在任期结束前已经被免除职务的、不能根据其教育水平安排工作的执行董事或校长应立即终止聘用,其有权依法领取派遣费。

执行董事助理和校长助理

第 65 条

1.根据教育机构经费使用的规定,教育机构可以设一个执行董事助理或校长助理岗位。

2.在教育机构中具有较好的专业声誉和经验的教师、幼儿教师或心理学家(教师),经过执行董事或校长签发的决定,可以被任命为该教育机构或本工作年度的执行董事助理或校长助理。

3.执行董事助理或校长助理应组织、管理和负责该教育机构的教学工作,协调该机构的专家组和其他专家机构的工作,并按照该教育机构的章程开展其他工作。

4.执行董事助理或校长助理根据执行董事或校长的正式决定,可以开展教师、幼儿教师或心理学家(教师)的工作。

教育机构的专家机构、团队和教学专家组

第 66 条

1.根据章程,学前教育机构的专家机构应包括教育和教学委员会、幼儿教师和护士组、发展规划组和其他专家组等。

2.根据章程,学校的专家机构包括:教师委员会、班主任教师委员会、第一教学周期教师专家委员会、学科专家委员会、发展规划和学校项目计划专家组以及其他专家组。寄宿学校设立一个教学服务委员会。

3.教育和教学委员会应包括幼儿教师和心理学家(教师)。

4. 教师委员会应包括教师、幼儿教师和心理学家（教师）。

5. 教育服务委员会应包括在寄宿学校从事教学工作和活动的教育专家和心理学家（教师）。

6. 班主任教师委员会应包括在相应班级进行教学活动的教师。

7. 第一教学周期教师专家委员会应包括在第一教学周期的教育中提供教育工作和活动的教师。

8. 教师助理应参加上述第 3 至第 7 款所述委员会的工作和活动，但无权决策。

9. 学校学科组成的专家委员会应包括相近科目的其他教师。

10. 发展规划专家组包括教师、幼儿教师、心理学家（教师）、地方自治单位、学生会和家长委员会的代表。发展规划专家组成员由管理机关任命。

11. 学校规划专家组应包括教师和心理学家（教师）的代表。学校课程规划专家组成员由教师委员会任命。

12. 执行董事或校长应建立一个团队执行某项任务、计划或项目。该团队可能包括员工、家长和地方自治单位的代表，或者某些领域的专家。

13. 在为发育障碍儿童提供教育的学校，执行董事或校长应当建立一个包容性、全纳教育的专家团队。

14. 教学专家组应包括专家委员会和专家组的主席以及心理学家（教师）的代表。

15. 教学专家组应就本法第 62 条第 3 款第（1）项至第（3）项、第（5）项至第（7）项中所述的问题审查执行董事或校长的工作和活动并发表意见。

16. 教学专家组由执行董事、校长或执行董事助理、校长助理主持和管理；班主任教师委员会由班主任教师主持和管理。

17. 学生会的代表可以出席学校专家组会议，但无权做出决定。

专家机构、团队和教学组的职责范围

第 67 条

1. 专家机构、团队和教学组负责确保和改进教育机构的工作质量；监测教育和教学计划的实施情况，促进实现教学目标并达到标准；开展对教师、幼儿教师和心理学家（教师）的绩效评估；监测和确定儿童、学生和成人在教育过程中取得的成果，并处理与教育和教学工作有关的其他专业问题。

2. 专家机构、团队和教学专家组的职责范围、运作方式应受教育机构章程管辖。

教育机构的秘书

第 68 条

1. 教育机构的秘书（以下简称"机构秘书"）按照运行经费的规定，负责管理机构的行政事务，履行监管职能，以及法律规定的其他事务。

2. 机构秘书的工作可以由具有法学硕士学位的人员承担，也可以由受过至少4年本科教育并通过担任机构秘书所需的考试的人员担任。

3. 本条第2款所述的人员应当参加就职培训，完成入职培训计划和通过担任机构秘书所需的考试，以便其能够独立履行机构秘书的职责。执行董事或校长应从学校管理委员会成员的机构秘书中为见习秘书安排一名指导教师。

4. 机构秘书在上岗后两年内必须通过担任机构秘书所需参加的考试。

5. 如果机构秘书在本条第4款规定的期限内没有通过所需的考试，对其的任用应当终止。

6. 已经通过律师资格考试或通过国家行政部门或国家专家考试的人员，不需要再参加担任机构秘书所需的考试。

7. 作为本条第2款的例外情况，如果再次公开竞聘，没有符合学历要求的人员申请该岗位，则可以任命其他人员为学前教育机构和小学的秘书，但其任期不得超过两年。

8. 关于入职方案、专业考试的计划、内容、形式、通过期限、部长的委任、自治省专业考试主管机构的组成和方式、证书的形式和签发、考务费用及评测委员会的费用，以及其他与考试相关的事宜，均由教育部部长做出规定。

五、教育和教学计划及考试

（一）教育和教学项目

教育机构的教育项目

第69条

1. 学前教育机构应根据学前教育计划和相应的法律，制订和实施针对儿童的教育和教学计划。

2. 小学应提供学校课程和教学大纲，包括针对发育障碍的学生和成人的特别教育课程，对不熟悉教学语言的少数民族学生提供使用塞尔维亚共和国语或少数民族语言实施教学的个性教学计划、音乐和芭蕾舞教育课程、成人教育课程、寄宿学校学生的教育课程，以及按照特定的法律实施的其他教学计划和课程。

3. 中学应为普通教育、职业教育和艺术教育提供学校课程和教学大纲，包括针对发育障碍的学生和成人的特别教育课程，对不熟悉教学语言的少数民族学生提供使用塞尔维亚共和国语或少数民族语言实施教学的个性教学计划、音乐和芭蕾舞教育课程、成人教育课程、寄宿学校学生的教育课程、专家和工匠教育课程、专业技能培训课程，以及按照特定的法律实施的其他教学计划和课程。

4. 在特殊情况下，小学也可以提供学前教育课程，中学可以提供学前教育课程、小学教育课程。

5.除本条第 1 至第 4 款规定的方案外,教育机构还可以提供旨在改善教育和教学工作、提高教育质量和增加教育机会的其他方案和活动。

6.本条第 5 款所述的教育机构可以获得示范中心的称号。

学前教育和教学计划的基本原则

第 70 条

1.根据学前教育和教学计划,幼儿园向六个月以上至小学一年级的儿童提供学前教育。

2.学前教育计划应当在下列方面构建教育基础:

(1)在学前教育机构、托儿所和小学的日托中心和预备班级等层次的教育中设计和开发教育教学工作和活动方案。

(2)根据特定的法律设计和开发特殊课程和专业课程。

(3)制定教育质量监测评估标准。

(4)完善与发展学前教育机构。

2.学前教育和基础教育课程的基本内容应由具体法律规定。

学前教育

第 71 条

1.学前教育和教学活动应按照学前教育计划开展。

2.学前教育机构或学校根据学前教育和教学计划的基本原则,提供学前教育课程。

3.学前教育计划应当包含教育机构及其环境、教育和教学工作类型、时间、活动计划和服务的形式等信息,以及其他依据相应法律需要包含的信息。

4.学前教育机构按照特定的法律规定、自身的办学条件,儿童、家长和地方自治政府的需求,实施专业的、专门的以及其他形式的教育计划。

中小学课程和教学大纲

第 72 条

1.课程和教学大纲构成中小学教育实施的基础。

2.课程和教学大纲应当按照规定的教育原则、教育目标和教育标准制定。

3.三年中等职业教育的课程和教学大纲通常由 30% 的普通教育课程和 65% 的职业教育课程组成;而四年制中等职业和艺术教育通常由 40% 的普通教育课程和 55% 的职业教育课程或与艺术相关的教育课程组成。

4.课程和教学大纲应根据教育水平和类型设置选修课程,学生必须根据自己的情况选择一门或多门课程。宗教教育或公民教育应当设为限选课程,学生必须选修其中的一门。

5.已经选择了宗教教育或公民教育的学生,依然可以在中小学教育阶段自由选择另一课程。

小学和中学课程

第 73 条

1. 小学和中学课程应包括：

（1）中小学教育各年级的必修科目。

（2）中小学教育各年级的选修科目。

（3）教育和教学活动的形式（定期、附加和补充教学活动及其他形式的教育和教学活动）。

（4）按照教育教学工作类型和科目划分年度和每周的课程学时数量。

2. 小学和中学教育课程可能包含独立或学校课程的模块，并附有课程学时数量。

3. 就本法而言，模块应是一套理论和实践的课程内容，并应与一个或若干学校课程的功能和主题相关联。

小学和中学教育教学大纲

第 74 条

中小学教育教学大纲应当依据设定的一般、特殊标准审核通过，其中应包括：

（1）按教育层次、周期、教育类型或教育概况，按学科、模块和年级划分的教育目标。

（2）保证实现一般和特殊教学目标的必修和选修科目及模块的内容。

（3）教学大纲的活动类型和模式。

（4）建议适用成人教育、超常能力学生的教学大纲，对少数民族和双语教育有特殊意义的科目的教学大纲。

（5）为有特殊需求的学生编制个性化教育计划，因为他们被纳入教育系统的工作被推迟，或是对实施教育的语言不熟悉。

（6）其他对实现教育计划具有重要意义的事宜。

职业学校教育及其计划的其他类型

第 75 条

1. 本法适用的职业教育类型包括：实用技能培训、专业技能培训和其他业务培训。

2. 实用技能培训的目标应该是获得对特定职业的知识、技能的认识。

3. 职业技能培训旨在获得对职业和相关工作的知识、技能和态度。

4. 其他业务培训应有助于获得在工作过程中执行某些工作或业务所必需的基本知识、技能和态度。

5. 本条第 1 款所述的其他职业教育课程应当成为中等教育课程大纲的基础。

6. 根据其他规定通过的专业技能培训和专项培训计划，应当按照规定标准执行。

学校计划

第 76 条

1.中小学教育、专科教育、手工工艺教育以及其他类型的职业学校教育应根据学校课程进行。

2.学校课程应在课程发展纲要和教学大纲或特定类型的职业教育课程的基础上设置。

3.学校计划应根据学生、家长或监护人以及当地社区的需要，规定教育的原则、目标和标准。

4.学校计划应包括：

(1)学校计划的目标。

(2)学校提供的所有教育和教学计划的名称、类型、期限以及实施教育的语言。

(3)按教育周期、教育概况和年级划分的必修、选修科目和模块。

(4)实现教育目的的原则和目标的方式，提供规定课程和教学大纲的方式和程序，及其他类型职业教育方案、教育教学工作和活动的类型。

(5)学校的科目、教学计划和活动的选择。

(6)音乐和芭蕾舞教育、成人教育、特殊能力学生的教育以及双语教学的形式和改革。

(7)关于学校计划的其他重要事宜。

5.学校课程通常由学校董事会按照课程和教学大纲每四年修订一次。

个性教育计划、个性方案和个性化教学

第 77 条

1.教育机构应当消除物理障碍和交流障碍，并针对弱势群体、发育障碍、身体残疾或其他原因需要额外教育和教学支持的儿童或学生制订个性教育计划。

2.个性教育计划的目标是达到将儿童或学生纳入正规教育和教学活动的最佳水平，并使其能够在所在群体中获得相对的独立性。

3.个性教育计划应当调整并丰富儿童或学生的教育方式，特别是：

(1)班级的教学小组和学习小组的日常活动安排、额外支持和帮助的日常活动安排以及帮助和支持的频率。

(2)教育教学工作和活动的目标。

(3)针对某一或所有科目的特殊标准进行修订，并对修订的内容进行的解释说明。

(4)对科目或课堂内容、教学活动的个性化给予支持。

(5)学前教育教师和其他教师应采取教学和活动的个性化方式，或根据学生的类型采取个性化的教学措施。

除第(3)项外，教育机构应按照本条第 3 款的规定通过个性化教育计划，以适应有特殊能力的学生的教育需求。

4. 根据专家组对包容性、全纳教育的建议和负责向学生提供本条第 3 款规定的额外支持的建议,教育小组将采用个性化的教育方案。

5. 在学前教育机构中,本条第 5 款规定的小组由学前教师、心理学家、教育家、同事、家长或监护人组成,并在需要时根据家长的建议提供教育机构之外的教学服务和专家服务。

6. 本条第 5 款规定的学校中的小组应由参与第一周期教育的教师、班主任老师、教授特定科目的教师、学校心理学家、教育家、家长或监护人组成,并在需要时由教育机构以外的教学助理和专家组成。

7. 家长或监护人应当同意实施个性化教育计划。

8. 在教育机构第一年办学期间,个性教育计划应当按季度制订、提交和评估,而在其余几年的教学中,该计划应在每个学期开始时制订、提交和评估。

9. 教师或幼儿园教师在规划其负责的班级、小组工作和活动时,应当协调教师的计划与儿童的个性教育计划。

10. 个性教育计划的实施应当在一位教育专家监督下进行。

11. 教育部部长应当通过更详细的教学指导方案来确立个性化教育计划及其实施和评估方案。

教学计划和教学工作计划的基本原则

第 78 条

1. 教学计划的基本原则是以下教育的基础:

(1)在寄宿学校采用教学计划。

(2)对寄宿学校教学工作和活动质量展开评估。

2. 教学计划的基本原则必须符合一般性原则,必须有助于达到普通教育标准。

3. 寄宿学校的教学工作和活动应根据本法和相关法律规定的教学计划进行。

4. 教学计划和活动计划应确定教学工作和活动的目标、活动类型、工作形式和其他重要事宜。

5. 教学工作和活动方案应当由寄宿学校每四年按照本法和相关法律规定的程序进行修订。

教育计划采纳的程序和批准权限

第 79 条

1. 学前教育计划的基本原则、小学和普通中等教育、中等艺术教育的课程和教学大纲、中等职业教育和成人教育中的普通教育课程和教学大纲以及教学计划的制订原则上经教育部部长提议,由国家教育委员会审核通过。

2. 成人初等教育的课程和教学大纲应由教育部部长提议并在收到国家教育委员会意见后由职业培训和成人教育委员会审核通过。

3.中等职业教育和成人教育的课程和教学大纲由教育部部长根据职业培训和成人教育委员会的建议审核通过。

4.少数民族中小学教育方案由教育部部长根据全国少数民族委员会的提议审核通过。

5.专业人员和工匠教育计划在教育部部长收到其主管部门根据职业培训和教育委员会提出的意见后，予以审核通过。

6.其他类型的职业教育计划由教育部部长根据职业培训和成人教育委员会的建议予以审核通过。

制订学校教育方案

第 80 条

1.学前教育课程、学校的课程及教学规划应由本校的专家机构制订。

2.制订本条第1款所述的教学计划，教育机构应征求家长委员会的意见，同时也应征求学生会的意见。教育机构应在取得本校创始人批准后拨款实施教育计划。

3.如果学校的教学计划中部分课程用外语授课或全部课程用外语授课，需在教学计划通过前取得教育部部长的同意。

4.如果教育机构是塞尔维亚共和国国家所建，则本条第1款中应由教育部部长批准。

5.本条第1款所述教学计划应由本校管理机关审核通过。

教育计划的公布

第 81 条

1.教育机构的教育计划应在实施前两个月审核通过。

2.学前教育计划、学校教育计划及教学规划应按照该教育机构一般文件的方式进行公布。

3.教育机构应当保证本条第2款所述教育计划向公众公布，有意者即可了解。

（二）考试

小学毕业考试

第 82 条

1.学生完成六年级课程的学习后，应参加考试。

2.毕业考试将评估学生在小学教育时期的各项学习成果。

3.发育障碍学生毕业考试应与其身体状况、感知能力水平相当，残疾学生的毕业考试应根据残疾类型及状况来安排。

4.学生通过毕业考试后应予以公布。

5.学生通过毕业考试后可按相应法律规定的方式、程序升入中学,无须参加分类考试(入学考试除外)测试其他才能。

6.教育部部长应综合国家教育委员会意见,按照本条第 4 款所述形式,通过小学毕业考试方案。

一般入学考试

第 83 条

1.学生完成普通中学教育四年级课程后,应按相应的法律规定参加入学考试。

2.学生按照相应法律规定的条件完成中等职业学校或中等职业艺术学校的四年教育后,一般可以参加入学考试。

3.发育障碍学生应参加与其身体状况、感知能力水平相当的入学考试,残疾学生应根据其残疾类型、残疾情况参加与其相适应的入学考试;若在学习期间,有关科目要求已针对他们的情况进行了调整,则此类学生可以不参加该科目的入学考试。

4.考生通过入学考试后,根据相应法律的规定,应当获得证明文件。

5.学生通过入学考试后,可按相应法律规定的方式、程序,升入相应的高等学校,无须再参加入学考试(特殊人才及能力考试除外)。

6.教育部部长应综合国家教育委员会的意见,通过入学考试方案。

职业教育院校及艺术院校入学考试

第 84 条

1.根据相应的法律规定,在职业中学、艺术中学接受中等职业教育、中等艺术教育的学生,完成四年级课程后,应参加职业院校、艺术院校的入学考试。

2.在职业中学、艺术中学接受中等职业教育、中等艺术教育的成人,完成三年的学习后可以参加职业院校和艺术院校的入学考试。

3.发育障碍的学生应参加与其身体状况、感知能力水平相当的职业院校、艺术院校的入学考试;残疾学生应根据其残疾类型、残疾情况参加与其相适应的考试;若在学习期间,有关科目被要求针对学生的情况而进行调整,则此类学生可以不参加该科目的入学考试。

4.学生通过考试后,根据相应的法律规定,应当获得中等职业教育或中等艺术教育的学历证明。

5.学生通过职业院校或艺术院校的入学考试后,可以根据相应法律规定的方式及程序,升入相应的高等学校。

6.教育部部长应当综合职业教育委员会意见,决定职业院校入学考试方案;综合国家教育委员会意见,决定艺术院校入学考试方案。

职业培训中学毕业考试、专业考试及技术考试

第 85 条

1. 根据相应的法律规定,学生完成三年的中等职业培训后,须参加毕业考试;成人完成培训后,应根据成人课程要求参加毕业考试。

2. 完成专科教育及技术教育后,成人应参加专科考试或技术考试,获得按照相应法律规定颁发的学历证明。

3. 本条第 1 款、第 2 款所述考试,发育障碍学生应按身体状况、感知能力水平参加相应的考试,残疾学生应按残疾类型、残疾情况参加相应的考试;若在学习期间,有关科目被要求针对学生的情况进行调整,则该学生可以不参加该科目的入学考试。

4. 教育部部长应综合职业培训委员会及成人教育委员会的意见后,审核通过专科考试及技术考试方案。

职业教育考试类型

第 86 条

1. 根据相应的法律,学生或成人完成两年的工作实践技能培训或完成中等职业教育二年级课程后,须参加毕业考试。

2. 学生或成人完成专业技能培训、职业教育一年级课程后,应到职业中学或其他持有办学许可证的机构参加专业技能考试。考试通过后,可以获得法律规定颁发的学历证明。

3. 学生或成人完成培训项目后,应到学校或其他持有办学许可证的组织机构参加培训考试,考试受特别委员会的监督。学员通过考试后,可以获得法律规定颁发的学历证明。

4. 本条第 1 款、第 2 款及第 3 款所述考试,发育障碍学生应按身体状况、感知能力水平参加相应的调整后的考试,残疾学生应按残疾类型、残疾情况参加相应的考试;若在学习期间,有关科目被要求针对学生的情况进行调整,则该学生可以不参加该科目的入学考试。

5. 教育部部长应在综合职业培训委员会及成人教育委员会的意见后,审核通过第 1 款、第 2 款及第 3 款所述的考试方案。

六、教学

教育教学工作

第 87 条

教育教学工作包括学校的课程讲授及课外活动。根据该工作内容开展教学工作,达到规定的工作目标及本法规定的成绩标准。

学年及工作年

第 88 条

1.学校的教育教学工作及活动应在 9 月 1 日至次年 8 月 31 日的学年间进行。

2.教育教学工作分两个学期进行。

3.两个学期中间安排有假期。

4.教育教学工作的开始时间、持续时间、假期的时间,应通过校历加以规定。

5.教育部部长应规定 6 月 1 日前的校历。

6.特殊情况下,如果学校提出要求且取得教育部部长同意,则校历可以进行调整。

7.学前教育机构的教育教学工作应按工作时间进行,工作时间根据学年时间进行调整。

年度工作计划

第 89 条

1.年度工作计划应规定教育教学工作开展的时间、地点、方式及主要负责人。

2.学校应在校历标注的 9 月 15 日前通过年度工作计划、发展规划、学前教育课程、学校教育课程及其教学方案。

教育教学工作及活动的中断

第 90 条

1.若出现不可抗的因素,如流行病及其他危害儿童、学生及学校职工健康的情况,学校的教育教学工作及活动可以暂停。

2.停课的决定由地方政府单位的负责机关做出。若地方政府单位的负责机关未能做出决定,则由教育部部长立即做出决定。

3.停课结束后,学校应按教育部部长批准的方式,完成此间未完成的工作。

4.如果遇到战争威胁、处于交战状态、紧急状态或面临其他紧急情况,教育部部长应规定特殊教育方案,对学校的组织工作及运行方式予以指示,并指示学校继续开展工作与活动。

免费接受教育的权利

第 91 条

1.塞尔维亚共和国国家、自治省或地方政府单位建立的学校免费提供以下服务:

(1)根据本法规定,为学生及成人提供初等教育。

(2)根据本法及相应的法律,在小学入学前,提供一年的学前教育。

(3)根据本法及相应的法律,为学生提供同等条件的全日制及非全日制中学教育。

2.全日制学生年龄在 17 岁以下,即就读中学一年级及接受实践技能培训的学生;非全日制学生为 17 岁以上的学生。

3.本条第 2 款规定的例外情况,即年龄在 17 岁以下,属弱势社会群体且具备特殊才能的人,若因正当理由无法成为全日制学生,则经教育部部长批准后,可作为非全日制学生,接受中学教育或实践技能培训。

4.已接受中学教育,希望继续接受培训或额外培训、专科培训、技术培训的学生应当支付学费。

5.学费金额由教育部根据教育类型决定。部分学生或学生群体可免除学费,以实现教育过程的平等。

6.儿童、学生家长或监护人可以决定让其子女进入另一法人或另一私人实体创办的学校学习,并支付学费。

国外接受小学教育

第 92 条

为了给生活在国外的儿童和学生提供以塞尔维亚共和国语授课的小学教育课程,可以实行特别方案。教育部部长应规定国外小学教育的特别方案、成绩记录方式及学历证明文件的颁发事宜,规定对教师的特殊要求、薪资金额以及在国外开展教育教学工作中的其他重要事宜。

学前教育的学制时间

第 93 条

1.学前教育时间在学前教育方案中规定。

2.学前教育旨在帮助学生做好接受小学教育的准备工作(以下称"学前预备课程")。学制时间至少为九个月,每天 4 小时。

3.由学期教育教师负责教授学前预备课程。

初等教育的学制时间

第 94 条

1.初等教育学制时间为 8 年,分为两个教育周期。

2.一到四年级为第一周期,根据相应的法律规定,以班级的形式授课。外语课、选修课及学校特许课程可在特殊情况下单独设置,按相应的法律及学校规划要求组织授课。

3.四至八年级为第二周期。此阶段独立设置的科目应根据学校规划要求组织授课。

4.小学音乐教育时间为两年至六年。芭蕾教育时间为四年,且应根据相应的法律及学校规划要求分两个教育周期进行。

5.成人初等教育按年级顺序组织,根据学校规划要求,时间为三年至五年。

中学教育及技能提升教育的学制时间

第 95 条

1.根据相应的法律及学校规划要求,中学教育时间为三年或四年。

2. 根据相应的法律及学校规划要求,成人中学教育时间为两年或三年。

3. 根据相应的法律及学校规划,专科教育及技术教育时间为一年至两年。

各类职业教育的学制时间

第 96 条

1. 实践技能培训时间为两年。

2. 根据规定的或已经批准的规划要求,专业技能培训时间为一年。

学前教育机构招生

第 97 条

1. 家长或监护人提出申请,子女即可入学接受学前教育。

2. 接受小学教育前,须接受一年的学前教育。

3. 除入学程序所需文件外,家长还应提交一份健康检查证明文件。

4. 若子女没有学习学前预备课程或未参加学前教育机构的活动,则其父母或监护人应在孩子五岁半至六岁半这一年中,将其送入学前教育机构或提供学前预备课程的机构学习。父母或监护人有权选择就读的学前教育机构或学校。

5. 地方政府单位设立的学前教育机构,由塞尔维亚共和国国家、自治省或地方政府设立的学前预备课程的小学,须将每个儿童纳入学前教育规划,不受父母居住地的影响。

6. 塞尔维亚共和国国家、自治省或地方政府设立的教育机构,免费提供本条第 4 款所述课程。

7. 根据相应的法律要求,地方政府应对儿童就读情况进行记录,并将满足学前教育条件的儿童身份信息通知学前教育机构或开设学前预备课程的学校。

8. 部长应就学前教育机构优先入学条件,做出更为详细的规定。

小学招生

第 98 条

1. 学年开始时,年龄为六岁半或七岁半的学生应就读小学一年级。

2. 除入学程序所需文件外,父母还需提交一份健康检查证明。

3. 特殊情况下,社会弱势群体的儿童入学时,无须提前提交父母居住地证明及其他必需文件。

4. 对升入一年级的儿童应当进行检查测试,该项工作由校心理专家和教师负责,以儿童母语进行。此项测试采用有资质的机构或专业权威组织推荐的标准程序及工具辅助进行。如果学校不具备以儿童母语进行测试的条件,则应按全国少数民族委员会的建议,外聘翻译进行测试。

5. 运动障碍或感知障碍儿童的测试应采取最适其能力的测试类型。

6.测试过程中,学校可确定是否需要制订个性化工作计划或提供其他额外的学习支持。

7.如果需要财政资金提供额外支持,学校应向所在地社区卫生中心的儿童医生提交一份书面申请,申请评估需要跨部门委员会额外提供教育、健康或社会支持。

8.障碍儿童获得所在社区卫生中心的儿童医生推荐信,经其父母同意后,可根据其额外需要的教育、健康或社会支持程度,将其纳入适合发展障碍学生学习的学校。

9.年龄在六岁至六岁半的儿童,通过小学成熟度测试后,可就读一年级。

10.小学成熟度测试由学校心理专家监督进行,采用有资质机构或权威专业组织推荐的标准程序及工具辅助进行。

11.在测试儿童是否准备好入学及成熟度的过程中,学校可根据心理专家的测试结果,做出以下建议:

(1)该生可就读一年级。

(2)该生需要推迟一年入学,并参加学前预备课程。

12.此类儿童的家长或监护人可向学校委员会提出申请,要求重新进行成熟度测试。学校委员会由一名心理专家、一名教育专家、一名教师及一名儿科医生组成。

13.通过标准程序、使用工具辅助后,学校委员会可以建议学生就读一年级或再次建议推迟一年入学。

14.七岁半以上的儿童,如果因病或其他原因未能就读一年级,在对其进行知识测试后,该生可以根据测试结果就读一年级或二年级。

15.学校有义务让所在地区的每一名儿童接受教育。

16.如果家长提出申请,学校可根据能力招收另一学区内的儿童入学。

17.家长或监护人有权为子女选择就读的小学。家长或监护人可以向意向学校提出申请,申请截止时间为招生地区日历年的 2 月 1 日。

18.根据相应的法律规定,通过入学考试的小学生可以就读于音乐小学或芭蕾小学一年级。

19.地方自治单位应记录学生的情况,并将适龄入学儿童及已入学儿童的情况通知学生就读的学校及家长。

20.是否需要额外教育、社会支持等其他详细条件,以及跨部门委员会的评估内容应在取得卫生部部长、社会政策主管部门及教育部部长同意后做出规定。

中学招生

第 99 条

1.根据相应的法律规定,学员完成小学教育课程后可升入中学。

2.根据相应的法律规定,学员可以在提供下列服务的中学一年级就读:音乐课、芭蕾课,为特殊能力学生、发展障碍学生及成人定制个性化教学大纲。

3.在特殊情况下,根据入学标准及教育部部长规定的入学程序,可以为特定人员或群体设定更有利的入学条件,以实现教育机会的完全平等。

4.有意愿接受再培训、额外培训、专科培训及技术教育的人员,完成中等教育后可以进入中学学习。

5.学员完成或已接受小学教育,可以进入中学学习专业技能培训及实际训练类课程。

6.在特殊情况下,成人接受小学教育的同时,可同时在中学接受规定或已批准项目的培训。

外国公民及无国籍人士的就读

第 100 条

1.外国公民及无国籍人士可进入本法第 27 条所述的学校学习,教育条件、教育方式等同于塞尔维亚共和国公民的法律所规定的条件和方式。

2.本条第 1 款所述学生中被驱逐者和流离失所者,若不熟悉教学语言或课程内容,学校应根据教育部部长的特别指示,开办语言学习班、教学预备班或补习班。

3.塞尔维亚共和国境内的欧洲国家儿童或学生,若就读地方政府单位设立的学校,有权参加母语授课课程及文化课程。就读的费用可以根据互惠条件免除,也可以由其监护人支付。

教育实验

第 101 条

1.提高教育质量,促进教育教学工作现代化,引入新的教学机制及教学内容,在教育组织的形式或融资和经费安排方面采取创新措施。

2.上述措施、试点项目的倡议可以由教育机构、主管委员会、科研所或其他法人实体发起。

3.试点项目包括目标任务、预期成果、试行时间、实施方式、实施条件以及评估方法。

4.试点倡议项目由教育部部长进行审查,审查同意后批准试行,并规定试点方案及要求。

5.如果试点倡议项目的内容变动较大,教育部部长要取得主管委员会的意见。

6.对于试点项目的实施,教育部部长将公开宣布试点学校的竞争性参与方式,选择试点学校实施项目。提起倡议的教育机构要比其他教育机构具有优先实施的权利。

7.试点时间至多为五年,并在最后一年对试点工作进行评估。

8.在试点工作评估过程中,试点项目实施工作接受教育顾问的监督,试点结束后的任务完成情况及预期成果的评估工作由教育质量评估协会负责。该协会负责将评估结果反馈给部长及试点倡议教育机构。

9.试点工作报告及其评估结果应当公开,面向更广泛的专业人士。

10.教育部部长应根据试点工作报告及其结果,决定是否进一步实施该项目。

11.在试点项目实施过程中,试点学校的办学状态不得发生变化。

12.根据学校试点方案签发的文件具有与本法及相应的法律规定的公文相同的效力。

教材

第 102 条

1.根据相应的法律规定,在开展教育教学工作过程中,须使用教材及其他教学工具和教学材料。上述材料由教育部部长综合主管委员会的意见后予以批准。

2.教育部部长应当允许同一年级的同一课程使用不同的教科书及外语教材。

3.以少数民族语言开展教育教学工作的地区,根据相应的法律规定使用教材、教学工具及教学材料。

4.外语教材应按有关法律规定批准使用。

5.批准程序包括:评估教材是否符合有关质量标准的考核内容、教育教学工作要求、教学理论及教学方法、语言要求、课程进展要求、图表要求、艺术及技术要求;教材是否有助于实现教育理念、教育目标以及达到的学业成果标准。

6.教育机构可根据相应的法律规定,在开展教育教学工作过程中使用其他教学工具和教学材料。

7.应出版针对发育障碍学生和残疾学生的教材,以满足他们的学习需要。

七、儿童和学生的权利、学生的义务和责任

儿童和学生的权利

第 103 条

1.儿童和学生的权利应当根据签订的国际协议、本法及相应的法律规定的内容予以保障,学校及所有职工都有义务确保其权利的行使,特别是:

(1)获得高质量的教育教学活动,保证实现本法第3条、第4条所述的教育原则和目标。

(2)人格得到尊重。

(3)促进全面发展,有特殊才能的学生得到认可并获得支持。

(4)免受歧视、暴力、虐待及忽视。

(5)及时获得有关自身教育的重要信息。

(6)获得关于自身权利及义务的信息。

(7)根据本法及相应的法律要求参加学校组织。

(8)有自由参加不同团体、俱乐部的权利以及组织学生会的权利。

(9)就分数或其他教育有关权利的行使提出申诉或疑义。

(10)如果第1项至第9项权利未能完全行使,则可提出申请,明确相关人员的责任。

(11)儿童或学生未能履行本法规定的义务,同样可以行使其权利,并依法受到学校的保护和平等地对待。

(12)寄宿学校学生根据相应的法律规定,获得奖学金、学生贷款及食宿服务。

2.学校有义务提供一切条件以便儿童及学生行使其权利(见本条第1款)。

3. 如果本条第 1 款所述权利受到侵犯或者有对儿童或学生的不当行为,学生、家长或监护人可在事发 15 日内向执行董事或校长提出申诉。

4. 教育机构的执行董事或校长有义务核查此类申诉。与学生、家长或监护人及有关人员磋商后,在 15 日内做出决议并采取相应的措施。

5. 学校如果发现有任何侵犯儿童或学生权利的行为,有义务向教育机构的执行董事或校长或管理机构报告。

班级委员会

第 104 条

1. 班级学生应成立班级委员会。

2. 班级委员会的运行方式应在学校章程中详细地说明。

学生会

第 105 条

1. 应在小学的最后两个年级及中学各年级设立学生会,旨在:

(1) 为专家机构、学校委员会、家长委员会及校长就下列事务提供出意见和建议:校内行为规范、学生安全措施、年度工作计划、学校发展规划、学校课程、建筑的装饰及使用方式、教材的选择、选修科目及课外活动、体育比赛及其他比赛、各种校内外学生活动的组织及其他重要的教育问题。

(2) 核查学生与教师、幼师或心理专家(教育专家)的关系及学校的整体环境。

(3) 将有关学生教育的重要事宜和学生会的各项活动通知学生。

(4) 积极参加学校发展规划制订工作及自我评价工作。

(5) 推荐学生成为专家小组成员,参与发展规划制订工作。

2. 学生会由各班派两名代表组成,艺术中学每班或每年级可以有三名代表。

3. 学生会成员每年由班级委员会的学生选出,学生会成员选举一名发言人。

4. 学生会应选出两名学生代表,参与学校董事会的工作或根据本法第 57 条的规定参加学校董事会的扩大会议。

5. 学生会的工作方案是学校年度工作计划中不可或缺的一部分。

6. 各学校的学生会可联合起来,组成学生会联合会。

学生工作量

第 106 条

小学生和中学生的工作量及上课时间由相应的法律做出规定。

成绩

第 107 条

1. 小学和中学的成绩用于评估学生在学习课程的过程中,是否完成了规定的学习任务及是否达到了要求标准;或用于评估发展障碍学生在学习个性化课程的过程中,是否达到要求的学业标准。

2.学生成绩应当公开,且应向学生详细说明得分的原因。如果学生要求教师做出详细说明,但教师未进行说明,学生有权对成绩提出申诉。

3.学生的每个学习科目都应获得成绩,操行也应取得相应的成绩。

4.按照专门的成绩标准,根据学生该学年对课程掌握情况的监测,学校应当给学生一个描述性或分数成绩。

5.小学生每学期应至少获得四次成绩评价,中学生每学期应至少获得三次成绩评价。

6.科目课程的最终成绩应当为分数成绩,根据规定的成绩标准及评分要求分别在第一学期期末和第二学期期末进行评定。

7.发育障碍学生如果学习时有特殊成绩标准,则按该标准评定成绩。

学生成绩评定和取得进步的评价

第 108 条

1.小学一年级的成绩及期末成绩为描述性成绩。

2.小学其他年级及中学各年级的成绩为描述性成绩和分数成绩,成绩应当在该学年内给出(教育部部长指定的学习课程除外)。描述性成绩包括给学生的反馈及给家长提高学生成绩的建议。

3.小学二年级和三年级的学生,如果未能在第二学期期末取得合格成绩,可以根据班主任委员会的决议升入下一年级学习,家长或监护人要求学生留级重读的除外。

4.学生升入高一年级后,即被视为已经完成低一年级课程的学习,并应按本法第77条规定为该学生安排个性化教学活动。中学四年级至七年级的学生,若出现两次未获得期末合格的分数,须在8月的考试期内进行补考;最高年级学生则在6月和8月的考试期内补考。

5.本条第5款所述学生若能通过各学习科目的补考,则被视为完成了该科目的学习。

6.中学生及小学四年级至七年级的学生在第二学期期末有两次未合格,或补考未通过,需要重新修读该年级的课程。

7.特殊情况下,未能通过补考的全日制中学生可在下一学年作为该校的非全日制学生,再次参加补考完成课程,但须支付考试费用,考试费用由学校决定。完成课程学习的非全日制学生,可作为非全日制学生升入高一年级学习。

8.最高年级的小学生和中学生未能通过补考、期末考试或入学考试,他们应作为该校的非全日制学生,再次参加考试,但须支付考试费用,考试费用由学校决定。

德育成绩与学业成绩

第 109 条

1. 五年级至六年级的小学生德育成绩按照描述性成绩评定，德育成绩不影响学生的总体平均成绩。

2. 七年级至八年级的小学生及中学各年级学生德育的学期成绩为描述性成绩，在第一及第二学期期末为分数成绩，德育成绩影响学生总体平均成绩。

3. 小学生从六年级开始，其总体平均成绩将根据义务教育科目最终有效成绩的算术平均数及德育成绩，在第一学期期末和第二学期期末计算评定。

4. 中学生的一般学业成绩将根据学习科目的最终有效成绩的算术平均数及德育成绩，在第一学期期末和第二学期期末计算评定。非全日制学生不评定德育成绩。

5. 教育部部长应规定某些学校科目及德育成绩的评定方式、过程和标准，以及成绩评定中的其他重要事宜。

对于成绩和考试的疑义与申诉

第 110 条

1. 小学生和中学生的父母或监护人有权：就本学年该生科目学习的成绩、德育成绩、第二学期期末科目学习的毕业成绩以及考试的相关问题提出申诉。

2. 学生对科目学习成绩及德育成绩提出的申诉应在成绩下发后三天内提交给校长；对毕业成绩的申诉应在收到成绩单或毕业文凭后三天内提交；对相应的其他法律规定的考试的申诉应在成绩下发后 24 小时内提交。

3. 学校校长应与教育专家、心理专家及班主任老师合作，在三天内对申诉做出决定。若校长证明申诉合理，即所得分数未按法律法规要求评定，则应通过正式的方式宣布该分数无效；同时还应成立委员会测试学生的知识能力，对学生的书面论文或其他类型论文重新进行检查和评估。

4. 对于德育方面的申诉或投诉，校长应与教育专家、心理专家及班主任联合决定该学生的德育成绩。

5. 学校校长应在收到投诉后 24 小时内做出决定。如果校长证明申诉合理，即特殊性质学校科目所得分数未按法律法规要求评定，或因其他合理原因，则应通过正式的方式宣布毕业成绩无效，并指导学生参加考试。

6. 若校长证明申诉合理，即考试未按本法、相应的法律或其他法律法规要求进行，则应通过正式的方式宣布该考试无效，并指导学生重新参加考试。考试应在申诉提交后三天内进行。

7. 校长应通过正式决定成立一个委员会。委员会包括三名成员，其中两名为相应学科或学生考试科目所涉及领域的专家。该委员会负责对学生的论文或其他类型论文或考试重新检查和评估。如果学校该科的专家数量不足，可以从另一学校聘请。

8. 如果教师给出的分数存在争议,或给出的毕业成绩遭到申诉,则该教师不得担任委员会成员。

9. 校长宣布考试成绩无效后,应当成立新的委员会,宣布考试成绩无效的原委员会成员不得成为新委员会的成员。

10. 委员会给出的成绩为最终成绩。

学生权利保护的请求

第 111 条

1. 如果学生、家长或监护人认为本法或相应的法律保障的学生权利受到侵犯,在申请投诉或上诉后,决定是否接受决议结果;如果违反本法第 44 条、第 45 条所述禁令或本法第 103 条所述学生权利,则有权在侵权事件发生 8 日内向教育部部长提出学生权利保护的申请。

2. 如果教育部部长认为第 1 款所述请求合理,应向学校发出警告,并责令学校限期消除违法行为。

3. 如果学校未能在本条第 2 款规定的期限内采取行动,教育部部长应对此申诉做出决议。

学生义务

第 112 条

1. 学生在行使自己的权利时,不得妨碍他人权利的行使。

2. 学生有义务:

(1)按时上课,履行学习义务和其他义务。

(2)遵守学校规章制度,遵守校长及其他学校机关做出的决定。

(3)努力学习课程知识、技能及价值观,把握自己的进步情况并报告给教师和家长或监护人。

(4)在考试时体现出自己的真实水平,不得作弊或采取学校禁止的其他形式获取成绩。

(5)不得干扰教学活动,未经允许,上课时间不得离开教室。

(6)尊重其他同学和其他教职工的人格。

(7)缺课要及时给出合理解释。

(8)爱护学校财产,保持学校环境整洁、建筑美观。

(9)注意周围环境,行为符合环境伦理要求。

学生的责任

第 113 条

1. 如果学生行为违反规定或未能遵守校长及其他管理机关做出的决议或无故缺课五节以上或妨碍他人权利的行使,则学校有义务与其家长或监护人沟通加强教育。校内由班主任、教育专家、心理专家及特别小组提供专业辅导,必要时可与校外主要社会医疗机构合作,共同纠正学生的行为。

2.学生如果违反一般性学校文件规定的内容,被视为轻微违纪行为;如果违反本法或相应的法律规定的义务或本法第 44 条、第 45 条所述禁令,则视为严重违纪行为。

3.以下行为,视为严重违纪行为:

(1)破坏、损毁、藏匿、偷取、更改或添加学校或其他组织或机关保存的数据。

(2)更改或添加学校或机关颁发的文件内容或其他组织颁发的文件。

(3)毁坏或盗窃学校、企业、企业家、其他学生或职工的财产。

(4)喝酒、抽烟、吸毒或使用其他精神类药品,怂恿、帮助其他学生的此类行为,向其他学生提供酒精、烟草、毒品或其他精神类药品。

(5)将武器或其他危害他人安全的物品带入学校或其他组织。

(6)故意不遵守学生安全守则及安全措施。

(7)使用手机或其他电子设备妨碍他人权利的行使或考试时作弊。

(8)无故旷课超过 35 节,多次出现轻微的违法行为。

4.根据法律规定,因学生故意或疏忽造成的学校财产损失,由其家长或监护人承担责任。

教育处分程序

第 114 条

1.教育处分程序属于紧急程序,在校长做出官方结论后启动。

2.官方结论内容中载有学生信息、严重违法行为(违反学生义务或违反本法第 44 条、第 45 条所述禁令)的详细说明、时间、地点、行为方式及证据。

3.本条第 1 款所述结论应交给学生或学生家长或监护人、班主任、心理专家(教育专家)或有关专家小组。

4.学生必须出席听证会,如果学生为未成年人,则其家长必须出席听证会。

5.行政处罚程序的规定适用于教育纪律处分程序,最终结论为官方的决定。

教育处分措施、学生的法律保护

第 115 条

1.如果违反本法规定的义务或禁令,可采取下列措施:

(1)轻微违纪行为:采取教育措施——按学校一般法律文件规定,进行警告,班主任或班主任委员会应进行严重警告。

(2)严重违纪行为:采取教育处分措施——由校长和班主任委员会进行严重警告;如果是中学生,学校或寄宿学校暂停其受教育资格。

(3)违反本法第 44 条、第 45 条禁令,采取以下教育处分措施:

①经家长或监护人同意后,根据班主任委员会决定将学生(五年级至八年级)转学至另一所学校;

②取消学生该学年的学籍,取消其在本校继续学习的权利;如果为寄宿学校学生,则取消学生该学年的学籍,学生在该学年在本校不再享有寄宿的资格,取消其在本校继续学习的权利。

2. 如果学生出现轻微违纪行为,采取本条第 1 款第(1)项的教育措施,不需要启动教育处分程序。

3. 如果学校此前已采取本法第 113 条第 1 款的行为,则可以对学生进行本条第 1 款所述措施。

4. 如果学校未能采取本法第 113 条第 1 款的行为,则应在采取其他措施前完成该行为。

5. 如果该行为改善了学生德育表现,则教育处分程序应终止;违反第 44 条、第 45 条所述禁令,对他人人身安全造成严重威胁的情况除外。

6. 教育处分措施如果已经启动,确定学生责任后,可以对学生采取本条第 1 款第(2)、(3)项所述措施。

7. 教育处分措施应在违纪行为发生的学年内实施。

8. 学生受到纪律处分后,其德育成绩会降低。但学生此后的行为会接受监督,如果行为得到改善,成绩可以提高。

9. 未成年学生违反本法第 44 条、第 45 条规定的义务或禁令时,学校应立即通知学生家长或监护人。

10. 关于开除中学生的程序,由教师委员会通过教育处分程序做出决定,最后由校长决定是否开除该学生。

11. 学生、学生家长或监护人可以在官方明确了责任、宣布处分措施后的三日内,就严重违纪(因违反本法第 44 条、第 45 条规定的义务或禁令)教育处分措施,向学校董事会提出申诉。

12. 本条第 10 款所述申诉,学校董事会应在申诉递交后 15 日内做出决定。申诉提起后,处分决定暂缓执行。

13. 在行政处分程序中,学生、学生家长或监护人对从中学或寄宿中学开除学生的复审决定,有权寻求司法保护。

八、学校职工

教师、幼师及心理专家(教育专家)

第 116 条

1. 学前教育机构的教育教学工作及活动由幼儿教师根据相应的法律规定开展。

2. 教师负责开展学校的教学工作及其他类型的教育工作。

3. 寄宿学校的教育工作及活动由教育专家负责。

4.学前教育机构的教育教学工作、活动及专业活动由教育专家、心理专家及其他专家根据相应的法律展开。

5.学校的专业工作及专业活动由心理专家、教育专家、图书管理员等负责;音乐学校的专业工作及专业活动也由心理专家、教育专家及该校图书管理员负责;成人学校的此类工作由成人教育专家、心理专家和图书管理员负责。

6.根据学校的需要及课程内容,社会工作者、人体缺陷学专家、语言治疗师及成人教育专家可以提供额外的支持。

合作教师、助理讲师及助教

第 117 条

1.根据相应的法律规定,学前教育机构可以有若干合作教师,如营养师、社会工作者及保健员。

2.根据相应的法律规定,学前教育机构也可以外聘合作教师,以开展特别教育教学工作及专项活动。

3.助理讲师应根据学生和儿童的需要,为其提供额外的帮助,也可为教师、幼师及心理专家、教育专家提供帮助,以便在需要额外教育支持时提高效率。助理讲师开展专业活动时应与家长或监护人合作,同时应与学校负责人合作,以建立起与学校、组织、协会及地方政府单位的合作关系。

4.可在地方政府单位范围内设立专家小组,为教师提供额外教学帮助或帮助其开展教育教学工作及活动。

5.助教应在教师的指导和监督下,在实验室做好实验的准备工作,负责实验过程的演示,做好技术准备工作,开展实践活动和其他活动。

6.特殊情况下,陪读人员在教学活动中可以陪伴发育障碍儿童或学生,以便为其提供帮助。

教师和幼师的工作

第 118 条

1.教师的工作任务包括:坚持教学原则以实现教学目标,了解儿童和学生此前掌握的知识、需要、兴趣及特殊能力,利用自己掌握的知识和技能,实现教育目标,帮助学生的成绩达到标准。

2.幼师的工作任务包括:尊重教育原则,利用自己掌握的知识和技能实现教育目标,促进教育教学工作及活动。

心理专家、教育专家的工作

第 119 条

1.心理专家、教育专家的工作包括:利用自己掌握的知识和技能,提高教育教学活动质量,增进与学生家长或监护人的合作;监测学生成绩是否达标;根据成绩要求、成绩目标及标准为教师和幼师提供额外帮助,提高其工作效率;帮助教师制订个性教育计划;在学习、培养及职业发展等方面为儿童、学生、家长、教师及幼师提供帮助。

2.教育部部长应当规定心理专家、教育专家的工作形式及活动种类。

任职条件

第 120 条

1.根据法律规定,满足下列条件的人员可以在学校任职:

(1)受过适当的教育。

(2)心理、身体健康,能与儿童和学生一起工作。

(3)未曾被判处三个月以上监禁;未犯有家庭暴力、绑架、漠视或虐待未成年人、乱伦等罪行;未犯有行贿罪或受贿罪;未犯有性自由罪、违法通信罪;未曾违反法律规定的人道主义及其他事项;未曾有过法律规定的歧视行为。

(4)塞尔维亚共和国公民。

2.如果以少数民族语言开展教育教学活动,除本条第 1 款所述条件外,相关人员还必须出示相应的语言证明。

3.本条第 1 款、第 2 款所述条件应在聘用前或过程中加以验证。本条第 1 款第(1)项、第(4)项及第 2 款所述条件的证明材料应同应聘申请一同递交,第 1 款第(2)项所述条件的相关证明应在签订聘用合同前递交。第 1 款第(3)项所述条件的证明由学校出具。

4.如果证明职员不符合本条第 1 款、第 2 款所述条件或拒绝接受权威卫生机构的体检,则该职工的聘用合同应终止。

教师、幼师、心理专家、教育专家的学历

第 121 条

1.根据相应的法律,学前教育机构的幼师须通过第一级学习、第二级学习、三年学习、专科教育或通过相应的中等教育取得适当的大学学历。

2.寄宿学校的教师、教育专家及心理专家、教育专家应具备本法第 8 条第 2 款所述学历,保健教师则应具备一定的教育水平并取得相关专业资格。

3.特殊情况下,音乐学校的艺术类科目教师、职业学校的职业科目教师,如果未有接受本法第 8 条第 2 款所述正式培训的教师人选,可由具备本法第 8 条第 3 款所述教育资格的人员担任。

4.职业学校的实习教师应具备第 8 条第 3 款所述教育资格或具备相关专业的中专学历,并须通过专业考试或技术考试,具备至少五年的工作经验。

5.芭蕾学校的各类舞蹈教师至少须具备二级芭蕾舞资格证,舞龄至少十年。

6.如果学前教育机构以非罗姆语的其他少数民族语言授课,则该机构幼师及班主

任应当取得相关语言等级或在接受高等教育时通过该语言的考试。

7.如果学校的教育教学工作及活动以非罗姆语的其他少数民族语言开展,该校的教师、心理专家、教育专家须具备该语言的中专、大专或大学学历或在其高等教育阶段通过该语言的等级考试。

8.在本条第6款、第7款的例外情况下,教师及助理讲师应当向部长设立的委员会证明自己的罗姆语语言水平,全国委员会建议为罗姆人少数民族而设立该委员会。

9.教师、幼师及心理专家、教育专家应根据本法第8条第4款的规定,接受心理学和教育学方面的培训。

10.特殊情况下,持有中专学历的幼师、舞蹈教师及实习教师无须按本法第8条第4款的规定接受培训。

11.教育部部长应规定教师、幼师、心理专家、教育专家以及负责特殊专业工作的学前教育机构的合作教师、助理讲师及助教的学历类型和层次的要求,以及助理讲师培训项目的详细要求。

12.不负责教育教学工作及活动的学前教育机构的合作教师,其学历类型及层次的要求由教育部部长和卫生部部长、劳工部部长及社会政策事务部部长共同规定。

13.宗教学科类的教师,其学历类型及层次要求由教育部部长综合宗教事务部、传统教会及宗教团体的意见后规定。

教师、幼师、心理专家、教育专家的工作条件

第122条

1.教师、幼师及心理专家、教育专家须取得职业资格证(以下简称"资格证")后方可上岗工作。

2.取得资格证的教师、幼师及心理专家、教育专家如果已经接受了相应的培训,可以按照教育部部长规定的方式,根据计划实施发育障碍儿童和学生的个性化教育方案。

3.如果未取得资格证,下列人士可以承担教师、幼师、心理专家、教育专家的工作:

(1)见习教师。

(2)满足教师、幼师、心理专家、教育专家的任职条件,并曾以实习生身份在校外服务多年。

(3)通过签订临时聘用合同代替全职员工的人员。

(4)学前教育机构的合作教师。

(5)助理讲师及助教。

4.本条第3款第(1)项、第(2)项及第(3)项所述人员可在未取得资格证的情况下担任教师、幼师及心理专家、教育专家的职位。任职时间不超过两年,任职时间从该机构聘用之日算起。

5.学前教育合作机构的教师如果符合本法第8条第4款规定的学历,可直接上岗工作,无须取得资格证。

教师、幼师、心理专家、教育专家的见习期

第 123 条

1. 本法中的见习教师指第一次被学校长期或临时聘用全职或兼职的人员,他们正在学习、接受培训,通过熟悉工作流程并通过资格考试后,能独立承担工作和义务的教师、幼师、心理专家、教育专家。

2. 见习期最多为两年,时间从聘用当天开始计算。

3. 在见习期间,学校应为见习教师指派一名导师,帮助其熟悉教师、幼师、心理专家、教育专家的工作流程。

4. 在见习期的前三个月,见习教师或幼师将在其导师指派的具有职业资格的教师或幼师的直接督导下工作。见习教师在前三个月内不参与评定学生的成绩。

5. 在见习期的前三个月,见习心理专家、教育专家将在其导师指派的具有职业资格的心理专家、教育专家的直接督导下工作。

6. 在特殊情况下,如果学校没有合适的导师人选,没有具备资格的教师、幼师、心理专家、教育专家,该校可以根据法律的要求,通过签订补充工作合同的方式从其他学校聘请导师。

7. 见习心理专家、教育专家,如果符合本法第 8 条第 2 款所述的学历要求,并在见习期间按照欧洲学分转换体系取得 10 个以上学分,将有资格独立开展工作和活动,无须根据本条第 5 款的规定,接受具备职业资格的心理专家、教育专家的直接监督。

8. 见习教师完成教师、幼师、心理专家、教育专家工作流程的项目培训,服务一年后可以参加职业资格考试。

9. 见习教师签订全职聘用合同后,如果未能在两年内通过职业资格考试,学校将终止聘用合同;见习教师签订临时聘用合同后,如果通过职业资格考试,工作身份则不再是见习教师,临时聘用期满后终止其临时聘用身份。

10. 教育部部长应规定导师培训内容以及教师、幼师、心理专家、教育专家的工作流程,其中包括为发展障碍儿童和为学生提供服务的特殊培训、为社会弱势群体提供服务的特殊培训、考查培训项目内容掌握的方式及程序、资格授予及再授予程序、考试方式及考试语言、考试费用、部门委员会的组成及运行方式、自治省主管资格考试机构的组成及运行方式。

见习教师

第 124 条

1. 见习教师可以从事教师、幼师、心理专家、教育专家职责的活动。

2. 见习教师应当在具备职业资格的教师、幼师、心理专家、教育专家的直接监督下,掌握工作流程并参加职业资格考试。

3. 学校与见习教师应当签订见习合同,合同有效期至少为一年,但不超过两年。

4.本条第 3 款所述合同不构成聘用的基础。

5.见习教师有权参加专家机构开展的活动,但没有决策权,也不参与学生成绩的评定。

6.本法关于见习教师的相关条款,适用于本条第 2 款规定权力的行使。

教师、幼师、心理专家、教育专家的资格认证及登记

第 125 条

1.职业资格证明为公共文件。

2.教育部应当颁发职业资格证书,并注册记录已取得资格证的教师、幼师、心理专家、教育专家。职业资格证的吊销或终止都应记录在案。

3.注册登记应当公开。

4.学校有义务及时将教师、幼师、心理专家、教育专家职业资格的有关信息提交给教育部。

5.教育部可以根据法人实体机构的要求,出具职业资格证明。

6.教育部部长应当规定注册档案及职业资格证书的详细内容及档案保管措施。

职业资格证书的签发

第 126 条

1.具备本法第 121 条所述学历的教师、幼师、心理专家、教育专家及见习教师,掌握教师、幼师、心理专家、教育专家的工作流程并通过资格考试后,有权取得职业资格证书。

2.满足本条第 1 款要求者,教育部应当在其通过资格考试后 60 日内签发职业资格证书。

职业资格证的吊销

第 127 条

1.职业资格证在其有效期内可以被吊销。

2.如果教师、幼师、心理专家、教育专家因违反工作职责而导致聘用关系中止,则其职业资格证将被暂停六个月。该暂停行为于聘用关系中止的次日生效。

3.教师、幼师、心理专家、教育专家在其职业资格证暂停期间,不得在机构工作。

4.教育机构有义务将教师、幼师、心理专家、教育专家的职业资格证暂停情况在暂停后三天内报告给教育部。

5.如果教育顾问的调查结果显示,教师、幼师、心理专家、教育专家未按工作流程履行其教育教学工作义务和责任,因此未能达到或实现规定的教育目的、教育目标、成绩标准,未能完成教育教学项目;且教育顾问已证实,在收到专家的书面评价、建议及警告后,该教师仍未能改正自己在履行职责过程中的做法,导致教育顾问连续两次给出负面评价,该教师、幼师、心理专家、教育专家的职业资格证将被吊销。

6.如果教师、幼师或心理专家、教育专家未能致力于专业发展，且经教育顾问核实没有正当理由，其职业资格证将被吊销。

7.在收到教育顾问出具的本条第 5 款和第 6 款所载的报告后，教师、幼师或心理专家、教育专家有权在收到报告后 8 日内，向部长提出申诉。

8.教育部部长应当根据教育顾问出具的本条第 5 款和第 6 款所载的报告结果，做出是否吊销职业资格证的决定。教育部部长应当在做出官方决定过程中对当事人提出的本条第 7 款所载的申诉进行审查。

9.教育部部长应当在申诉提交后 30 日内做出官方决定；如果没有收到申诉，则应当在申诉提交截止日期后 8 日内做出官方决定。

在行政诉讼程序中，教育部部长做出的吊销职业资格证的决定为最终决定。

10.因本条第 5 款、第 6 款所述原因被吊销职业资格证的教师、幼师或心理专家、教育学家，如果在官方决定后六个月内再次通过资格考试，则可恢复其职业资格；如果未能按时通过，聘用关系即行终止。

11.教师和幼师在其职业资格证被吊销期间，可以参加执行董事或校长安排给其他教师和幼师的教学活动，心理专家可以参加执行董事或校长指定的学校的其他活动。

12.教师、幼师、心理专家、教育专家的职业资格证因本条第 5 款所述原因被吊销后，如果当事人提供已经参加了适当的专业发展项目的证明，吊销的职业资格证可以恢复。

职业资格证的终止

第 128 条

1.出现下列情况，教师、幼师或心理专家、教育专家的职业资格证将终止：

（1）由于性侵，家庭暴力，非法通信，在履行和开展教师、幼师、心理专家、教育专家的义务和活动的过程中行贿或受贿被定罪和判刑。

（2）由于违反本法第 44 条至第 46 条所述禁令，聘用关系被终止。

（3）职业资格证曾被吊销，有再次被吊销的充足原因。

2.从教师、幼师、心理专家、教育专家的聘用关系终止的次日起，当事人的职业资格视为终止。

3.在行政诉讼程序中，教育部部长做出的本款第 3 项终止职业资格证的官方决定为最终决定。

4.资格终止相关行政程序的最终结果为教育部部长的官方决定（见本条第 1 款、第 3 款）。

5.职业资格终止后，当事人没有资格再次取得新的资格证，也不能在教育机构工作。

6.终止的职业资格证由学校归还给教育部。

7.学校有义务在教师、幼师、心理专家、教育专家的职业资格终止后，立即将相关证明提交给教育部，时间不得晚于 3 日。

教师、幼师、心理专家、教育专家的能力提高及专业素质发展

第 129 条

1. 教师、幼师、心理专家、教育专家，无论是否取得职业资格，都有义务遵循基本原则，提高自身能力，以提高工作效率并获得必要的技能，实现教育目标及成绩标准。

2. 教师、幼师或心理专家、教育专家在能力提升过程中，可以取得下列头衔，提前达到专业水平：教学顾问、独立教学顾问、高级教学顾问及资深高级顾问。

3. 教师、幼师或心理专家、教育专家有权要求工资随知识储备的增加而增加。

4. 教师、幼师或心理专家、教育专家每年有权获得三天假期，用于参加不同类型、不同形式和内容的专业发展活动。教师、幼师或心理专家、教育专家参加专业发展需要的假期由教师大会决定。

5. 根据政府部门及本校的首要目标，制订教育目标及需达到的成绩标准。学校的管理机关应当组织并制订专业发展规划。

6. 教育部部长应当规定学校的三年工作重点、专业发展工作、职工能力提升计划和改善条件的内容及落实计划、负责职称评聘和晋升流程的机构、教师、幼师、心理专家、教育专家在专业发展过程中职称的评聘，完成项目需要提供的证明文件的形式及其他对能力提升具有重要意义的事项。

公开招聘

第 130 条

1. 教育机构的员工应当通过公开招聘的方式录用。

2. 执行董事或校长应当公布空缺岗位，确定录用人选。

3. 教师、幼师或心理专家、教育专家岗位录用人选时，执行董事应当根据应聘人的心理情况及身体情况，征求管理机关的意见。人力资源部应当根据标准流程，测试应聘人员的身体素质及心理素质是否能够为儿童和学生服务。

4. 在宗教学校，由教育部部长综合传统教会和宗教团体的建议后拟定宗教教育的教师名单。此类宗教学校聘用教师时，校长应当根据应聘人的心理情况及身体情况，确定应聘者名单。

5. 执行董事应当在应聘申请提交时间截止后 30 日内决定录用人选。

6. 应聘者如果对录用结果存在异议，可在录用结果发布后 8 日内向管理机关提出申诉。

7. 如果没有录用任何申请人，教育机构应当公布新的空缺岗位。

8. 如果管理机关未能在接到申诉后 15 日内做出决定，或应聘者不满意复审决定，则应聘者有权在 15 日内向有关法院提起诉讼。

聘用其他教育机构的在职员工

第 131 条

1. 与教育机构签订临时聘用合同的员工，如果在本机构没有具体岗位或为本法第

137条第2款、第3款所述的临时员工,该员工可以被纳入有资格被其他教育机构聘用的人员名单中,其有权与另一教育机构签订聘用合同,被另一教育机构聘用。

2.为了顺利开展下一学年的教学工作,本条第1款所述的名单应当由各地方政府的学校行政办公室在8月15日前完成。其他教育机构在受聘者同意的前提下通过和其签订新的聘用合同。

3.根据本法第130条第3款的规定,到其他教育机构应聘的员工必须满足招聘教育机构拟聘岗位的各项条件并具有心理素质和身体素质的证明。

临时聘用关系

第132条

1.教育机构有权临时聘用人员,无须提前公布空缺岗位:

(1)暂时替代缺岗员工,聘用时间最多为六十天。

(2)直到公布空缺岗位后最终选定录用人员。

(3)如果没有人申请空缺岗位或申请人中没有符合必要条件的候选人,可直接决定录用人员一直到本学年结束。

(4)如果应聘人不符合宗教课程授课岗位要求,可以聘用临时岗位的应聘者。

2.由部长综合传统教会及宗教团体意见后,决定宗教课程任课教师名单。

3.传统教会或宗教团体可以每年从该名单中选出几名宗教课程教师,指派其去学校任课。

4.宗教课程教师每年应当与特殊性质学校签订为期十二个月的工作合同。

5.教育机构根据公布的空缺岗位,可临时聘用:

(1)用于替代缺岗职工,时间可超过六十天。

(2)见习教师。

(3)助理讲师。

6.选择助理讲师录用人选时,须征求当地政府机关主管部门的意见。

7.助理讲师每学年应当与学校签订为期十二个月的工作合同。

8.临时职工不能转为长期职工。

试用期

第133条

1.教育机构可与取得职业资格的教师、幼师、心理专家、教育专家签订试用期合同,通过试用期后可以聘为长期员工。

2.在本条第1款的特殊情况下,临时聘用时间超过一年可签订试用合同。

3.试用的期时间由工作合同决定,最多六个月。

4.教师、幼师、心理专家、教育专家如果能在试用期内,证明自己能够达到规定的业绩标准、工作目标及要求标准,可以在同一岗位继续工作;但如果校长综合教育专家组的意见后认为其能力不符合上述要求,则聘用关系终止。聘用关系将在通知后终止且无权获得离职补贴金。

5.通知期限为十五个工作日。

国外工作的教师及幼师

第 134 条

1.取得教师职业资格的幼师或教师同时满足其他特殊要求,可以在国外开展教育教学工作。

2.教育部部长应当根据公布的岗位空缺,决定在国外开展工作的幼师或教师人选。

3.幼师或教师在国外的工作时间为一年,但可以适当延长。

4.教师或幼师赴海外工作后,其在原教育机构的工作职位可以暂时保留。

合同约定的教学活动

第 135 条

1.在本法第132条第1款的情况下,校长可与其他学校的职工、为其他用人单位工作的雇员或独立受聘的职业者签订合同,聘其开展教学活动或管理工作,工作时间最长不超过全职员工工作时间的30%。

2.签订此类合同前,校长应当取得其他学校或雇主的同意。

3.按照本条第1款所述合同签约的受聘者不属于该学校职工,工作酬劳根据教授的课程、管理工作以及其他形式的教育教学工作商定。

4.本条第1款所述人员应当参加该校专家机构的工作及活动,但无决策权,班主任委员会的工作和活动除外。

教师、幼师、心理专家、教育专家直接接触儿童、学生的工作量

第 136 条

1.在全部工作时间中:

(1)教师教学活动时间每周应当达到20个小时,与学生直接接触的教育教学工作(额外工作、补充工作、个别学生工作、准备工作及相应法律规定的其他形式的工作及活动)时间应当达到4个小时,二者合计时间应当占全部工作时间的60%;实践指导教师的上述工作时间应当达到26个小时。

(2)学前教育机构的幼师应当讲授半个工作日的学前预备课程,占总工作时间的50%。

(3)学前教育机构及寄宿学校的幼师与儿童、学生直接接触的教育教学工作和活动时间应当占总工作时间的75%。

(4)学校的心理专家、教育专家,和儿童、学生、教师、幼师、助理讲师、其他合作教师、儿童及学生家长或监护人在一起的工作时间应当占总工作时间的75%。

（5）学校中负责教育发育障碍学生的教师，开展的教学工作和活动及对个别学生的直接授课时间应当占总工作时间的 50%。

2.教师、幼师、心理专家、教育专家每个工作周的工作要求及安排将由学校在其年度工作规划中加以规定。

3.教师和学生在一起的工作日程和职责的构成可以灵活多样，以便每周都不相同。

4.部长应当规定教师、幼师、心理专家、教育专家每周、每年在全部工作时间内需要完成的工作量，以及可以额外分配给其他职工的教育教学工作时间。

全职工作时间及兼职工作时间

第 137 条

1.校长每学年应当根据教育方案内容，发给教师、幼师、心理专家、教育专家一份官方说明，说明各岗位的工作时间（全职工作时间或兼职工作时间）、年度工作规划、课堂教学安排、直接与学生接触的其他教育教学工作（额外工作、补充工作、个别学生工作、准备工作及相应法律规定的其他形式的工作及活动）。

2.仅负责学生直接教育教学一部分工作的教师、幼师、心理专家、教育专家，其身份为兼职员工。

3.根据法律规定，未分配给工作岗位的教师、幼师或心理专家、教育专家相当于企业的冗余员工。

假期与请假

第 138 条

1.教育机构聘用的职工根据《一般劳动法》、一般文件或劳动合同的规定，有权利休假或请假。

2.学校的员工利用学校假期休假。

员工的责任

第 139 条

下列情况，职工应当承担责任：

（1）轻微违反学校一般文件中关于工作职责的规定。

（2）严重违反本法关于工作职责的规定。

（3）违反本法规定的禁令。

（4）根据法律规定，故意或疏忽造成学校财产的损坏。

调离工作岗位

第 140 条

1.如果职工违反本法第 44 条、第 45 条、第 46 条所述禁令，或严重违反本法第 141

条第 1 款至第 5 款、第 10 款、第 16 款规定的工作职责,在处分程序结束前将被调离原工作岗位。

2.如果教师、幼师或心理专家、教育专家的职业资格因本法 127 条第 5 款、第 6 款的规定被吊销,在其职业资格恢复前不得从事教育教学工作。

3.如果执行董事或校长未能将职工调离原工作岗位,则管理机关应当做出调离的决定。

严重违反工作职责的规定

第 141 条

职工严重违反工作职责的行为包括:

(1)工作过程中与工作相关的刑事犯罪。

(2)未能落实儿童、学生和职工的安全措施。

(3)帮助、鼓励儿童和学生酗酒,提供酒品,或发现此类情况后未上报。

(4)帮助、鼓励学生吸毒、使用精神类药品,并提供此类药品,或发现此类情况后未上报。

(5)将武器带入教育机构或工作场所。

(6)未经授权擅自删除、添加、删减或省略记录的数据或公共文件信息。

(7)破坏、损毁、藏匿或提取公共文件及其记录或表格。

(8)保存数据不完整、不及时、不尽责。

(9)在组织考试前或备考活动前,给学生评定成绩前向学生收取费用。

(10)饮酒、酗酒或使用其他成瘾药品后上班导致工作能力下降。

(11)拒绝学生、家长或监护人查看笔试结果。

(12)拒绝在学校开展工作、活动时接受监督,拒绝家长或监护人查看成绩记录。

(13)因为不合法的活动或工作,妨碍或未能让儿童、学生或其他职工行使权力。

(14)在工作期间,没有、不认真或不及时履行工作职责,不重视工作及活动,不执行校长分配的工作任务,非法停工或非法罢工。

(15)滥用法律赋予的权力。

(16)非法分配资金,非法使用学校场地、设备和财产。

(17)连续两个工作日以上无故缺勤。

(18)违反相应的法律关于工作职责规定的其他行为。

惩戒程序

第 142 条

1.惩戒程序应当由教育机构的执行董事或校长启动并执行,并在执行惩戒程序过程中做出决定、签发处罚措施。

2.惩戒程序自书面鉴定结果出具后不接受申诉。该鉴定结果内容包括职工信息、禁令或工作任务的违反情况、违反时间、违反地点、违反方式及相关证明。

3. 职工须参加听证会,有权自己或通过辩护人在听证会上陈述事实或提交书面辩护材料进行辩护。

4. 特殊情况下,如果职工已经正式被传唤,则可在没有该职工的情况下举行听证会。

5. 行政诉讼程序的规定同样适用于其他案例的惩戒程序。

6. 惩戒程序应当公开,一般行政诉讼程序法律另有规定的除外。

7. 在惩戒程序后,形成官方决定,决定应列明职工是否存在过失、需要采取的惩戒措施、宣布无过失或无罪、惩戒程序终止等信息。

8. 轻微违反工作职责行为的惩戒程序的诉讼时效为事发后六个月;违反禁令行为及严重违反工作职责行为的惩戒程序的诉讼时效期为事发后一年。

9. 轻微违反工作职责行为惩戒程序诉讼时效为事发后一年;违反禁令行为及严重违反工作职责的惩戒的诉讼时效期为事发后两年。

10. 由于其他正当理由职工缺席或无法启动实施惩戒程序,则时效期限的规定不适用。

惩戒措施

第 143 条

1. 违反工作职责实施的惩戒措施是解除聘用关系并处以罚款。

2. 如果职工违反本法第 44 条、第 45 条及第 46 条所述禁令,且执行董事或校长的官方决定证明其存在过失,则解除与该职工的聘用关系并吊销其职业资格证。

3. 如果职工违反本法第 141 条第 1 款第(1)项至第(7)项的工作职责,则解除与该职工的聘用关系,暂扣其职业资格证六个月。

4. 如果职工违反本法第 141 条第 8 款至第 17 款规定的工作职责,行为属于蓄意、有意识但存在一定的过失因素,且没有可以减轻处罚其的理由,则解除与该职工的聘用关系。

5. 罚款决定在三个月到六个月内做出,罚款金额为该职工当月工资的 20% 至 35%。

解除聘用关系

第 144 条

教育机构应当根据校长的决定,依据法律规定解除与职工的聘用关系。

职工的法律保护

第 145 条

1. 在收到校长的官方决定后八天内,职工有权就权利行使、工作任务及责任相关决定向学校管理机关提出申诉。

2. 管理机关有义务在申诉提交后 15 天内做出决定。

3. 如果申诉没有按时提交、申诉内容不合理或提交人员资格不符,则管理机关可通过官方决定驳回申诉。

4. 如果校长做出官方决定的程序合理、符合法律要求,且申诉内容无事实依据,则管理机关可以通过官方决定驳回申诉。

5. 如果管理机关证实,初审过程中的关键事实不完整或存在错误、对事件的处理决定有影响的程序不符合规定、对申诉的定性不清楚或无法解释,则应当宣布初审决定无效,并将案件退回校长启动新的审核程序。

6. 职工有权对新决定提出申诉。

7. 如果管理机关未能对申诉做出决定,或职工对复审结果不满意,可以在官方决定通过或生效后 15 天内向主管法院提起诉讼。

九、监督

教学监督检查

第 146 条

1. 对教育机构及研究所的审查工作和专业教育监督工作由教育部执行。

2. 对委派给学校的工作和活动的执行情况由社区或市政当局负责审查监督。

3. 若干社区机构可以共同组织实施审查监督工作,即联合教学审查。

4. 如果社区或市政当局未进行审查监督,则由部长行使直接监督。如果地方政府单位未组织社区或市政当局监督,则由教育部部长组织实施该类检查监督,费用由当地政府支付。

5. 教育部负责处理对社区或市政当局初审监督结果提出的申诉。

6. 教育机构或研究所有义务保证监督工作的顺利展开,允许检查人员审查工作流程和相关数据,并提供必要的解释说明。

检查监督工作

第 147 条

1. 检查监督工作旨在通过直接视察学校的运行及开展的活动、管理方法及相关法律法规的执行情况,并根据监督检查的结果提出整改措施并监督实施。

2. 审查监督工作由教育督查负责。

3. 在法律规定的职权管辖范围内,教育督查应当履行管理以下事务:

(1)学校遵守法律、其他教育条例和一般性法律文件的情况。

(2)儿童、学生、学生家长或监护人以及职工权利的保护情况。

(3)职工、学生、学生家长或监护人权利的行使情况及其义务履行情况。

(4)学校保护儿童、学生、职工免受歧视、暴力、虐待、漠视的情况;政治活动及其对教育机构的影响情况。

（5）如果学校的入学程序违反本法规定，可以宣布该入学程序无效。

（6）考务活动规定的落实情况。

（7）教育机构按规定保存的数据；核查教育机构签署的无效公共文件过程中的事实原委。

4.在教育部规定的核查程序进行的过程中，应当遵守本法第30条第3款第（1）项、第（2）项及第33条的规定；如果教育机构内出现非法组织的停工或罢工，核查机构则应当依据其权限范围履行职责。

教育督查的权利及工作方式

第148条

1.教育督查应当：

（1）签发书面整改方案，要求在规定的时间内消除违规现象，改正不足之处。

（2）通过发布正式决定的方式签发整改命令，以便督促已经下达的书面整改方案后依然未整改的问题。

（3）由官方决定禁止学校开展的违反本法及相应法律的活动。

（4）就刑事犯罪或欺诈情况向主管机关提交诉状，要求对违反本法第44条、第45条和第46条所述禁令的行为启动刑事诉讼程序。

（5）在其他权威机构的职权范围内采取措施，并通知该机构采取措施的理由。

（6）根据法律规定，开展其他工作。

2.审查监督工作应当分为常规检查、特别检查及督查管理。

3.常规检查至少每年进行一次。

4.机关、企业、学校、其他组织、儿童和学生的家长或监护人或公民可以申请开展教育督查，或者教学督导掌握一定的直接信息后可以开展特别督查。处理的方式由教育督查酌情决定。

5.教育管理督查应当在官方方案或决定下发的限期后进行。教育督查应当制订一份审查监督工作执行报告，内容包括目前的调查结果，并根据调查结果提出建议措施。

6.在审查工作开展后15日内制订并提交官方书面报告。

7.教育机构的执行董事在收到书面报告后三天内有权提出异议，本法第111条规定的情况除外。

教育部在审查监督过程中的权力

第149条

1.作为督查工作的代表机构，教育部的教育督查（以下称"国家督查"）的权利和义务如下：

（1）开展督查工作时，国家对社区或市政当局初审意见提出的申诉向教育部部长提出建议。

（2）直接监督教育督查的工作。

（3）公布法律及其他条例相关的强制实施要求、工作绩效要求，并监管其实施情况。

（4）如果发现教育督查未及时、专业、合法、负责地履行工作职责，可撤销其督查权力并向指派该督查的机关问责。

（5）同其他机关指派的督查组织进行联合审查监督工作。

（6）要求提供审查监督工作职责、义务的执行报告、数据及其他相关资料。

（7）审查监督相关法律开展的其他工作和活动。

2. 国家督查在撤销某一监督机关指派的教育督查权力过程中，应当直接检查其是否符合本法第 150 条规定的条件、工作绩效及活动。

3. 国家督查应当出具书面报告，记录已确定的违规行为并给出违规行为的改正期限及方式。

4. 如果教育督查未能在规定期限内改正书面报告中记录及违规行为，则国家督查应当做出官方决议，撤销其权力。

5. 对于由国家督查提起撤销教育督查权力的诉状，由教育部部长做出。

教育督查的任职条件

第 150 条

1. 满足以下条件后方可担任教育督查：

（1）法律专业毕业生或法学硕士（研究生学习时间至少四年），通过公务员资格考试或机构干事考试，在政府服务部门、省政府服务部门、地方政府单位机构或机关的教育、教学或监督相关岗位工作五年以上。

（2）具有本法第 8 条第 2 款规定的学历水平，已经通过教育领域的专业考试，或已取得教师、幼师或心理专家、教育专家职业资格证并具有五年以上教育教学工作经验的人员，或已经通过普通职业考试的人员。

2. 教育督查有义务不断提高自己的工作能力，提高工作绩效并加强监督工作。

3. 督查职业能力提升的计划及类型、参加职业能力提升计划后的考查方式、项目完成取得的证书及其他和职业能力提升相关的事宜由教育部长做出规定。

教育顾问的监督

第 151 条

1. 专业性教育监督的工作和活动由教育顾问负责。

2. 教育顾问应当：

（1）根据规定标准评估学校或寄宿学校的工作质量、评估教育发展规划及项目的实施情况。

（2）为教育机构的自我评估提供支持和帮助。

（3）监督一般原则的执行及教学目标的实现情况。

（4）为教师、幼师、心理专家、教育专家、执行董事或校长提供建议及专业帮助，提高其素质及所在学校的教育质量，达到业绩标准。

（5）提出建议及提供专业帮助，以便更好地保护儿童、学生及职工在校内免受歧视、暴力、虐待、忽视。

（6）直接督查教育机构或寄宿学校的运行情况、教师、幼师、心理专家、教育专家、执行董事或校长的工作。

（7）出席和参与教学、考试及其他类型的教育教学工作。

（8）监督试点项目情况。

（9）评估职称评聘的条件及其落实情况。

（10）监督并评估教育机构外聘顾问的工作质量。

（11）向教育机构、教育部部长及主管机关提出纠正违规行为、改进不足的必要措施，提出提高教育教学工作质量的措施。

3.教育顾问在履行本条第 2 款第（1）项、第（3）项至第（5）项所述工作责任和义务及本法第 105 条第 1 款第（1）项、第（2）项、第（4）项所述事务时，须征求学生会代表的意见。

教育顾问的任职条件

第 152 条

1.教育顾问须满足以下条件：

（1）本法第 8 条第 2 款、第 4 款规定的学历水平。

（2）取得职业资格的教师、幼师或心理专家、教育专家。

（3）具有八年以上教育教学领域的工作经验。

（4）取得认可的成就，并在行业享有一定的声誉。

（5）在国际期刊、全国性期刊发表过相关专业研究论文，或在论文集中发表过相关专业研究论文，或出版认可的教科书、指南或其他教学资料。

2.本条第 1 款所述人员，通过官方专业考试及教育顾问考试后方可担任教育顾问的职务。

3.如果教育顾问在规定期限内未通过本条第 2 款规定的考试，其聘用关系将终止。

4.教育顾问有义务不断提高自己的能力，提高工作绩效及专业教育监督能力。

5.在教育顾问考试前，教育部部长将决定考试的项目、方式、时间，以及其他相关事项。

顾问——外界合作教师

第 153 条

1.为了给教师、幼师、心理专家、教育专家提出建议和提供专业帮助，提高教育教学工作的质量，教育部部长应当决定不同科目、学科团体、领域及专业活动的教育机构外顾问（以下简称顾问）的名单。

2. 教育部部长应当发布官方决定,确定提供额外帮助的顾问人数。

3. 教育部部长将根据公布的空缺岗位,以官方决定的形式确定顾问人选。

4. 符合本法第 152 条第 1 款第 (1) 项至第 (4) 项要求的教师、讲师、心理专家、教育专家、学校顾问及符合本法第 152 条第 1 款第 (1) 项、第 (3) 项和第 (4) 项的大学教师可以被聘为顾问。

5. 同等条件下,取得本法第 129 条第 2 款所述职称的候选人,或受过高等法律教育的候选人,或在国际期刊、全国性期刊发表过相关专业研究论文,或在论文集中发表过相关专业研究论文,或出版认可的教科书、指南或其他教学资料的候选人优先录用。

6. 拟录用的顾问经聘用教育机构的执行董事或校长同意后,与教育机构签订合同。

7. 顾问应当根据教育部部长指示开展工作。

8. 顾问应当通过以下方式,为教师、幼师、心理专家、教育专家、专家委员会、专家团体和专家小组提供专业帮助:亲身示范程序和方法、开设实践课程或组织实践活动、对教师、幼师或心理专家、教育专家的活动及工作给予反馈,提出专家建议,提高工作绩效并促进教育顾问与教育督查间的合作。

9. 顾问应当向教育部部长提交工作报告。

10. 如果顾问在教育机构的资格暂停或终止,则将其从顾问名单中剔除;如果工作评估结果表明顾问未履行工作职责和义务,则将其从顾问名单中剔除。

教育顾问职责的履行形式

第 154 条

专业性教育顾问职责的履行形式、顾问的工作和活动、学校运行质量评估措施、评估教育顾问工作的方式以及教育顾问、督查的任职条件等由教育部部长做出规定。

十、教育机构的经费

教育机构运行的经费

第 155 条

1. 教育机构的经费应当根据实施教育教学项目生均所需资源的市价总额决定。

2. 本条第 1 款所述市价总额包括,根据预算规定的所有资金来源中的生均经常性总支出。

3. 本条第 2 款所述市价总额应当统一、分类列出,并构成预算备忘录不可分割的一部分。

4. 教育部部长应当根据教育层次和教育类型、必要的职工人数、学制及引入程序,针对特别地区、某些群体的每个儿童或学生的教育资源市价总额做出更详细的规定。

经费来源

第 156 条

1. 塞尔维亚共和国国家、自治省或地方政府单位建立教育机构的工作和活动的资金由塞尔维亚共和国国家、自治省或地方政府单位的预算提供。

2. 教育机构可以通过接受捐赠、赞助、奖学金、基金、学费或签订合同及其他根据法律规定开展的活动中取得。

3. 本条第 2 款所述资金应当根据预算的相关规定获得。

4. 本条第 1 款、第 2 款所述资金应当根据教育部部长规定的条件及标准制定。

塞尔维亚共和国国家预算提供的资金

第 157 条

1. 塞尔维亚共和国国家预算为塞尔维亚共和国国家、自治省或地方政府单位建立的小学及中学提供经费。

2. 塞尔维亚共和国国家预算将为下列工作提供经费：

(1) 就读小学一年级前开设的学前教育课程。

(2) 为发育障碍儿童开设的学前教育课程。

(3) 为住院接受治疗的儿童开设的学前教育课程。

(4) 小学、中学职工的薪资、补贴及其他额外酬金、社会福利捐款和遣散费。

(5) 教育机构的发展规划和项目及塞尔维亚共和国的国家投资项目、教育工作者的能力提升项目、学生参加全国性比赛和国际比赛等费用。

(6) 政府制定的特殊学校及塞尔维亚共和国特殊利益学校的运行费用。

(7) 教育部部长每年按照官方特别文件的形式，对天赋超常的学生提供的经费支持。

3. 教育机构职工的薪金、补贴和额外支付酬金的标准可以根据国家行政单位、公共服务单位薪资、补贴和其他酬金的相关规定确定。

自治省预算提供的资金

第 158 条

自治省预算根据自治省内教育机构经费的相关规定，提供教育资源市价总额的部分资金。

地方政府单位预算提供的资金

第 159 条

1. 地方政府单位预算为儿童或学生的教育提供部分资金，包括根据本法 155 条所述市价产生的其他经常性支出。

2.地方政府单位预算为下列项目提供资金：

(1)幼儿教育教学工作和活动(学前教育机构的全日制学生和非全日制学生、饮食方案、学前教育机构儿童的医疗和预防保健)，最多为生均教育资源市价总额的 80%，包括职工的薪酬、补贴和其他酬金、雇主提供的社会福利捐款、学前教育机构职工的遣散费、补助及其他经常性开支。

(2)职工的能力提升项目。

(3)中小学职工的年终奖和补贴。

(4)参加学前教育课程的儿童及陪同人员 2 公里以上的通勤费、学习小学课程的学生及陪同人员 4 公里以上的通勤费；发育障碍儿童和学生的通勤费和食宿费；学生参加全国性比赛及国际比赛的交通费。

(5)职工的交通费。

(6)资本支出。

(7)根据本法第 42 条规定，为儿童或学生提供的保护和安全措施费用。

(8)其他经常性开支，塞尔维亚共和国国家预算提供的资金除外。

教育提升和改善资金

第 160 条

1.学校有权通过儿童和学生家长、地方政府单位、捐赠者、赞助者提供捐款或通过其他活动募集资金，帮助学前教育、小学教育及中等教育开展更高标准的教育教学活动。

2.本条第 1 款所述资金应当用于提高教育教学工作在设施、设备及教学工具和材料方面的标准，用于开展学校活动范围以外的工作，用于为儿童和学生提供食物补助。

十一、处罚规定

第 161 条

1.出现下列情况，教育机构将被处以 30 000～50 000 第纳尔的罚款：

(1)教育机构开办以后，如果分设隔离班级、从事其他活动、改变按照本法第 30 条至第 34 条规定的名称和地址。

(2)未能规定儿童或学生的保护或安全措施的方式及程序(见第 42 条)。

(3)职工出现违反本法第 44 条、第 45 条和第 46 条所述禁令、严重违反工作职责的情况时，未能及时采取行动或未采取任何行动。

(4)允许在校内组织政党、允许政党在校内活动或允许其使用学校场地以达到不符合本法第 46 条规定相关内容的目的。

(5)未能在本法规定期限内制订发展规划和年度工作计划或未能实施以上计划(见第 49 条和第 89 条)。

（6）未能顺利通过或未能实施教育教学项目或未能坚持教育原则、教育目标及成绩标准（见第 71 条、第 76 条、第 78 条、第 80 条及第 81 条）。

（7）未能制订或实施个性化教学计划（见第 77 条）。

（8）未能招收学前教育机构儿童或小学生参加学前准备课程（见第 97 条）。

（9）未能招收学校所在地居住的儿童（见第 98 条）。

（10）未取得教育部部长批准前进行试点工作或在试点工作中，实施不符合本法第 101 条规定的内容。

（11）聘用不符合本法第 120 条至第 123 条要求的人员或聘用过程不符合本法第 130 条至第 132 条规定的程序。

（12）未能按照本法第 127 条、第 128 条规定，向教育部部长提交教师、幼师和心理专家、教育专家的职业资格方面的所有数据。

（13）签订协议实施与本法第 135 条规定不符的教学工作。

（14）未能将严重违反工作职责的职工调离工作岗位（见第 140 条）。

（15）未能执行教育督查做出的决定［见第 148 条第 1 款第（2）、第（3）项］。

2.如果违反本法第 1 款的规定，教育机构的执行董事、校长或负责人将被处以 5 000～50 000 第纳尔的罚款。

第 162 条

家长或监护人如果因有意或无正当理由，未能安排子女进入学前教育机构接受学前预备课程或无正当理由（见第 97 条第 4 款）致子女没有参加学前预备课程，将被处以 5 000～25 000 第纳尔的罚款。

第 163 条

家长或监护人如果因有意或无正当理由，未能安排子女进入学校学习，或无正当理由缺勤学校课程［见第 98 条第 1 款、112 条第 2 款第（1）项］，将被处以 5 000～50 000 第纳尔的罚款。

第 164 条

1.如果儿童或学生违反本法 45 条第 8 款规定，则该儿童或学生家长或监护人将被处以 30 000～50 000 第纳尔的罚款。

2.如果未成年学生出现本条第 1 款所述违纪情况，则根据本条第 1 款轻微违纪的规定确定对该学生家长或监护人的罚款金额。

第 165 条

1.教育机构如果未能在规定期限（见第 24 条第 1 款）准备好相关材料并提交给部长或管理委员会，将被处以 30 000～50 000 第纳尔的罚款。

2.出现本条第 1 款所述情况，教育机构的执行董事将被处以 5 000～50 000 第纳尔的罚款。

十二、国家授权的活动

自治省活动的管理

第 166 条

1. 本法第 29 条第 5 款至第 8 款,第 31 条第 2 款,第 32 条第 4 款,第 33 条第 6 款,第 34 条第 3 款,第 35 条第 2 款,第 4 款至第 8 款,第 36 条第 2 款,第 54 条第 7 款,第 55 条第 5 款、第 6 款,第 56 条第 1 款,第 59 条,第 60 条第 6 款、第 7 款、第 10 款和第 11 款,第 61 条第 2 款,第 62 条第 2 款,第 63 条第 6 款至第 8 款,第 68 条,第 79 条第 4 款,第 88 条第 5 款和第 6 款,第 90 条第 2 款和第 3 款,第 91 条第 5 款,第 111 条,第 123 条,第 146 条第 4 款和第 5 款,第 149 条所述活动委托自治省负责。

2. 自治省境内教育机构的资金根据法律规定执行。

3. 本法第 19 条第 1 款第(2)项和第 5 款,第 20 条第 1 款第(12)项和第(13)项,第 21 条第 1 款第(2)、(3)、(4)项,第 22 条所述学校工作和活动及以少数民族语言开展教育教学工作和活动委托由伏伊伏丁那教育研究所负责。

4. 省级单位应当与塞尔维亚共和国国家机关及地方政府单位机关合作开展本条第 1 款所述活动。

5. 教育部部长在自治省安排本条第 1 款所述国家行政管理活动的权利和义务由国家行政管理的法律规定。

十三、过渡性条款及最后条款

第 167 条

国家议会在本法生效前任命的国家教育委员会成员可继续任职至期满。

第 168 条

本法生效后 60 天内,政府应当任命职业培训及成人教育委员会的成员。

第 169 条

1. 政府或自治省权力机关应当在本法生效后一年内,决定中学的布局。

2. 政府应当在本法生效后六个月内,确定学前教育机构和学校的布局原则和标准。

3. 地方政府单位应当在本条第 2 款所述标准确定后一年内,确定境内学前教育机构和小学的布局。

第 170 条

在本法生效前已经通过的章程如果和本法没有抵触,章程可以继续适用,直到依据本法重新制定新的章程。

第 171 条

1.本法生效后两年内,部长应当通过章程,以下情况除外:

(1)初等学校教育的毕业考试方案应当在 2009—2010 学年结束前通过。

(2)本法第 136 条第 4 款所述文件应当在 2010—2011 学年开始前通过。

(3)职业学校的毕业考试方案应当在 2012—2013 学年结束前通过。

(4)一般考试、职业学校及艺术学校的入学考试方案应当在 2013—2014 学年结束前通过。

2.本法生效后六十天内,部长应当以官方决定的形式,确定社区、市政管理局负责教育顾问工作和活动的职工人数。官方决定应当刊登在《塞尔维亚共和国国家公报》上。

3.本法生效后六十天内刊登本条第 1 款所述官方决定,社区或市政管理局应当按其内容要求调整教育顾问人数。

第 172 条

1.学校应当在本法生效后六个月内,根据本法规定调整学校的规定文件、组织及运作行方式。

2.在本法生效前教育机构申请成立并请求核查的工作可以继续进行,无论其是否符合规定,直到本法生效。

3.下列教育机构应当提交核查申请:

(1)中学在一年内提交。

(2)学前教育机构在两年内提交。

(3)小学在三年内提交。

以上时间自本法第 30 条第 4 款规定的法律文件通过后开始计算。

第 173 条

教育机构应当在本法生效后三个月内调整组织方式及其工作和活动。

第 174 条

1.本法生效前任命的执行董事或校长须在本法通过后两年内,通过本法第 59 条第 17 款规定的执行董事或校长的任职考试。

2.如果未能在本条第 1 款规定的时间内通过相关考试,则本条第 1 款所述执行董事或校长的任职终止。

第 175 条

本法第 91 条第 1 款第(3)项规定的权利由首次进入中学学习的非全日制学生在首次参加的公开入学考试中行使。

第 176 条

根据相关教育方案开设小学教育课程的成人教育学校,可招收 10 岁以上、15 岁以下的学生,帮助其完成小学教育。

第 177 条

本法第 99 条规定适用于 2011—2012 学年后的中学招生。

第 178 条

本法生效前开始实施的试点工作应当根据本法第 101 条规定进行评估。

第 179 条

本法第 8 条第 4 款,第 121 条第 9 款规定适用于 2012—2013 学年。

第 180 条

1. 本法第 155 条规定自 2011—2012 年起逐渐使用。

2. 2014—2015 学年,所有学校均须遵守本法第 155 条的规定。

3. 本法生效之日至 2013—2014 学年结束,此间小学教育和中学教育成本计算及标准,部长应当做出详细规定。

第 181 条

满足本法第 152 条第 1 款所述条件的国家督查,如果通过教育督查考试,也可承担教育督查的工作和职责。

第 182 条

教师、幼师或心理专家、教育专家在 1990 年 2 月 4 日前,根据《教育者能力持续提升法》规定取得教育顾问和资深高等顾问资格,等同于本法所述教育顾问或资深高等教育顾问(见第 129 条第 2 款)。

第 183 条

1. 截止到 2003 年 6 月 25 日,按法律规定通过教育领域专业考试但仍未聘用的人员,被视为已取得职业资格。

2. 教育机构在 2003 年 6 月 25 日前聘用,但在此日后暂停聘用的教师、幼师或心理专家、教育专家,如果在 2005 年 6 月 25 日前通过教育领域的专业考试,则被视为已取得职业资格。

3. 已接受学校独立上岗培训的见习教师,如果 2005 年 6 月 25 日前通过教育领域的专业考试,则被视为已经取得职业资格。

4. 如果教师、幼师或心理专家、教育专家在应聘塞尔维亚共和国国家建立的学校岗位前,已按《黑山共和国法》①规定通过教育领域的专业考试,且日期在 2006 年 6 月 16 日前,视为已取得职业资格。

5. 未通过教育领域的专业考试但通过图书管理学相关考试的专家助理,即图书管理员在其参加职业资格考试时,可以认定其通过的考试作为资格考试的一部分。

---

① 黑山共和国已于 2006 年独立。

6.2003 年 6 月 25 日后首次在教育机构任职的教师、幼师或心理专家、教育专家，如果在 2005 年 6 月 25 日前通过教育领域的专业考试，视为未取得职业资格。

7.2003 年 6 月 25 日后聘用的见习教师，如果直到 2005 年 6 月 25 日才通过教育领域的专业考试，视为未取得职业资格。

第 184 条

1.本法生效后，下列法规同时失去法律效力：

(1)《初等教育法》第 2 条、第 21 条第 3 款、第 43 条、第 46 条、第 52 条、第 54 条、第 63 条、第 65 条、第 66 条、第 88 条、第 92 条第 3 款、第 96 条第 2 款、第 5 款及第 105 条第 2 款。

(2)《中学法》第 2 条、第 26 条第 3 款、第 48 条第 8 款、第 10 款、第 62 条至第 66 条。

2.《基础教育法》第 83 条、第 84 条、第 85 条第 1 款、第 2 款（此部分内容除外：应当通过官方形式决定，确定儿童入学的学校类型）、第 3 款到第 5 款及第 9 款、第 86 条到第 88 条及《中学法》第 24 条第 5 款规定在本法第 77 条第 12 款、第 89 条第 19 款所述条例通过前有效。第 85 条第 2 款、第 6 至 8 款在 2009 年 12 月 21 日失效。

3.原有的《塞尔维亚共和国教育基本法》在本法生效之日终止效力。

第 185 条

本法自《塞尔维亚共和国国家公报》刊登后第八日生效。

塞尔维亚共和国高等教育法

一、总则

法律的主体

第 1 条

本法适用于监管高等教育体系，实施高等教育的条件、方式、经费以及其他重要事项。

高等教育活动

第 2 条

高等教育对塞尔维亚共和国（以下简称共和国）具有特殊意义。高等教育是国际（特别是欧洲区域内）的教育、科学和艺术领域的组成部分。

高等教育的目标

第 3 条

高等教育的目标包括：

(1)传授科学、专业和艺术方面的知识与技能。

(2)促进科学发展，提升艺术创造力。

(3)培养年轻的科研人员、专业人士和艺术家。

(4)为个人提供平等的接受高等教育的机会，并为终身教育和培训提供机会。

(5)大幅度增加接受高等教育的人数。

高等教育的原则

第 4 条

高等教育活动应遵循以下原则：

(1)学术自由。

(2)自主办学。

(3)教学、科研和艺术创作协调发展。

(4)向公众和公民开放。

(5)传承欧洲的人文价值观和民主价值观。

（6）尊重人权和公民的自由权利，禁止任何形式的歧视。

（7）协调欧洲高等教育体系并与其保持一致，促进教师和学生的学术交流。

（8）呼吁学生参与高等教育的治理和决策，特别是在提升教学质量方面。

（9）高等教育机构一律平等，不论其或创始人的财产和办学形式如何。

（10）支持教育和研究领域的竞争，以提高高等教育的质量和效率。

（11）保证研究的质量和效率。

学术自由

第 5 条

学术自由包括：

（1）科研自由和艺术创作自由，包括公开发表科研成果与艺术成就的自由。

（2）自由选择诠释教学科目的方法。

（3）选择教学计划的自由。

自主权

第 6 条

依据现行法律，大学和其他高等教育机构的自主权包括：

（1）有权决定教学计划。

（2）有权决定学生的日常学习规则和录取要求。

（3）有权管理内部组织。

（4）有权依照本法选举行政机关和其他机构。

（5）有权选择聘用教职工。

（6）有权发布公文。

（7）有权依法利用财政资源。

（8）有权依法使用财产。

（9）有权决定与其他单位进行项目合作和国际合作。

学术领地不容侵犯

第 7 条

高等教育机构的领地不容侵犯，没有机构主管官员的许可，执法人员不得擅自进入，除非发生威胁公共安全、人身安全、公共卫生或财产等情况。

接受高等教育的权利

第 8 条

1.任何人完成中等教育，不论其种族、肤色、性别、性取向、民族、国籍或社会背景、语言、宗教信仰、政治观念、出生地、肢体是否残疾、财产数量,都有权接受高等教育。

2.在特殊情况下,未完成中等教育的学员,根据高等教育机构章程的条款,可以申请高等教育机构文科课程的学习,接受高等教育。

3.高等教育机构应当依法设立聘用条件(包括其前期学历及成绩、取得学历的种类、专业知识、技能或工作能力等),择优录用求职者。

二、高等教育的质量保证

全国高等教育委员会

第 9 条

为了提升高等教育质量,设立全国高等教育委员会(以下简称全国委员会)。

全国委员会委员

第 10 条

1.全国委员会由 16 名委员组成,由塞尔维亚共和国国民议会(以下简称国民议会)委派任命,即:

(1)10 名委员应当从获得国际认可或对国家文化事业做出重大贡献的全职教授、顶尖学者和科学家或艺术家中选出,此外,还须在大学联合会的建议下,适当考虑他们在各自领域所具有的代表性。

(2)2 名委员须在高等职业学院联合会的建议下,在从事职业教育领域的教授中选出。

(3)4 名委员需从知名科学家、学者、文化名人、教育工作者、艺术家或商人中任命,其中 3 名委员由塞尔维亚共和国政府(以下简称政府)推荐,其中一名应来自普里什蒂纳大学,代表科索沃和梅托希亚;另一名由伏伊伏丁那自治省主管机构提名。

2.大学联合会和高等职业学院联合会应当公开提名全国委员会成员候选人。

3.提名应在公告之日起 20 日内提交。

4.提名候选人名单应在提名截止后 10 日内公布。

5.对候选人的意见和建议可以在公开提名后 30 日内提出。

6.大学联合会和高等职业学院联合会应当充分考虑学生、大学教师和相关人员的人数,在提交建议和意见的截止日期后 30 日内向国民大会提交候选人名单,最多 15 名,最少 3 名。

7.政府应当在本条第 2 款所述公告发布之日起 90 日内向国民大会提交本条第 1 款第(3)项所述提案。

8.在政府机构、地区自治政府机构、地方自治政府机构、党政机构以及高等教育机构的执行机关任职者不得担任全国委员会委员。

9.全国委员会委员任期四年,可连任两届。

10.下列情况下,国民议会可以撤销全国委员会委员的任命:

(1)应委员个人的要求。

(2)应大学联合会和高等职业学院联合会、政府和伏伊伏丁那自治省主管机构的请求,如果委员未能履行全国委员会委员的职责,或者其不当行为损害了委员会的声誉。

(3)本条第8款所述情况。

11.全国委员会应当从其委员中选出主席。

12.根据国民议会委员会的建议,全国委员会委员有权获得由国民议会决定的一定数额的报酬。

全国委员会的职责

第 11 条

全国委员会应当:

(1)监督高等教育的发展,确保其与欧洲和国际标准保持一致。

(2)向负责高等教育的部委(以下简称教育部)献计献策。

(3)就高等教育录取政策提出建议。

(4)就高等教育立法过程提出建议。

(5)在收到大学联合会和高等职业学院联合会的建议后,向政府提出有关高等教育工作的通用准则和标准以及财政资源分配的建议。

(6)根据大学联合会和高等职业学院联合会的建议,确认本法第 27 条规定的科学、艺术和专业领域的相关活动。

(7)制定高等教育机构内部评估和质量评价标准。

(8)制定高等教育机构教育质量外部评估标准和程序。

(9)制定签发办学许可证的标准。

(10)制定高等教育机构认证的标准和程序。

(11)制定教学计划认证的标准和程序。

(12)决定复议认证程序的申诉请求。

(13)建议具体的教学岗位的选聘条件。

(14)编制专业、学术和科学等领域的认证资格目录,标明某一领域、某一研究层次的学位,以及这些专业的认证资格。

(15)依法履行其他工作。

本条第(6)至第(11)项和第(14)项所述的法律行为应当在塞尔维亚共和国官方公报上公布。

全国委员会的工作

第 12 条

1.全国委员会的工作应当公开。

2. 全国委员会可设立专门工作机构。

3. 全国委员会及其工作机构的运行所需资金应当由国家预算提供。

4. 全国委员会及其工作机构需要的专业服务、行政支持和信息服务等由教育部提供。

5. 全国委员会至少每年向国会提交一次工作报告。

6. 全国委员会应遵守其议事规则。

认证和质量评估委员会

第 13 条

1. 为执行有关认证、高等教育质量评估和学习项目评估等任务,全国委员会应设立一个专门机构,称作认证和质量评估委员会(以下简称委员会)。

2. 本法第 27 条规定,委员会由 15 位委员组成,其中 3 位来自特定的教育科学和教育艺术领域。

3. 委员会成员由全国委员会根据大学联合会的推荐,从知名的教授、科学家、学者、艺术家、专家中选出。

4. 根据本条第 3 款所述的推荐程序,大学联合会应当公开号召相关人员递交候选人申请。

5. 候选人应在公告发出之日起 15 日内提交申请。

6. 提名候选人名单应在提交申请截止日后 8 日内公布。

7. 与提名候选人有关的意见和建议可在公布提名候选人名单之日起 30 日内提出。

8. 在考虑本条第 7 款的意见和建议后,大学联合会应整合提案,在每一个教育科学和教育艺术领域最多提名 5 名候选人。大学联合会应当在考虑上述意见和建议的情况下,在第 7 款所述期满之日起 15 日内将提案提交给国民议会。

9. 在收到本条第 8 款所述提案后,全国委员会应当在 30 日内选举委员会委员。

10. 在政府机构、地区自治机构或地方自治机构、党政机构、高等教育机构的执行机关任职者,没有资格当选委员会委员。

11. 委员会委员任期四年,可连任一次。

12. 在下列情况下,全国委员会可以撤销委员会委员的资格:

(1)应委员的个人要求。

(2)委员不认真履行其职责,或者其不当行为损害了委员的声誉。

(3)本条第 10 款所述情况。

13. 委员会应当根据其议事规则审议有关事项并做出决定。

14. 委员会应当从其委员中选出主席。

15. 委员会每年至少向全国委员会报告一次活动情况,全国委员会应当公布其调查结果。

16. 委员会可以在银行开立单独子账户保管认证费用,其认证工作应当由该账户提供资金。全国委员会应在政府批准的情况下确定认证费用的数额。

17. 委员会委员有权获得国民议会确定的一定数额的报酬。

委员会的职能和工作范畴

第 14 条

1. 委员会应当:

(1)向全国委员会推荐签发办学许可证的标准。

(2)向全国委员会推荐高等教育机构认证标准和程序。

(3)向全国委员会推荐认证学习项目的标准和程序。

(4)向全国委员会推荐高等教育机构内部评估和质量评价标准。

(5)向全国委员会推荐高等教育质量外部评估标准和程序。

(6)协助和配合高等教育机构保证和提高其教学质量。

(7)在高等教育领域推进高等教育机构和学习项目的资格认定程序,对认证的申请做出决定并出具认证书,确定证书内容。

(8)确保认证标准和程序符合欧洲高等教育的标准。

(9)对办学许可证签发程序提出建议。

(10)执行委员会法律行为范围内的其他任务。

2. 为了按照本条第 1 款第(7)项和第(9)项所述程序开展工作,委员会应当设立专家小组并任命成员(以下称审查员)。审查员负责审查教育机构上述程序的申请。他们开展工作的经费源于委员会的资金。

3. 委员会应当公开指定审查员,从国际知名的教授、科学家、学者、艺术家、专家中挑选审查员。对于具有特殊性质的学习项目,审查员应从国内知名教授、科学家、学者、艺术家、专家中任命。

4. 审查员应当在收到委员会的请求后 60 日内向委员会汇报。

5. 委员会应当向全国委员会提交最终报告,报告应公开。

6. 委员会应当确保审查员本条第 4 款请求的信息受到保护。

7. 审查员应当按照全国委员会通过的法律条款获得相应的报酬。

8. 为了按照本条第 1 款第(7)项和第(9)项规定的程序开展工作,委员会可以依据全国委员会的规定,充分利用从事高等教育质量保证的国际组织或协会的专业知识。

高等教育机构的质量保证

第 15 条

1. 独立高等教育机构或高等教育单位应当根据法律及其章程的规定,确定监督、保证、促进、提升学习项目以及改善教学和工作条件的监督组织和程序。

2. 独立高等教育机构或高等教育单位应当按照全国委员会提议负责高等教育的部长（以下称"部长"）会议通过的条例，开展质量审查。

3. 质量审查程序还应包括学生对教学计划的评价。

4. 委员会根据全国委员会的通知，应高等教育机构或部长的申请，参照独立高等教育机构或高等教育单位的年度活动计划，审查高等教育机构是否履行了质量保证的职责。

5. 申请人不得在一年内重复提交针对同一高等教育机构或高等教育单位的质量审查请求。

6. 关于高等教育机构或高等教育单位是否履行了质量保证职责，委员会应当向全国委员会、部长和高等教育机构提出报告。

7. 本条第 6 款所述的高等教育机构可以在收到报告之日起 15 日内向全国委员会提出其对质量评估报告的疑义。

8. 全国委员会须将委员会的报告转发给大学联合会和高校学生联合会和高等职业学院联合会和职业学院学生会。

9. 全国委员会应当根据委员会的报告自行评估有关独立高等教育机构是否履行质量保证的职责，并将其评估结果转发给高等教育机构和部长。

10. 高等教育机构履行质量保证职责的评估结果应根据全国委员会通过的法律途径予以公布。

高等教育机构的认证

第 16 条

1. 高等教育机构的认证应当确定被认证机构及其课程设置符合第 11 条第 10 和 11 款的规定，高等教育机构有权依照本法发布公文。

2. 高等教育机构认证程序也应当确定被认证机构是否符合本法第 33 条至第 37 条的规定。

3. 学位（包括博士学位）项目的认证程序应当确定其是否按照法律规定能够满足进行科学研究和艺术创作的条件。

4. 高等教育机构的认证程序应当根据高等教育部、创办人和相关高等教育机构的要求进行。

5. 在高等教育机构的认证程序中，委员会应当：

（1）颁发专门针对高等教育机构或学习项目的认证证书。

（2）向有关高等教育机构发出书面警告，指出其在工作和实施教育项目的条件、质量保证方面存在的问题，责令其限期整改，整改后再次申请认证。

（3）以书面形式做出驳回其认证的申请。

6. 在做出认证决定时，委员会应当考虑本法第 15 条所述的质量评估结果和本法第 17 条所述的内部评估结果。

7.如果委员会做出拒绝认证申请的决定,有关创办人或高等教育机构可以在收到决定之日起 30 日内向全国委员会提出申诉。

8.本条第 7 款所述全国委员会关于申诉的决定不属于行政争议的范畴。

9.本条第 7 款所述的创办人或高等教育机构有权在认证申请被拒绝一年后重新申请认证。

内部评估

第 17 条

1.高等教育机构应当对其学习项目、课程和工作条件进行内部测评和质量评估。

2.内部测评应当按照高等教育机构自身行为规定的条例进行。

3.内部评估最多以三年为周期进行。

4.内部评估程序还应当包括学生的评价。

5.应委员会的要求,高等教育机构应当向其提交内部评估的过程和结果以及与质量评估相关的其他信息。

大学联合会

第 18 条

1.大学联合会的设立是为了协调工作,制定共同政策,实现共同利益,履行法律规定的其他义务。

2.经认证的大学应当组成大学联合会。

3.大会的章程应规定大会的组织安排和协商审议等事项。

4.校长代表所在大学出席大会。

5.本条第 2 款所指的大学有权按照每 1 000 名教师和合作教师选派一名代表的比例选派代表参加会议,并且按照每 5 000 名学生委派一名代表的比例选派代表参加会议。

大学联合会的职能

第 19 条

大学联合会应当:

(1)处理在教育科学和教育艺术发展过程中出现的问题。

(2)协调校际活动和思想交流,特别是录取原则方面的事宜。

(3)提出服务于教育、科研、艺术和专业工作的质量评估标准的制订建议。

(4)在相关领域推荐专业、学术和科学名录和名录缩写。

(5)提出旨在改善大学财务状况和学生生活水平的措施。

(6)依照本法处理各大学共同关心的其他事项。

高等职业学院联合会

第 20 条

1. 为了协调工作、制定共同政策、实现共同利益、履行法律规定的其他义务，应设立高等职业学院联合会。

2. 经认证的高级职业研究院和四年制职业学院应当组成高等职业学院联合会。

3. 联合会的章程应当规定其组织安排和其他工作事项。

4. 校长、专业学院院长和四年制职业学院的院长应当作为代表出席大会。

高等职业学院联合会的职能

第 21 条

高等职业学院联合会应当：

（1）处理在促进教育-职业和教育-艺术活动中出现的共同关心的问题。

（2）协调专业院校和四年制职业院校的校际活动和思想交流，特别是录取原则方面的事宜。

（3）提出服务于教育、科研、艺术和专业工作的质量评估标准的制定建议。

（4）在相关领域推荐专业名录及其缩写。

（5）提出旨在改善专业学院或四年制职业学院财务状况和学生生活水平的措施。

（6）根据本法的规定，处理专业职业教育学院和四年制职业学院共同关心的其他事项。

学生联合会

第 22 条

1. 为了保障高等教育机构学生的共同利益，设立大学学生联合会和高等职业学院学生联合会。

2. 大学学生联合会由各大学的学生会代表组成。

3. 高等职业学院学生联合会由各高等职业学院学生会的代表组成。

4. 据本条第 1 款所述，相关章程规定会议的组织安排和其他工作。

5. 学生联合会指定的两名代表可以参加全国委员会关于本法第 11 条第 7 款、第 8 款、第 10 款和第 11 款所述事项的工作，但无表决权。

6. 学生联合会有权对本法第 11 条第 6 款所述事项发表意见。

教育部

第 23 条

教育部应当：

（1）制定高等教育政策。

（2）根据全国委员会的建议，制定国家高等教育机构学生录取政策。

（3）监督高等教育的发展。

（4）向高等教育机构签发办学许可证。

（5）确定文凭和补充文凭的内容。

（6）分配共和国用于高等教育机构的预算，并监管资金的使用。

（7）开展行政监督工作。

（8）确保高等教育机构纳入欧洲高等教育资格认定程序。

（9）依法履行其他职责。

三、学习和学习项目

第 24 条

学习项目是指由一套必修和选修科目或某学术领域组成的计划项目，包括课程大纲内容。完成学习项目有益于获得必要的知识和技能，以获得学位或获得相应水平和类型的文凭。

学习类型和水平

第 25 条

1.高等教育活动应当在已经批准和认证的高等教育学习项目的基础上，通过学术教育课程和高等职业教育课程来进行。

2.学术教育课程根据学习项目设置，目的是发展和应用科学、专业知识和艺术成就。职业教育课程应当根据职业学习项目进行优化组合，目的是使学生在将来的工作中能够使用习得的知识和技能。

3.第一层次的学习或课程包括：

（1）基础学术课程。

（2）基础职业课程。

4.第二层次的学习或课程包括：

（1）硕士学位文凭课程。

（2）职业课程。

（3）专业学术研究。

5.第三层次的课程包括博士学位课程。

联合文凭学习项目

第 26 条

1.联合文凭或学位的计划方案由具有相关办学许可证的若干高等教育机构组织实施。

2.本条第 1 款所述的计划方案可以在组织该方案的高等教育机构的主管机关通过后实施。

教育-科学领域和教育-艺术领域

第 27 条

1.学习项目应当在以下一个或多个教育-科学或教育-艺术领域进行:

(1)自然科学和数学。

(2)社会科学和人文学科。

(3)医学科学。

(4)工程和化学工程。

(5)艺术。

2.本条第 1 款所指的相应的科学、艺术和专业领域应当由全国委员会根据大学联合会和高等职业学院联合会的推荐决定。

学习项目的内容

第 28 条

学习项目应包括:

(1)学习项目的名称和目标。

(2)学习过程、结果和学习类型。

(3)专业、学术和科学名称。

(4)申请该计划的条件。

(5)必修环节或课程、选修环节或课程以及大纲的内容。

(6)学习方式和实现个性化学习所需的时间。

(7)根据欧洲学分转换系统(以下简称 ECTS),列出完成每个科目应获得的学分。

(8)根据 ECTS,完成基础、专业或学位学习或课程的论文或博士论文获得的学分。

(9)学习单个科目或科目组群的申请条件。

(10)选择参加其他学习项目的方式。

(11)在相同或相关学术领域内从其他学习项目转学的条件。

(12)与实施学习项目相关的其他事项。

学习范围

第 29 条

1.完成学习项目中的每个科目都可以获得一定的 ECTS 学分,学习项目中的所有课程都将按照 ECTS 计算总学分。

2.60 ECTS学分对应一个学生在一个学年的教学周平均40学时的学习任务量。

3.学生的全部活动包括教师指导(讲座、练习、实习、研讨会等)、独立工作、基础考试(专题讨论会)、考试、论文的撰写、社区志愿工作和以其他形式参与的活动。

4.志愿工作是指由高等教育机构组织的,对当地社区比较重要并纳入高等教育体系内进行评估的无报酬工作。

5.高等教育机构根据一般条例确定志愿工作的条件、组织方式和评估标准。

6.教师组织授课的核心课程的总学时数不得低于每学年600学时。

7.核心学术课程按照ECTS学分应当占180至240学分。

8.高等职业核心课程按照ECTS学分应当占180学分。

9.高等职业方案中的专业课程按照ECTS学分至少应当占60学分。

10.如果学位方案中的学术课程已经完成,专业学术课程按照ECTS学分至少应当占60学分。

11.硕士学位课程应当分配的学分:

(1)如果核心学术课程共获得240 ECTS学分,则至少应当占60 ECTS学分。

(2)如果前期核心学术课程共获得180 ECTS学分,则至少应当占120 ECTS学分。

12.博士学位课程应当分配的学分:

(1)至少180 ECTS学分,通过核心学术课程和硕士学位课程获得至少300 ECTS学分。

(2)一些学术课程可能会被纳入核心或硕士学位课程。

(3)医学领域的学习项目可以整合到核心或硕士学位课程中,整个学习方案不超过360 ECTS学分。

学期论文和学位论文

第30条

1.核心和专业课程学习计划可能会要求学生撰写论文。

2.硕士学位课程的学习项目应当包含撰写最终学位论文。

3.除艺术类博士学位是以艺术作品结业之外,博士学位学习项目应当以博士论文结业。

4.此外,已经完成实习的医学毕业生,如果其经答辩的学位论文在国际顶级期刊上发表,可以获得医学博士学位。

5.最终学位论文或学习项目的结业部分的学分应当包含在完成学习项目所需的总学分中。

6.高等教育机构的一般条例应当规定学期论文或学位论文准备和答辩的方式与程序。

ECTS 学分的转换

第 31 条

1.ECTS 学分可以在各种学习项目方案间转换。

2.ECTS 学分转换的标准和条件应当在独立高等教育机构的一般条例或高等教育机构相互达成的协议中规定。

四、开展高等教育活动的机构

高等教育机构

第 32 条

1.高等教育活动由下列高等教育机构开展：

(1)大学。

(2)大学内的文科学院。

(3)高等职业学院。

(4)四年制学院。

(5)四年制职业院校。

2.大学、高等职业学院、四年制学院和四年制职业院校均为独立的高等教育机构。

3.只有获得办学许可证的高等教育机构才能依据本法的规定，以第 1 款所述机构的法定身份开展教学活动。

4.高等教育机构应当开展与自身相符的高等教育活动。

5.根据办学许可，高等教育机构可以开设远程学习课程。

6.在高等教育框架内，高等教育机构应当开展科学研究、艺术创作、专家咨询、出版等活动，并可以从事其他科学、研究和艺术成果的商业转化活动，但开展此类活动不能对课程质量产生不利的影响。

7.独立的高等教育机构应当按照相关法律规定，为学生提供食宿。

8.除法律另有规定外，公共服务条例适用于高等教育机构的设立和运行。

9.高等教育机构内不得开展任何与政党或宗教组织有关的活动。

大学

第 33 条

1.大学是一个独立的高等教育机构，在开展活动时将教育和科学研究、专业和艺术工作相结合，构成高等教育的一个组成部分。

2.大学可以开设各种类型和层次的课程。

3.其他高等教育机构,如果其学习项目至少在本法第27条所列的三个领域内有各种层次的学习课程,均应当拥有大学的地位。

4.特殊情况下,具备至少在三个艺术领域开设三个层次课程的教育机构,可在艺术领域建立大学。

院、系或艺术学院

第34条

1.院、系或艺术学院是指大学内的高等教育机构或高等教育单位,开展学术型学习项目,并在一个或多个领域内开展科学研究、专业或艺术工作。

2.院、系或艺术学院可以开展职业教育课程。

3.在法律上,院、系或艺术学院应当按照大学章程的规定以大学的名义开展教学活动,显示的大学名称中应当包含院、系或艺术学院的字样。

高等职业技术学院

第35条

1.高等职业技术学院指独立的高等教育机构,其教学活动将教育、研究、专业技术、艺术工作结合在一起构成完整的高等教育过程。

2.职业技术学院可以开办基础职业课程和专业职业课程。

3.高等教育机构如果开展上述第27条规定的至少五个经认证的学习项目且涉及至少三个领域,则该机构可以享有高等职业技术学院的地位。

四年制学院

第36条

四年制学院是指开展本法第27条所述一个或多个领域的基础学术、专业和硕士学位课程的独立高等教育机构。

四年制职业学院

第37条

四年制职业学院是指开展本法第27条所述一个或多个领域的基础职业课程和专业性职业课程的独立高等教育机构。

研究所和其他科研机构

第38条

1.为了促进科学研究,大学可以设有研究所和其他科研机构。

2.本条第 1 款所述的研究所或其他科研机构可以承担部分硕士学位的学习项目或博士学位课程。

资产

第 39 条

1.共和国为高等教育机构的设立和运行提供的不动产和其他资源,为国家所有。

2.本条第 1 款所述的不动产,未经创办人同意,不得随意处置。

3.上述第 1 款所述的不动产和其他资源只能用于执行本法规定的相关活动。

4.高等教育机构通过遗赠或捐赠取得的不动产和其他财产应当归其所有。

5.高等教育机构依法独立管理受托捐赠基金或信托基金。

教育机构的创立

第 40 条

1.独立的高等教育机构可由共和国、法律实体或自然人依法创立。

2.如果共和国是高等教育机构的创建人,政府拥有基本的决定权。

3.为警察教育开展学习项目的高等教育机构,应当由政府根据本法规定的条件创建。

4.依据大学与政府间的具体协议,本条第 3 款所指的高等教育机构可以在大学内设置。

5.根据大学或职业技术学院与政府间协议,在内政部的建议下,可以在大学或职业技术学院内开设专门的学习项目以达到开展警察教育的目的。

6.根据大学或职业技术学院与本条第 3 款所述的高等教育机构之间的协议,经政府批准,可以开展学习项目,颁发联合文凭。

7.根据内政部的建议,政府应当详细地确定本条第 5 款和第 6 款所述培养方案的实施条件和方式,还应当根据警察教育的目标和性质的具体特点,确定教师和学生的地位。

8.内政部应当对本条第 3 款所述高等教育机构的工作以及本条第 5 款和第 6 款所述培养方案的实施履行行政监督的职责。

办学许可证

第 41 条

1.高等教育机构在获得办学许可证后方能开展教学活动。

2.教育部应为高等教育机构的申请颁发办学许可证。

3.高等教育机构在提交本条第 2 款所述申请时,应当附机构创办的条例,证明已经符合颁发办学许可证和开展学习项目的要求。

4. 教育部应当在收到申请之日起 30 日内将申请和随附的文件提交委员会征求意见。

5. 委员会应当在收到通知之日起三个月内就该请求提出建议。

6. 教育部应当在本条第 5 款所述期限之日起 30 日内做出决定。

7. 如果委员会就以下方面给出肯定性的意见,教育部将向申请的高等教育机构颁发办学许可证:

(1)在学术或专业课程中教授的学习内容、质量和范围。

(2)教学人员和其他人员具有适当的科学和专业资格。

(3)与高等教育机构招收的学生人数以及所需的学习质量相适应的设施和设备。

8. 本条第 7 款第(2)项所述教学人员应至少占拟申请教学计划课程所需全职教师的 70%。

9. 艺术领域的学习项目可以不受上述比例的限制,但不得低于 50%。

10. 职业技术学院和四年制专业职业学院,所申请的学习项目中从事全日制教学的教师中至少 50%应当拥有博士学位,艺术学院除外。

11. 高等教育机构教学活动的外部审查应当在每学年首次实施学习项目时进行。

12. 办学许可证应当注明已批准的学习项目、参加计划的学生人数、全职教师人数和开展活动的设施。

13. 办学许可证还应规定批准的学习项目是否包括远程教育学习课程以及参加此类课程的学生的最多数量。

14. 办学许可证应当说明有关高等教育机构是否可以在其办学范围以外开展活动。

15. 拒绝签发办学许可证的决定在行政程序中应当视为最终结论。

16. 教育部部长应当规定办学许可证的内容。

17. 高等教育机构在提出本条第 2 款所述的申请时,如果没有共和国预算支持,申请时还需要提交银行担保。如果有关机构停止活动或某项学习项目终止,则银行担保应保证继续完成与计划学生人数相符的学习活动所需的经费。

办学许可证的变更和撤销

第 42 条

1. 高等教育机构如果需要增扩新的学习项目,应当提出申请变更办学许可证。

2. 高等教育机构对已经批准或认证的学习项目做出变更,以使其适应工作安排和已取得的科学艺术成就,此类变更不应视为新的学习项目。

3. 高等教育机构的办学许可证如果没有通过认证,该许可证在一年内有效,但机构不得继续招生。

4. 本条第 3 款所指的高等教育机构办学许可证,应在一年后撤销。

5. 如果高等教育机构被依法禁止开设课程,其办学许可证应予以吊销。

6.拥有办学许可证的高等教育机构,如果某一个教育项目没有通过认证,该项目在一年内有效,但该项目不得继续招生。本款所述的高等教育机构的办学许可证,在规定的时间内所申请的学习项目未获得认证,该许可证应当予以变更。

7.办学许可证的变更申请被拒绝或办学许可证被撤销的决定在行政程序中应当视为最终结论。

8.如果高等教育机构由于办学许可的撤销或任何其他原因而被关停,教育部部长应根据全国委员会的建议,采取措施以确保有关高等教育机构的学生完成学习任务。

名称、地址和状态的变更

第 43 条

1.独立的高等教育机构可以依法变更其名称、地址或状态。

2.对于由共和国设立的独立高等教育机构,本条第 1 款所述的变更应当由政府做出决定。

3.在本条第 2 款所述决定,应当征求所有受影响的高等教育机构的行政机关以及全国委员会的意见。

4.如果本条第 1 款所述的内容变更,高等教育机构同时应当启动申请签发新的办学许可证。

登记册

第 44 条

1.教育部应当保存下列记录档案(以下简称登记册):

(1)高等教育机构。

(2)学习项目。

(3)教师和其他员工。

2.登记册还应当包含与高等教育体系的发展及其在欧洲高等教育领域相关的其他信息。

3.教育部部长应确定登记的内容和方式。

机构的关停

第 45 条

1.依照法律规定的程序和条件,教育机构可以关停。

2.共和国出资建立的高等教育机构是否关闭由政府决定。

3.本条第 2 款所述的决定应当在接到高等教育机构行政机关的建议并经全国委员会批准后做出。

4.本条第 2 款所述的决定应当明确学生可以进入并继续完成学习的高等教育机构。

章程

第 46 条

章程应当是高等教育机构依法对其机构的组织、工作方式、行政管理以及与开展高等教育活动和工作有关的其他事项设立的一般行为准则。

高等教育机构的组织

第 47 条

1. 章程应当根据《创建条例》和本法管理高等教育机构。

2. 根据章程内容，独立的高等教育机构应当以高等教育内部组织的形式设立高等教育单位。

3. 高等教育单位的《创建条例》应确定其在法律事务和机构运行中的权利、物质资源的处置、管理和决策的权利，并应规定与高等教育工作至关重要的其他事项。

4. 职业技术学院应当设立部门和科室，以便充分有效地利用资源实施相关学科的学习项目以及研究工作。

5. 大学应当设立院、系、艺术学院和其他高等教育单位，以便充分有效地利用资源，实施相关学科的学习项目以及开展研究和艺术工作。

6. 大学可以设立具有法人实体能力的院、系、艺术学院和其他高等教育单位。

7. 如果一个院、系或艺术学院实施至少三个获得批准和认证的学习项目，则该院、系应当具备法人实体的资格。

8. 具有法人资格的大学内部高等教育单位如果变更其章程、名称和地址，须由大学行政机关以三分之二多数通过方可做出决定。

9. 按照本法第 16 条规定的程序，高等教育机构可以在其地址以外设立一个高等教育单位，但该单位不具备法人资格。

10. 具有法人资格的院、系和艺术学院以及其他高等教育单位应按照其章程和所在大学的章程规范其内部组织活动。

11. 高等教育单位的章程由大学批准。

大学与其他独立高等教育机构的功能整合

第 48 条

1. 《高等教育机构章程》《高等教育单位设立条例》和《高等教育单位一般条例》规定高等教育机构管理的权力和办学形式，保障高等教育机构教学活动的统一和协调。

2. 大学应整合其所有机构和单位，特别是院、系的职能，实施统一政策，不断提高教学质量，提升科研水平，激发艺术创作灵感。

塞尔维亚共和国高等教育法

3.为了实现本条第 2 款所述的目标,大学或职业技术学院应当在以下领域拥有管理职能:

(1)建立部门和服务的统一标准,建立各单位数据库的统一标准。

(2)战略规划。

(3)通过学习项目。

(4)质量保证和控制。

(5)招生政策。

(6)教师的选聘活动。

(7)颁发文凭和补充文凭。

(8)国际合作。

(9)投资计划。

(10)就业政策规划、聘用教师及合作教师。

(11)建立和发展统一的信息系统。

(12)终身学习。

4.高等教育单位有权按照《大学章程》规定的方式提出本条第 3 款所述事项的提案。

五、科学研究和艺术工作

第 49 条

1.大学开展科学研究和艺术工作,以推动科学研究,激发创造力,提升高等教育活动和教学质量,培训初级研究员和艺术家,鼓励学生参与科学研究和艺术创作,并为其工作和发展创造物质条件。

2.大学的科学研究应通过基础研究、应用研究和发展研究来进行,艺术创作则应通过艺术项目的实施来进行。

3.科学研究和艺术创作应当依据法律规定和相关机构的一般条例开展。

4.为了推广科学研究或艺术创作的成果,大学和任何其他高等教育机构可以依法建立技术转让中心、创新中心、商业科技园区和其他组织。

六、高等教育机构的机关

高等教育机构的创立

第 50 条

1.《高等教育机构章程》根据法律和机构的创建条例确定其机关单位。

2.高等教育机构应当设立行政机关、专业机构和学生会。

行政机关

第 51 条

1.高等教育机构的理事会是高等教育机构的行政机关。

2.理事会成员人数应为奇数。

3.《高等教育机构章程》应当确定选拔理事会成员的数量、程序、工作方式和决策方式。

4.理事会成员任期为三年。

5.理事会成员可由高等教育机构下设的行政机构的成员担任。

高等教育机构理事会的组成

第 52 条

1.根据《高等教育机构章程》规定,高等教育机构的理事人数不得少于 17 人。

2.本条第 1 款所述高等教育机构理事会由院校代表、学生代表和创办人代表组成。

3.高等教育机构的院校代表人数占本条第 1 款所述理事会总人数的三分之二,四舍五入为最接近的奇数。成员中应有相同数量的学生代表和创办人代表。

4.若共和国是高校的创始人,创始人代表应由政府提名,从科学、文化、教育、艺术和商界的知名人士中选出。

5.理事会主席由高等教育机构代表当选。

6.对于共和国创立的高等教育机构,受聘于该高等教育机构或负责教育和科学的政府机构的人员不得担任本条第 4 款所指的理事会成员。本款同样适用于通过选举、指定或任命为政府机构、地区自治机构政府、地方自治机构政府职位的人员,也适用于被选为政党管理机关的人员。

理事会的职责范围

第 53 条

1.理事会应当:

(1)根据专业机构的建议通过章程。

(2)选择和罢免学校的行政执行官员。

(3)根据专业团体的建议审核通过财务计划。

(4)根据专业机构的建议通过其工作报告和年度资产负债表。

(5)按照专业机构的建议审核通过投资计划。

(6)批准高等学校财产管理决定。

(7)批准经费分配计划。

(8)根据专业团体的建议决定学费数额。

（9）向创始人每年至少提交一次工作报告。

（10）通过关于学生纪律和责任的一般法律规定。

（11）选择高等教育机构财务运行的外部审计师。

（12）依照法律和章程履行其他职责。

2. 本条第 1 款所述事宜应当由理事会成员的多数票决定。

3. "高等教育机构章程"应当设立专门机关，负责确定本条第 1 款所述的建议。

4. 对于大学，本条第 1 款提及的提案应由参议会、院、系或艺术学院由教职员委员会和艺术学院教职员委员会确定。

行政执行官员

第 54 条

1. 大学的行政执行官员应当是校长、教务长、院长、系主任；职业技术学院应当是校长；四年制学院或四年制职业技术学院应当是负责人。行政执行官员应当从全职且无任期规定的高等教育机构的教师中选出。行政执行官员的任期为三年，可连任两届。

2. 本条第 1 款所述官员的任职条件、选拔和罢免的方式、程序、职权范围以及责任应当由《高等教育机构章程》规定。

3. 对于涉嫌性虐待刑事犯罪、伪造高等教育机构公文或在高等教育机构履行职责时接受贿赂而被依法判刑的人员，不得担任学校的行政执行官员。本款同样适用于因刑事犯罪被判刑人员或违反职业道德守则的人员。

专业机构

第 55 条

1. 高等教育机构的专业机构应当决定教学、科学研究和艺术工作以及相关事宜。

2. 在讨论和决定有关课程质量保证的问题、学习项目的改革、学习效果的分析和ECTS 学分数量等问题时，应当有学生代表参加专业机构及其组织单位的工作。

3. 学生代表应当分别占本条第 2 款所述专业机构成员及其组织单位成员的 20%。

4. 参议会应当是大学的专业团体、院、系或艺术学院的专业团体、教职员委员会或艺术学院教职员委员会的专业团体。

5. 大学、院、系或艺术学院的章程可以约束其他专业机构。

6. 《高等教育机构章程》对高等教育机构专业团体的构成、范围、成员人数、选举方式、任期以及决策方式等做出规定。

7. 独立高等教育机构的专业机构应当通过职业道德守则。职业道德守则应当确立高等教育的伦理原则，内容包括对待知识产权的态度、教师与学生之间的关系、教师和学生的行为规范等。

学生会

第 56 条

1.学生会应当是高等教育机构中行政机关和高等教育单位的组成部分。

2.学生会选举的方式和学生会成员的人数应当由高等教育机构的一般行为规范确定。

3.在选举学生会的学年,高等教育机构和高等教育单位的所有在册学生都有选举和被选举权。

4.学生会成员的任期为一年。

5.学生会成员应在每年四月通过非公开和直接选举的方式产生。

6.为了行使权利和保障学生的利益,学生会有权选举和撤销高等教育机构和高等教育单位中的学生代表。根据机构章程,学生会有权选举和撤销机构中的学生代表。

七、国立高等教育机构的经费

资金来源

第 57 条

1.高等教育机构依据法律和章程的规定,通过下列途径获得资金,开展活动:

(1)创始人提供的资金。

(2)学费。

(3)捐赠和礼物。

(4)资助科研、艺术和专业工作的资金。

(5)与学习、研究和咨询服务相关的项目和合同。

(6)商业和其他服务的报酬。

(7)创始人与第三方的合同。

(8)法律规定的其他来源。

2.高等教育机构自主管理本条第 1 款所述资金。

3.高等教育单位可根据其《创建条例》和独立高等教育机构的一般条例获得本条第 1 款所述资金。

4.本条第 1 款所述资金应当根据统一预算科目分类进行记载。

创始人提供的资金

第 58 条

1.国立高等教育机构征得教育部的同意,在其办学活动框架内实施经批准和认证的学习项目,根据独立高等教育机构与政府签订的合同获取经费。

2. 开展学年教学活动的资金按照高等教育机构的工作计划取得。

3. 在使用创办人提供的资金开展活动时，大学内的高等教育机构应按照章程规定的权力，以自己的名义代表大学，处理法律事务。

4. 本条第 1 款所称高等教育机构的行政机关，对预算划拨的资金应当适度地控制使用，并向主管部门负责。

5. 政府应根据全国委员会的建议并在收到大学联合会和职业技术学院联合会的建议后，制定本条第 1 款所述高等教育机构的工作规范和标准。政府还应当为机构实施教学活动提供资源，包括在高等教育机构和单位进行的学习项目框架内履行大学职能的经费。

从创始人处获得资金

第 59 条

创始人应当为高等教育机构提供以下资金：

(1) 物质开支、财产维护和投资。

(2) 依照法律和集体协议，提供员工的工资和薪金。

(3) 设备。

(4) 图书馆馆藏书籍。

(5) 开展科学研究或艺术工作，以提高教学质量。

(6) 员工的专业培训。

(7) 教职工科学与艺术的初级培训。

(8) 有天赋的学生的培养。

(9) 国际合作。

(10) 信息和信息系统的来源。

(11) 出版活动。

(12) 学生会工作和学生课外活动。

(13) 资助残疾学生的设备和条件。

(14) 依法进行的其他活动。

创收

第 60 条

1. 高等教育机构或高等教育单位获得的资金，除共和国提供的资金外，构成该高等教育机构和单位自身的收入。这些资金应包括学费、向第三方提供服务收取的费用、礼品、捐赠、赞助和其他来源。

2. 本条第 1 款所述资金，按照法律和高等教育机构或高等教育单位的条例，由该高等教育机构或高等教育单位根据其法律实体的资格进行支配。

3. 本条第 1 款所述资金,如果由不具备法人实体资格的高等教育单位取得,则由该单位按照法律和所属高等教育机构的条例进行支配。

4. 大学内的高等教育单位在支配本条第 1 款所述的资金时,应当以本单位的名义代表本单位,依照法律、大学章程和本单位的章程开展活动。

5. 大学内的高等教育单位可以分配本条第 1 款所述的部分资金,为大学联合职能的发挥提供资金保证。

6. 本条第 5 款所述资金应当在大学理事会决定的本学年规划活动和费用的基础上进行分配。

学费

第 61 条

1. 高等教育机构应当在减免学费金额的基础上收取学费。

2. 学费的标准应当根据高等教育机构的条例确定。

3. 在宣布择优录取新生前,高等教育机构应当确定下一学年所有学习课程的学费金额。

4. 学费水平决定一学年的学习费用,即获得 60 ECTS 学分的费用。

5. 学费应当包括高等教育机构在相关学习项目框架内为学生提供的常规服务。

6. 本条第 5 款所指的常规服务应当由大学或其他独立高等教育机构加以界定。

八、高等教育机构职员

教学和非教学人员

第 62 条

1. 高等教育机构教学人员应当包括教学、科学、研究和艺术工作人员。

2. 本法意义上的教学人员由教师、研究人员和其他员工组成。

3. 高等教育机构的非教学工作人员应包括从事专业、行政和技术工作的人员。

4. 涉嫌性侵、伪造高等教育机构公文或在高等教育机构履行职责时收受贿赂并被依法有效判决的人员,不得担任教师职位。

5. 如果本条第 4 款所指人员已获得职位,有关高等教育机构应停止其行使教师职责。

6. 本条第 5 款所指人员应依法终止其聘用关系。

师资队伍职称等级

第 63 条

1. 高等教育机构教师队伍职称等级为:讲师、职业教育教授、准副教授、副教授、教授。

2. 具有讲师或职业教育教授职称的教师只可以教授职业课程。

3.具有准副教授、副教授和教授职称的教师可以教授所有类型的课程。

4.独立高等教育机构按照一般条例可以根据该机构被认证的学习类型为其提供其他职称的教师(外语教师、技能教师等)。

选聘教师的条件

第 64 条

1.具有适当专业、学术或科学职称和教学能力者可以被选拔到教师岗位。

2.具有硕士学位或专业职称者可以当选为讲师。

3.具有博士学位(科学或艺术博士学位)者可以被选聘为职业教育教授。

4.具备第一层次的高等教育背景和被认可的艺术工作者也可以当选讲师或职业教育教授。

5.除了本条第 3 款所述条件外,科学或专业论文在科学杂志或文集中发表的可以被选聘为准副教授。

6.具有第一层次的高等教育背景和被认可的艺术工作者可以被选聘为艺术领域的讲师。

7.具有高等教育背景和被认可的艺术工作者也可以被选为艺术领域的讲师。

8.除了本条第 5 款所述条件外,在国际或国内核心期刊发表了对科学或艺术发展起重要推动作用的论文,该作者可以被选聘为副教授。具有原创的专业成就(项目、研究论文、专利、原创方法、新动物品种、植物品种等)或指导、参与科学项目者,在其选择的具体科学或艺术领域出版过教科书、专著、实验规程、解决问题的方案并且已经在国际或国内科学会议上宣读过多篇论文的教师,可以被选聘为副教授。

9.具有第一层次的高等教育背景的艺术家,具有独特艺术贡献的教师可以被选聘为副教授。

10.除本条第 7 款所述条件外,在国际或国内主要杂志上发表大量论文和评论,并对具体领域的科学思想起到推动作用;在国际或国内科学会议上提交大量科学论文和报告;出版教科书、专著或原创专业成就;在推动所在院系年轻研究人员发展方面卓有成效;或者参与了专业学习课程和学位项目的教师可以被选聘为教授。

11.具有突出文化艺术发展水平和第一层次的高等教育背景以及其作品具有独特的艺术贡献的教师可以被选聘为教授。

12.根据本法第 11 条第 1 款第(13)项所述的全国委员会的建议,选择教师职位的具体条件应当由高等教育机构的一般条例做出规定。

聘用合同和教师选聘

第 65 条

1.高等教育机构应在条例中规定具体学科领域招聘的岗位和职称要求。

2.大学应根据院、系或其他高等教育单位的建议,对所有教学岗位进行聘用和评审。职业技术学院应根据职业技术学院相应的高等教育单位的建议,选聘教师担任讲师或专业研究教授。

3.四年制大学应当对所有教学岗位进行选聘;四年制职业技术学院应当选聘讲师或专业性职业研究教授。

4.选聘为讲师、准副教授或副教授的教师应当取得职位并签订五年的劳动合同。

5.选聘为职业研究教授或正教授的教师应获得职位并签订无限期劳动合同。

6.选聘为教师岗位的教师由本条第1款所述高等教育机构的行政执行官与其签订劳动合同。

7.签订劳动合同和取得教师职位的方式和程序应由独立高等教育机构的一般条例做出规定。

8.在选聘教师时,高等教育机构应当考虑以下因素:科研成果的评价、研究或艺术作品的成就、参与教学方法的开发、开展高等教育机构的其他活动、教学工作的评估,以及培养青年科学或艺术的成效。

9.科学研究成果的评价应当依据本法第64条第11款的规定做出。

10.参与教学方法的开发和其他活动的结果评价,培养青年科学或艺术成效的评价应当由教师从事教学活动的高等教育单位进行。

11.在评估教学工作成效时,应根据独立高等教育机构的一般条例进行,应充分考虑学生的意见。

客座教授

第 66 条

1.高等教育机构可以聘请共和国境外的其他独立高等教育机构的教师为客座教授,无须公布职位空缺。

2.特殊情况下,如果需要教授艺术领域的科目,杰出的艺术家也可以被聘为客座教授。

3.被选聘担任本条第1款所述职位的人员的权利和义务,应按照相关高等教育机构的一般条例的规定,以及与用人单位签订的合同执行。

名誉教授

第 67 条

1.本法生效后,根据院、系或其他高等教育机构的建议,大学可以授予退休教授名誉教授的称号。如果教授在其科学或艺术工作方面表现出色,获得了国际声誉并取得了成就,可以在其当选的领域指导科学或艺术方面的青年教师。

2.名誉教授可以其所在具体领域的第二和第三层次的教育中开展各种形式的教学工作。

3.授予本条第1款所述的名誉和权利的程序与条件应当由大学的一般条例做出明确的规定。

4.被选聘为本条第 1 款所述职位的人员的权利和义务应当由其与用人单位签订的合同做出规定。荣誉教授的总人数不得超过大学教师总数的 3%。

外语教师和技能教师

第 68 条

1.除具有本法第 63 条第 1 款所述职位的人员外,已经接受第一层次高等教育的外语教师或技能教师也可以讲授外语或技能课。外语教师和技能教师必须在相关领域发表专业论文,并且具备教学技能。

2.高等教育机构的一般条例应当详细地规定外语教师和技能教师的选聘方式和聘任期限。

研究员

第 69 条

1.科研岗位的人员按照科学研究活动的相关法律约定的方式和程序选聘,选聘的科研人员依照法律和高等教育机构的一般条例规定,可以讲授博士项目的课程。

2.如果本条第 1 款所称科研人员与实施博士项目的高等教育机构未签订劳动合同,高等教育机构应当与其签订一定期限的教学服务合同。

副教授岗位

第 70 条

1.副教授岗位包括副教授和助理教授。

2.在外语教学项目中进行教学的副教授为讲师和高级讲师。

3.高等教育机构的一般条例应当规定本条第 2 款所述的副教授岗位的选聘条件。

4.高等教育机构的一般条例也可以设立副教授岗位。

副教授

第 71 条

1.完成硕士学位或专科学习第一层次的教育且在第一层次教育中课程总体平均分数在 8 分以上的人员,可以选聘为副教授。

2.根据高等教育机构一般条例,如果艺术等领域没有学位、学术课程的学习项目,则接受过第一层次的高等教育、总体平均分数在 8 分以上,并且应聘学科的课程成绩在 9 分以上的人员可以选聘为该领域的副教授。

3.选聘副教授职位的特殊条件应当由高等教育机构的一般条例做出规定。

4.本条第 1 款所述人员的劳动合同期限为一年。在学习项目实施期间,该劳动合同可以延长一年,但不得超过学习项目结束的学年末。

5.本条第2款所述人员的劳动合同期限为一年,但可以延长一年。

6.本条第4款和第5款所述合同应当由高等教育机构的行政执行官员签署。

助理教授

第 72 条

1.完成博士学习且在博士之前的教育层次中的课程总体平均分数达8分以上,并且具备教学技能的人员,可以选聘为高等教育机构的助理教授。

2.担任助理教授职位的具体条件应当由高等教育机构的一般条例做出规定。

3.特殊情况下,为了教授临床科目,高等教育机构可以选聘已完成适当医学专业教育的人员为助理教授。

4.如果拟聘领域或岗位不需要博士学位,具有艺术硕士学位并完成具有独立艺术创作意识的作品的人员,可以被选聘为特定艺术领域的助理教授。

5.如果拟聘领域或岗位不需要硕士学位或博士学位,完成了第一层次学术教育并且完成具有独立艺术创作意识的作品的人员,可以被选聘为特定艺术领域的助理教授。

6.助理教授的劳动合同期限为三年,可以延长三年。

7.本条第6款所述的合同应当由高等教育机构的行政执行官签署。

高等教育机构的聘用政策

第 73 条

1.高等教育机构应当在高质、合理、有效地组织教学的基础上,制定聘用政策。

2.教师和合作教师通常应根据高等教育机构的一般条例签订聘用合同。

3.教授临床科目的教师和合作教师应当为全职教师,其工作时间分为高等教育机构工作时间和相应卫生机构的工作时间。

4.本条第3款所述的教师和合作教师应具有高等教育机构的专职教师或专任合作教师的地位。

九、高等教育机构员工的权利和义务

员工的权利和义务

第 74 条

1.如果没有与本法相反的规定,管辖劳动关系的法律同样适用于管辖高等教育机构员工的权利与义务。

2.高等教育机构的行政执行官应确定高等教育机构员工的个人权利与义务。

3.高等教育机构的行政机关应当确定该机构的行政执行官的权利与义务。

第 75 条

1.教师和合作教师只有事先征得其就职的高等教育专业机构的同意，才可以和其他高等教育机构签订工作合同。

2.独立高等教育机构的一般条例应当规定其员工在其他高等教育机构登记应聘的条件和批准程序。

休假

第 76 条

在高等教育机构从事教学工作五年后，根据高等教育机构的章程，教师可以享受长达一学年的休假，以便参加专业、科学或艺术等方面的高级培训。

聘用期延长

第 77 条

教师和服完兵役的合作教师休产假、休事假照顾孩子或照顾有特殊需要的孩子或其他人病假超过六个月，其聘用合同应相应地延长。

教师聘用期满

第 78 条

1.教师在本学年年满 65 岁，服务期超过 15 年，在本学年结束时工作合同终止。

2.本条第 1 款所述的教师可以按照大学或其他独立高等教育机构章程规定的条件和方式，延长劳动合同至两个学年。

3.因退休而终止聘用合同的教师，保留其退休时的职称。

4.本条第 3 款所述的教师可以继续承担硕士和博士学位项目的培养任务。在学生准备和答辩论文或学位论文期间，该教师可以担任导师或答辩委员会成员，但时间不得超过两个学年。

5.根据相应专业机构的决定，本条第 3 款所述的教师可以从事硕士和博士课程各种形式的教学工作。在学生准备论文或博士论文及其答辩期间，该教师可以担任答辩委员会成员，但时间不得超过两个学年。

十、教学制度

学年

第 79 条

1.高等教育机构的学年通常从 10 月 1 日开始，在以后的十二个月内组织和实施教学活动。

2. 一学年可分为：

（1）两个学期，每个学期 15 周。

（2）三个学期，每个学期 10 周。

（3）总计为 30 周的教学时间，根据高等教育机构的一般条例设置个性化的学期。

3. 一般情况下，单个学科的教学应在一学期（二学期制）、一个学期（三学期制）或 30 周的教学时间内组织和实施，但不得超过两个学期（二学期制）或三个学期（三学期制）。

教学语言

第 80 条

1. 高等教育机构应当以塞尔维亚共和国语组织和实施教学。

2. 高等教育机构可以按照其章程规定使用少数民族语言或外语组织实施教学或某些教学，开展博士论文的组织、准备和答辩工作。

3. 高等教育机构可以使用少数民族语言或外语实施经过批准和认证的教学项目。

4. 对于残疾学生，高等教育机构可以用手语组织和实施学习项目或学习项目的某些部分。

教学活动的组织

第 81 条

1. 高等教育机构组织教学的方式和时间由高等教育机构的一般条例做出规定。

2. 除远程教育课程外，高等教育机构有义务为所有学生组织讲授和开展其他形式的教学活动。

3. 实施远程教育学习项目的具体条件和方式应由高等教育机构的一般条例做出规定。

4. 高等教育机构应当以适当的方式告知学生教学的方式、时间、地点、教学目标、方法和内容。高等教育机构还须告知学生考试的内容、方法，考试准则和标准、保证考试过程透明的方式、对考试结果分析的方法以及其他与学生利益相关的事项。

十一、学生

注册登记

第 82 条

1. 申请人可以按照本法规定的方式以及独立高等教育机构的一般条例参加高等教育机构组织的经批准或认证的学习项目。

2. 外国人可以按照与塞尔维亚共和国国民相同的条件参加本条第 1 款所述的学习项目。

3. 如果外国人懂得教学语言,则可以参加本条第 1 款所述的学习项目。

4. 参加测试本条第 3 款所述语言知识的条件、方式和程序应当由高等教育机构的一般条例做出规定。

5. 参加本条第 1 款所述学习项目的人员应当取得学生资格。

6. 学生可以注册为财政预算资助的学生或自费生。

择优录取

第 83 条

1. 独立高等教育机构应当公布择优录取原则(以下简称录取原则)。

2. 录取原则应包括某一学习项目的录取人数、录取条件、考生成绩排名以及录取程序,还应当包含评定等级排名的形式、对排名提出申诉的截止日期以及非财政预算资助学生的学费金额。

3. 录取不得晚于每学年开始前的五个月。

学生人数

第 84 条

1. 独立的高等教育机构应确定由其组织的学习项目的人数。学生人数不得超过办学许可证规定的人数。

2. 本条第 1 款所述的学生人数应当根据该机构的章程,由独立高等教育机构内高等教育单位确定。

3. 对于国立高等教育机构,政府应当决定由预算资助的学习项目的大一新生的录取人数。该决定应当在公布招收录取原则两个月前收到高等教育机构和全国委员会的意见后做出。

4. 根据高等教育机构的主管机关的决定,高等教育机构可以增加本条第 3 款所述的学生人数,但不超过上一年度学生人数的 20%。

评分和录取

第 85 条

1. 根据独立高等教育机构一般条例的规定,申请参加第一层次的高等教育的人员应当参加入学考试或学业能力考试。

2. 高等教育机构根据申请人的中等教育总体成绩、入学考试或学业能力测验结果,录取其进入第一层次的学习项目。

3. 具有普通中等教育证书的申请人无须参加入学考试。根据独立高等教育机构的一般条例,申请人具有中学毕业考试成绩,而不需要高考成绩。

4.高等教育机构可以指导持有职业或艺术中学修业证的申请人,参加普通中等教育毕业证书所要求科目的考试,而非高考。

5.独立的高等教育机构应当根据择优录取标准拟定申请人评分等级排名方法。

6.按照本条第5款所述的等级排名方法,在本法第84条所述学生人数中申请人根据其等级排名决定其是否享有进入第一层次学习的权利。

7.在其他独立高等教育机构注册接受第一层次教育的学生、已经接受第一层次教育的人员、依据本法学业身份终止的人员,可以按照相关高等教育机构一般条例规定的条件和方式注册参加第一层次的学习。

8.本条第7款所载权利应个人要求行使。

9.申请人可以按照一般独立高等教育机构公布的择优录取原则和一般条例规定的程序和形式注册参加第二和第三层次的学习。

学生的权利和义务

第86条

1.高等教育机构的学生应当享有本法规定的权利和义务。

2.学生的权利如下:

(1)入学接受优质教育。

(2)及时准确地获得相关学习信息。

(3)依法积极参与决策。

(4)自我组织和表达意见。

(5)享有学生应有的特权。

(6)所有学生享有平等的学习条件。

(7)依法利用少数民族语言接受教育。

(8)保持个性免受歧视。

(9)选举和被选举进入学生会和高等教育机构的其他机构。

3.学生应有的义务如下:

(1)遵守教导和考前义务。

(2)遵守该机构的一般条例。

(3)尊重高校教职工和其他学生的权利。

(4)依法参与决策。

4.如果高等教育机构违反了本条第2款第(1)至(3)项所列的某些义务,学生有权根据"高等教育机构章程"提出申诉。

学习规则

第87条

1.学生每学年都应当参加学习项目的课程学习。

2.学习项目应规定相关学习年度的必修科目。

3.由财政预算资助的学生应当尽可能多地选修科目以获得 60 ECTS 以上的学分。

4.自费学生应根据学习项目选择所需的科目,以至少获得 37 ECTS 学分。

5.自费学生应支付其修读科目的学费。

6.通过考试后,学生将根据学习项目获得一定的 ECTS 学分。

7.在下一学年开始之前未通过必修科目考试的学生可以再次参加同一科目的补考。

8.未通过选修科目考试的学生可以再次选修相同科目或选择另一选修科目。

9.学习项目可以让学生依据其先前通过学习项目的一门或多门科目的考试决定拟修读的科目。

10.详细的学习规则应当由高等教育机构的一般条例做出规定。

学生身份

第 88 条

1.已经被录取为财政预算资助的学生参加学习项目内的课程学习,如果一个学年内通过了课程考试获得 60 ECTS 学分,就有权获得下一学年的财政预算资助。

2.财政预算资助的学生一学年所获学分少于 60 ECTS 学分,该生将转为自费生,但可以继续学习。

3.自费生本学年获得 60 ECTS 学分,下一学年可以转为财政预算资助的学生。

4.按照高等教育机构一般条例所规定的方式和程序,如果学生的成绩排名进入财政预算资助的学生名单,则该学生可以行使本条第 3 款所述的权利。

5.预算资助的学生只能以该身份在同一层次的学习中注册参加一个获得批准或认证的学习项目。

成绩评定

第 89 条

1.在成绩评定过程中,教师应当持续考查学生对某一科目知识和技能的掌握情况,最终成绩应以分数表示出来。

2.学生完成规定的学业并通过考试,最多可以获得 100 分。

3.学习项目应当确定规定的学业所得分数和考试分数的比例。完成规定的学业所得的平时成绩不低于 30 分,最高可达 70 分。

4.考试成绩评定的等级应从 5 级(不及格)到 10 级(优秀)。

5.高等教育机构也可以通过确定本条第 4 款所述的成绩比例,采用其他非分数的成绩评定方式。

6.高等教育机构的一般条例应当详细规定参加考试及成绩评定的方式。

考试

第 90 条

1.考试应当综合的方式进行,可以采取口试、书面考试或以实际操作的方式进行。

2.考试应当在高等教育机构所在地和办学许可证规定的场所进行。

3.本条第 2 款的规定也适用于远程教育学习项目。

4.如果考生身体、心理条件所限,高等教育机构可以安排其在规定地点之外的场所参加考试。

5.学生在完成该科目的课程学习后应当及时参加考试。

6.考试时间为 1 月、4 月、6 月和 9 月。

7.特殊情况下,高等教育机构可以根据其一般条例的规定,确定艺术领域学科的考试时间。

8.如果本条第 5 款中提到的学生未通过考试,其有权在同一学年再参加两次考试。

9.在特殊情况下,如果学生从其注册学习项目的年度开始后只剩一次考试,该生有权在下一学年开始前的补考期间参加考试。

10.根据高等教育机构一般条例的规定,残疾学生有权按适合其能力的方式参加考试。

申诉

第 91 条

1.如果学生认为考试没有依照法律和该机构一般条例的规定进行,其有权在 36 小时内向高等教育机构的主管机关提出申诉。

2.该机构的主管机关在收到申诉后 24 小时内应当根据独立高等教育机构一般条例的规定,审议并做出决定。

3.如果学生的申诉获得批准,学生可以在收到本条第 2 款所述决定之日起 3 日内再次参加考试。

学生权利和义务的暂时搁置

第 92 条

1.应学生要求,其权利和义务可以暂时搁置,具体情况包括严重疾病、参加六个月以上的专业培训、为国家服务、照顾一岁以下的婴儿、产假等。在有关高等教育机构一般条例规定的其他情况下,该请求也应予以批准。

2.根据相关高等教育机构一般条例的规定,由于参加三个月以上的专业培训而不能参加考试的学生可以在下一个考试期间参加考试。

责任与纪律处罚

第 93 条

1.学生应当承担违反独立高等教育机构一般条例规定的责任。

2.高等教育机构可以开除严重违反纪律的学生。

3.发现和认定学生违反纪律规定超过三个月或最近一次违纪发生六个月以前的，不再给予纪律处分。

4.独立高等教育机构的一般条例应当界定轻微和严重违反纪律的行为、规定及进行纪律处分的机构和程序，以明确学生的责任。

学生身份的终止

第 94 条

1.在以下情况下学员不再具有学生身份：

(1)退学。

(2)完成学业。

(3)学年初未进行注册。

(4)学生在完成学习项目所需修业年限的最后期限届满前未能完成学业。

(5)被高等教育机构除名。

2.根据相关高等教育机构一般条例的规定，学生可以按要求延长学业的期限。

专业、学术和科学学衔

第 95 条

1.完成基础学术学业者可以取得其领域第一层次等级的职业学衔。

2.完成基础职业学习者可以取得其领域第一层次职业教育等级的职业学衔。

3.完成专业学术学习者可以取得其领域第二层次等级的专业学衔。

4.完成专职教育者可以取得其领域第二层次职业教育等级的专业学衔。

5.完成颁发文凭的学术项目者取得其领域第二层次学术等级的学术学衔。

6.完成博士学习或第三级教育的人员获得博士学衔或相关领域的哲学博士（理科或文科）学衔。

7.包含相关领域等级的目录、专业、学术和科学学衔的缩写应由全国委员会根据大学联合会或高等职业学院联合会的建议制定。

8.专业学衔的缩写应放在姓名之后，学术学衔的缩写应放在姓名之前。

9.在国际交流和颁发的英文文凭中，本条第 1 款所指人员应取得学士学衔；本条第 2 款所述人员应取得学士（应用）头衔；本条第 5 款所指人员应取得硕士学衔，本条第 6 款所述人员应取得博士学衔，或者文凭翻译的特定语言中的相应学衔。

十二、终身学习

第 96 条

1. 高等教育机构可以在其活动范围内,实施已获得办学许可的学习项目之外的终身学习项目。

2. 执行本条第 1 款所述方案的条件、方式和程序应由该机构的一般条例做出规定。

3. 完成本条第 1 款所述项目学习的人员应予以颁发证书。

4. 参加本条第 1 款所述项目学习的人员,不具有本法所规定的学生身份。

十三、公文档案记录

第 97 条

1. 高等教育机构应保存学生的档案、颁发的文凭和补充文凭材料的档案以及考试档案。

2. 本条第 1 款所述的档案应当用塞尔维亚语、西里尔语记录保留。在正式使用拉丁文字的市镇,档案也将使用该文字记录保管。拉丁文字应在西里尔语的文字下方。

3. 以少数民族语言开展教学活动时,本条第 1 款所述档案应以塞尔维亚语、西里尔文字和少数民族语言和文字记录保存。

4. 学生档案应按照永久档案对待并保存。

5. 教育部部长应规定保存档案的内容和方式。

档案记录数据的保管

第 98 条

1. 应适当收集、处理和保存本法第 97 条所述的档案记录,供高等教育机构开展教学活动或教育部履行法律规定的职能时使用。

2. 档案记录中包含的数据应当按照法律规定对学生的身份加以保护。

公共文件

第 99 条

1. 高等教育机构应根据档案记录资料签发公文。

2. 就本法而言,公文包括考试录取档案、获得高等教育文凭和补充文凭的证明。

3. 高等教育机构应当用塞尔维亚语、西里尔语签发公文。在正式使用拉丁文字的市镇,高等教育机构也应该使用该文字签发公文。拉丁文字应当安排在西里尔语的文本下方。

4.如果以少数民族语言或其他外语提供教学，公文应使用三种语言，以塞尔维亚语、西里尔语和教学使用的语言和文字签发。

5.应学生的要求，独立的高等教育机构可以颁发证书，以证明其完成的某些学习项目。公文应包含学习的层次、性质、详细内容以及取得的成绩。

6.本条第 2 款所述公文的内容由教育部部长做出规定。

7.文凭和补充文凭也可以用英语签发。

8.文凭应当加盖独立高等教育机构的钢印。

9.补充文凭必须与文凭一起签发。

10.补充文凭应附有文凭获得时实行的共和国高等教育体系的说明。

文凭和补充文凭

第 100 条

1.文凭和补充文凭应由以下人员签署：

（1）在大学中，由校长和相关学院或艺术学院的院长签署。

（2）在职业教育学院，由校长签署。

（3）在四年制大学或四年制职业教育学院，由校长签署。

2.实施联合文凭学习项目的高等教育机构的授权人员应签署联合文凭和补充文凭。

文凭和补充文凭被宣布无效

第 101 条

1.下列情况下应当宣布文凭或补充文凭无效：

（1）由未经授权的组织颁发。

（2）由未经授权的人员签字。

（3）文凭或补充文凭持有人未按照法律规定的程序和高等教育机构的学习项目履行其考试义务。

2.由于本条第 1 款、第 2 款和第 3 款所列的原因，高等教育机构应宣布文凭或补充文凭无效。

3.如果发现最终论文并非持证人独立完成，高等教育机构应当取消证明硕士学位的文凭。

4.如果发现博士论文不是持证人的原创科学或艺术成果，高等教育机构应当宣布证明博士学位的文凭无效。

5.根据本条第 1 款第（1）项列举的理由，教育部部长应当依据其职权宣布文凭或补充文凭无效。

新公文的签发

第 102 条

1. 根据高等教育机构保存的档案的记载，该机构宣布原公文无效而签发新公文后，应当在《塞尔维亚共和国官方公报》上发布。

2. 本条第 1 款所述的公文应视为原始公文。

3. 本条第 1 款所指的公文应当包含宣布原始公文无效后发布的新公文。

公文的补充和替换

第 103 条

1. 在本法第 97 条所述记录或档案被毁坏、丢失的情况下，合法持证人没有高等教育机构签发的公文时，可以向管辖或曾经管辖高等教育机构所在地的市法院提出请求，以获得其学历的证明文件。

2. 该请求应包括证据、有关人员已获得相应教育的证明，并证明档案已被毁坏或丢失。

3. 档案已被毁坏或失踪的证明，应当由其接受教育的高等教育机构或者其他接收档案的机构签发。如果上述机构缺失，则由教育部签发确认。

4. 市法院应当做出决定是否在法律程序中证明当事人所获得的教育。

5. 本条第 4 款所指的决定应代替高等教育机构出具的公文。

十四、外国高等教育文凭的认定及国外学习项目的评估

外国高等教育文凭的认定

第 104 条

1. 认定外国高等教育文凭可以保障持证人继续接受教育或寻找工作的权利。

2. 除非国际条约另有规定，认定程序应当按照本法的规定进行。

3. 高等教育系统内认定的程序，应当确立外国高等教育文凭持有人拥有继续接受高等教育或被录取进入高等教育某一层次学习的权利。

4. 为了就业目的开展的认定程序应当确定外国高等教育文凭持有人及其专业、学术或科学名称的类型和水平。

5. 本条第 3 款和第 4 款所述的认定应由独立的高等教育机构按照其一般条例规定的程序和方式进行。

6. 1992 年 4 月 27 日之前在南斯拉夫社会主义联邦共和国境内取得的文凭，无须进行认证。

7. 本条第 6 款所述的文凭与在共和国境内颁发的文凭具有相同的法律效力。

8.本条第 3 款和第 4 款所述的外国高等教育文凭的认定程序应当考虑外国高等教育文凭颁发国家的教育制度;同时考虑学习项目的入学条件、持证人在受教育国的权利以及与认定国外高等教育文凭有关的其他事项。

9.独立高等教育机构的主管机关应当做出本条第 3 款和第 4 款所述的请求认定的决定。

10.本条第 9 款所指的决定在行政程序中为最终决定。

国外学习项目的评估

第 105 条

1.按照本法第 104 条所述的认定程序,依据学员获取知识和技能的类型和水平,对外国学习项目进行评估。

2.外国学习项目如果获得了肯定性评估,评估结果对于相同学习项目未来所有的案例均有效。

3.独立高等教育专业机构根据实施有关学习项目的外国高等教育机构的数据,进行本条第 1 款所述的评估。教育部应当为其提供数据。

4.教育部在评估程序中向独立高等教育机构和教育系统提供数据,以便提高国内高等教育文凭在国外的认可度。

十五、管理监督

第 106 条

1.教育部对高等教育机构的工作进行行政监督。

2.督查员或其他授权人员(以下简称督查员)应当开展检查工作。

3.督查员的职责可以由法学院毕业生承担,督查员应当通过政府机关工作人员必须参加的专业考试并且具有三年以上的工作经验。

4.在执行督查任务时,督查员应当有权:

(1)宣布第一学年注册学生人数超过本法第 84 条规定的学生人数无效。

(2)宣布违反本法规定注册的学生无效。

(3)暂停法人实体实施违反本法规定的高等教育活动。

(4)采取法律或其他规定授权的其他措施。

十六、罚则

第 107 条

1.出现如下情况,高等教育机构将被处以 3 万至 50 万第纳尔的罚款:

(1)在其地址或设施以外开展应当在其地址和设施内开展的活动(第 32 条第 4 款、第 41 条第 11 款和第 13 款)。

（2）实施未列入其办学许可证的学习项目（第41条第11款和第12款）。

（3）违反本法规定改变其名称、地址和办学状态（第43条第1款）。

（4）超过本法规定收取学费（第61条）。

（5）单独向学生收取已经包含在学费中的服务费用（第61条第5款）。

（6）违反本法规定的条件或未经竞争性程序聘用教师（第63条至第66条）。

（7）未能安排讲座、授课和其他形式的教学活动（第81条第2款）。

（8）录取未参加择优录取程序或违反择优录取原则的申请人进入学习项目（第83条）。

（9）超过本法规定的录取学生人数（第84条）。

（10）未按照规定的方式或以不正规的方式保存档案记录，签发与教育部部长确定的内容（第97条第5款和第99条第6款）不相符的公文。

2. 高等教育机构负责人若有本条第1款所述违规行为，将被处以1万至3万第纳尔的罚款。

十七、伏伊伏丁纳自治省的职能

第108条

在伏伊伏丁那自治省境内，伏伊伏丁那自治省应当通过其机构履行本法第23条第1款第（4）项、第（7）项，第40条第1款，第41条第2款，第42条第9款，第43条第2款，第45条第2款，第52条第4款，第84条第3款，第101条第5款，第103条第3款，第105条第3款、第4款和第106条所述的职能。

2. 本条第1款所述职能应作为委托职能。

3. 伏伊伏丁那自治省的主管机构应与教育部合作履行本条第1款所述职能。

4. 对于本条第1款所述的政府的委托职能，根据法律，伏伊伏丁那自治省的主管机构、教育部拥有相应的权利和义务。

十八、科索沃和梅托希亚自治省境内的国立高等教育机构

第109条

根据本法，政府作为创建者对科索沃和梅托希亚自治省境内的国立高等教育机构拥有一切权利和义务。在根据联合国安理会第1244号决议设立的临时法律制度停止之前，政府应行使规定的权利和义务。

十九、过渡条款和最终条款

全国委员会

第110条

1. 国民议会应当在本法生效之日起六个月内选举全国委员会成员。

2.在全国委员会成员产生之前,根据《大学法》(《塞尔维亚共和国官方公报》,第21/02号)设立的共和国大学教育发展委员会将执行其任务。

3.在设立高等职业学院联合会之前,本法第10条第1款第(2)项提到的全国委员会成员候选人应由本法第112条所述机构提出建议。

4.本法第10条所称全国委员会成员候选人,应自本法施行之日起120日内由发起人提出候选人名单。

5.如果发起人未能提交本条第4款所述的名单,国民议会应根据国会主管委员会的提议,依据规定的学术学衔结构从中任命全国委员会成员。

6.全国委员会自本法生效之日起一年内制定本法第11条所述标准。

认证委员会

第 111 条

认证委员会颁发办学许可证程序的工作,依据本法第13条所述的委员会成立情况、由本法第110条第2款所述的全国委员会决定设立的高等教育认定委员会负责完成,但不得晚于本法生效日期后九个月。

高等职业学院联合会

第 112 条

在高等职业学院联合会筹备期间,由两年制大学校长组成的机构在取得书面决定启动工作和开展活动时,应在该大会职权范围内执行工作任务,直到本法生效为止。

科学领域

第 113 条

1.本法生效后九个月内,全国委员会应在本法第27条所列领域内编制教育科学、艺术及职业教育领域的目录。

2.在编制本条第1款所述目录期间,根据《大学法》(《塞尔维亚共和国官方公报》,第21/02号)高等教育机构章程所列的颁发证书的领域应当被视为合法领域。

其他规定

第 114 条

在本法生效后的六个月内,教育部部长应依照本法制定其他规定。

等级列表

第 115 条

本法第95条第7款所称等级列表,自本法施行之日起一年内编制。

认证和办学许可

第 116 条

1.在本法生效之前已经符合启动工作和开展活动条件的大学、院、系或艺术院校的办学许可证签发和认证的程序,最晚在认证委员会成立后三年内完成。

2.在本法生效之前已经符合启动工作和开展活动条件的大学、院、系或艺术院校,可以被认定为具有办学许可证,直到本条第1款所述的程序完成为止。

3.在本法生效之前已经符合启动工作和开展活动条件的院、系或艺术院校,可以被认定为具有办学许可证,可以发挥四年制学院的职能,直到本条第1款所指的程序完成为止。

4.本条所述高等教育机构开展的教学大纲和课程,在完成本条第1款所述程序之前,应视为已获批准或认证的学习项目的课程。

大学及其院、系

第 117 条

大学及院、系应在本法生效之日起两年内依照本法开展内部机构的设置,并制定一般条例。

第 118 条

1.本法生效之前成立的国立学院,在本法生效后90日内应保留法人实体的资格,除非其主管机构决定将该资格转移到大学。

2.从本条第1款所述的决定开始,在本法生效之日起一年内,大学应当启动内部重组,以使其内部机构设置符合本法;将其内部机构的地位确定为具有第34条所述法人实体资格的机构,并参照本法第47条第7款或在其内部设立高等教育单位,但不具备法律实体的资格。

3.本条第2款所述与重组有关的行为应当由大学委员会根据院、系或艺术院校教职员工委员会的决议通过。

4.大学内部机构和单位如不符合本法第47条第7款规定的条件,则在有关重组行为规定的时间或者在本法生效日期后两年内不再具有法人实体资格。

5.本条第2款所指的大学,由大学设立的院、系或其他高等教育单位应根据有关重组的行为拥有本条第4款所述机构和组织的权利和义务。

两年制大学

第 119 条

1.在本法生效之前已经符合启动工作和开展活动的条件并收到相关决定后,两年制大学可以继续运行,但在2006—2007学年后不再具有招收新生的资格。

2.本条第1款所述的两年制大学,必须在本法生效之日起一年内提交办学许可证申请。

3. 获得办学许可的两年制大学应当依照办学许可证继续承担高等教育机构的职能。

4. 未取得办学许可证的两年制大学应在办学许可申请被拒绝后两年内停止开展教学活动。

5. 本条第 3 款所称高等教育机构应当设立其行政和专业机构以及学生会，并应在收到办学许可证之日起三个月内依照本法选举行政执行官。

6. 在本条第 5 款所述机构设立前，本法生效前具有法律效力的条例适用。

高等教育机构的组织机构

第 120 条

1. 本法第 118 条所述的行政机关、专业机构和学生会的组成和大学或院、系行政执行官员的选举，从本法做出的大学重组决定之日起三个月内完成。

2. 行政机构、专业机构和行政执行机构成员根据本法的条例和确定的任期，在行政机构、专业机构和学生会组建完成和选举产生本条第 1 款所述的高等教育机构的执行官以后终止。

3. 高等教育机构的执行官员应指定一个委员会组织学生会的选举。委员会应在大学重组的决定通过之日起两个月内确定选举程序，并进行选举。

选聘岗位

第 121 条

本法生效前依照适用的法规对教师或合作教师进行选聘，应当自本法生效之日起六个月内依照原规定完成。

两年制大学教师及合作教师的身份

第 122 条

1. 除教授以外，根据本法生效之前适用的规定选聘的两年制大学教师及合作教师继续担任教师或合作教师，直至任期届满。

2. 两年制大学教授，如果按照本法规定满足选任岗位的条件，应当被视为具有职业教育教授的职位。

3. 两年制大学教授，如果按照本法规定不能满足选任岗位的条件，但本法生效时已经具备教学资格且服务 15 年以上，应当被视为具有职业教育教授的职位。

4. 两年制大学教授，如果按照本法规定不能满足选任岗位的条件，而且本法生效时按照其教学资格服务年限没有达到 15 年，应当被视为具有职业教育讲师的职位。

5. 本法生效前，根据当时的法律选聘为见习助理教授或助理教授的教师有权在相同岗位连任三年。

学生

第 123 条

1. 本法生效之前在读基础学习或两年制大学的学生，可以在规定期限最晚两年内按照以前的教学大纲、课程、条件和规定完成学业。

2. 本法生效前未取得办学许可证的两年制大学的学生，在政府拒绝给学院签发办学许可证之日起最晚两年内按照以前的教学大纲、课程、条件和规定完成学业。

3. 本法生效之前已录取攻读硕士学位的学生，可以在本法生效后五年内按照以前的教学大纲、课程、条件和规定完成学业。

4. 在本法生效前已录取攻读博士学位的学生或已经提交博士论文的博士生可以按照以前的教学大纲、课程、条件和规定完成学业或在本法生效后最晚五年内取得博士学位。

5. 本条第 1 款所指学生可以按照本法批准的学习项目，按照有关高等教育机构一般条例规定的程序，继续学习。

学业资助条款

第 124 条

本法生效后高等教育机构录取的学生和本法第 123 条第 5 款所述的学生，在学生资助方面，有权按照本法生效前适用的规定和条件完成学业，直至本法生效之日起两学年期满为止。

ECTS 学分

第 125 条

1. 在 ECTS 学分引入和申请程序中，高等教育机构应对考试成绩和学生工作量的其他相关指标进行监测；在掌握学习项目内容的效果方面，征求学生的意见。

2. 根据本条第 1 款所述的指标，高等教育机构可以调整具体科目的 ECTS 学分值。

公共文件

第 126 条

1. 高等教育机构应当在本法生效之日前，依照当时适用的规定向已获得或者有权获得文凭的学员颁发相应的文凭证明文件。文凭文件应当使用本法生效之前的格式。

2. 本法第 101～103 条的规定适用于本条第 1 款所述的文凭文件。

学术、专业或科学学衔

第 127 条

1. 根据本法生效前适用的规定获得或将获得的学术、专业或科学学衔（以下简称为

"学衔")的人员,有权继续使用。

2.本条第 1 款所指的人员可以申请授予其学衔的高等教育机构确认该学衔对应本法第 95 条所述的学衔。该学衔应当按照有关高等教育机构的一般条例规定的条件和程序,协调大学联合会或高等职业学院联合会确定的学衔标准,进行确认。

3.高等教育机构依照本条第 2 款所述程序确认相应学衔后,应当依照本法签发新的文凭。

4.本条第 3 款所指的文凭只有在以前颁发的文凭被宣布无效时才可以颁发。

5.如果本条第 2 款所述人员取得职称学衔的高等教育机构不复存在且没有合法继承机构,则由教育部指定高等教育机构受理其申请。

博士学位

第 128 条

依照本法生效前的规定获得硕士(理科)学位的人员,可以依据本法施行前适用的规定,通过博士论文答辩,可以取得博士学位。博士论文的辩护最迟应在本法生效之日起 7 年内完成。

启动程序

第 129 条

1.根据本法生效前适用的规定已经启动的外国学位或同等学力的认证程序,应在本法生效之日起六个月内按照先前的规定完成。

2.根据本法生效前适用的规定已经启动核查工作条件是否满足的程序,应在本法生效后六个月内按照原规定完成。

现行规定效力的终止

第 130 条

1.《两年制大学法》(《塞尔维亚共和国官方公报》,第 50/92,39/93,53/93,67/93,48/94 和 24/96 号)和《大学法》(《塞尔维亚共和国官方公报》,第 21/02 号)自本法生效之日起效力终止。《专业职称法》(《塞尔维亚共和国官方公报》,第 31/77 号和第 17/85 号)在本法第 115 条所述期满时失效。

2.根据本条第 1 款所述法律通过的条例也应在上述法律有效期结束后,在依照本法通过相应条例之前适用,除非这些条例违反本法的规定。

本法生效的时间

第 131 条

本法自《塞尔维亚共和国官方公报》发布之日起第八日生效。

塞尔维亚共和国教育发展战略(2010—2020年)

第一部分　战略的背景、设想和目标

一、战略的背景

本战略意在规划塞尔维亚共和国未来十年教育发展的目标、对象、方向、措施和机制;换言之,本战略致力于以我们认为最好的方式来规划教育系统的未来发展。两个世纪以前,塞尔维亚共和国的教育兴起于启蒙运动时期,该运动以科技进步和工业革命为主要形式。今天,塞尔维亚共和国的教育在科学、人文、社会及重大技术变革、经济全球化中都面临着诸多挑战。今天的塞尔维亚共和国已经拥有悠久的历史,国家和社会所处的环境与两百年前完全不同。塞尔维亚共和国目前的发展环境与建国时期相比发生了天翻地覆的变化。

在这个日新月异的世界,塞尔维亚共和国教育发展呈现出一些稳定的、独具特色的特点。第一,塞尔维亚共和国社会经济落后,因此,必须努力通过提升全民教育水平实现现代化。曾经有人指出,塞尔维亚共和国的家庭愿意付出一切让自己的子女接受教育,这往往是指在国外接受教育。显然,这对贫困家庭来说是一笔很大的支出。第二,教育在塞尔维亚共和国备受尊崇,教师很受尊重。教育投资比重很大。第三,塞尔维亚共和国政府一度非常明智地把青年人送往欧洲的顶尖大学学习,他们回国之后可以与其他年轻人分享个人所学。即使是在战争纷扰、穷困时期,教育部门依然践行着国家的教育使命。在思想意识形态和管理方面,塞尔维亚共和国已经努力地在全社会提升国民的教育意识和综合读写能力,这也体现了国家提高国民整体教育水平的决心。

塞尔维亚共和国曾经进行了 20 次左右的教育体制改革。但是,过去的改革比较片面,并没有把教育系统看作一个整体,甚至对改革没有长远的规划,也没有从总体上把握改革所带来的影响。过去的改革绝大多数都是"重组"教育系统的某个组成部分(教育计划、课程和教科书),总体上还是教育系统内部需求导向型的改革。过去的改革未曾以教育的使命及其外部职能为立足点;未从整体上考察教育系统;未把考察结果付诸实施,也未让公众特别是受教育影响最大的人群,参与教育发展战略的制订;未曾针对教育问题组织广泛而激烈的讨论;也未能让讨论起作用;没有真正地对社区开放教育系统,而实施教育的目的并非是满足特定人群的利益;未能培养出符合当代需求的人才,让他们拥有创造力,努力学习并学以致用。目前,塞尔维亚共和国的形势是教育系统不够开放,与其所处的环境不适应,并且受到商业利益的侵蚀,在某种程度上屈从于政治的影响。对教育系统进行表面性的调整，主要是为了兼顾各方利益关系，而没有考虑这种的做法所产生的长期影响。私立教育机构的设立，虽然对公众的宣传是通过加强竞争机制来提高教学质量的，但是，在许多情况下是出于利益考虑的，在教育质量上缺乏对公众及其他需求的考虑。教育系统存在着一对主要矛盾：一方面是短期经济效益，另一方面是教育的发展使命。这两方面的对立是教育进一步发展的最大阻碍。总之，当前塞尔维亚共和国教育系统的现状并不能令人满意。

随着塞尔维亚共和国在欧盟地位的上升，国家更加需要完善的、健全的和高质量的教育发展规划，因为这是塞尔维亚共和国朝着知识型社会迈进以及为人民提供良好就业机会的关键。否则，塞尔维亚共和国将一直处于欧盟边缘，竞争力低下，一些可创造更高价值的部门很难吸引投资，难以引进创造性人才，缺乏构建民主、平等社会的能力。这些情况亟须塞尔维亚共和国在欧洲教育领域内建立一个协调的教育系统。

当前的形势表明，塞尔维亚共和国的教育发展，需要全面考量所有领域，科学规划，需要以当前教育系统为基础，同时以塞尔维亚共和国社会未来发展需求为推动力。这就需要了解当代世界及其发展方向，切实规划塞尔维亚共和国理想的、可实现的未来，以实现该目标为导向，规划教育系统的发展。换言之，当下要尽可能地预见塞尔维亚共和国和教育系统的未来发展情况，从而可以真正实现塞尔维亚共和国的未来规划，因为只有在拥有知识、利用知识的基础上，才可以实现未来的目标。

《塞尔维亚共和国教育发展战略（2010—2020 年）》（以下简称《战略》）回答了以下问题：

1.到 2020 年及以后（这一时间范围被称为 2020＋），在基于一个理想的、可实现的未来状态下，塞尔维亚共和国教育系统可以或应该是什么状态，从而可以最大限度地满足塞尔维亚共和国人民生活和发展需求，并且，在相当长的时期内如何在正确的方向上持续发展？

2.采取什么样的战略政策、行动和措施，可以实现所规划的教育前景？

3.通过教育系统和其他国家系统（经济、文化、科学、技术发展、公共服务、管理系统等），应建立怎样的关系来实现规划目标，并最大限度地为社会发展做出贡献？

4.以何种方式，可以让塞尔维亚共和国的教育系统，特别是高等教育系统，在欧洲教育系统中变得更有竞争力，并且，如何在塞尔维亚共和国范围内、巴尔干半岛西部以及欧洲东南部能更吸引国际合作并且提供教育服务（特别是高等教育领域）？

《战略》应发挥两大主要作用：本战略是针对塞尔维亚共和国教育实施和发展而制定的关键性法律、法规及其他监管工具的综合框架（基础）；本战略使塞尔维亚共和国的教育系统到 2020 年之前，可以从当前的高效的、可接受的形式转化为理想的、可实现的状态。

《战略》应包括所有能够高效实施的行动计划的内容。

二、战略的设想

《战略》包括以下内容：

1.教育系统的使命，从外部世界的视角阐述了教育的目的，比如阐述了教育对经济、社会、科学技术、文化及社会其他方面整体发展需求所起的长期关键作用，以及教育激发对全体塞尔维亚共和国人民的创造力和工作潜力与生活质量所起的关键作用。

2.教育系统发展的前景，指出了从当前的教育系统状态出发，通过实施一系列措施，到2020年呈现理想的、可实现的状态。

3.教育系统在实现其前景过程中将面临关键性挑战，以及应对这些挑战的决策。

4.战略性政策、行动及措施，这些政策的实施会给教育系统带来必要的变革，并实现教育系统的战略前景（狭义上的战略）。

5.战略性关系，即教育系统与塞尔维亚共和国其他系统一同发展的战略性关系，从而坚定、有效地完成教育使命。

6.变革，教育系统范围内需要变革，但要保证稳定地发展，从而实现战略愿景。

《战略》的制定包括以下内容：

1.整体发展（系统发展）：对教育系统任何组成部分的分析和构想都要重视与教育系统中各组成部分的联系。教育是一个整体系统（从幼儿园到博士阶段的学习以及终身学习）；在教育系统中运用其他分析方法时须把这个系统看作一个整体，从而建立起连贯的教育发展战略，其中，每个部分都必须和谐统一。

2.开放系统：《战略》"面向世界"，教育系统被看作是开放的，并与大环境在整体上相互联系。教育系统的构想源自其在大环境中扮演的角色（肩负的使命）。

3.部门协调：从管理角度来看，除了教育部门之外，教育系统的发展还是塞尔维亚共和国其他几个部门关注的问题。这一发展方式源于前面提到的教育系统的开放性以及其重要的社会职能。

4.志存高远且脚踏实地：《战略》目标远大，但又十分务实。务实意味着从当前的形势出发，规划教育系统在2020年或之后，发展成理想的状态。

5.长期规划：尽管《战略》将2020年作为其目标实现的结点，但是《战略》对更长时期的发展也做出了构想，并确定了发展方向，这样，在2020年之后，《战略》不用做较大改动仍可持续地发挥作用并不断更新。

6.避免妥协：《战略》的制定在调和对立面的利益和观念时，面临着巨大的压力，这是可以预见的。但是，在制定《战略》的过程中容不得半点妥协，塞尔维亚共和国也在寻求进一步的解决办法。

7."未来驱动"下的发展：在《战略》的制定上，首先取决于未来教育系统的形式。其次，从这一角度出发，考量当前形势的特点（教育系统的内在和外在特点），然后根据这些特点，采取战略性政策、行动和措施以实现战略规划。塞尔维亚共和国的目标是实现由"未来驱动"而不是由"过去推动"的教育系统。

《战略》制定的基础：

1.塞尔维亚共和国的教育需求从以下角度出发：

（1）塞尔维亚共和国生产进一步发展，必须建立在知识、受教育人群的创业精神及自身的技术创新基础上，同时不能对环境、市场经济、国际贸易、技术和其他合作产生不利的影响。

（2）塞尔维亚共和国的国际地位和战略位置必须得以提升。首先要提高塞尔维亚共和国经济和招商引资及其他方面的竞争力；要通过长期不懈的努力保护文化遗产和维护民族尊严；要养成面对其他文化时包容合作的心态，还要加强文化对塞尔维亚共和国人民生活整体质量的影响。

（3）塞尔维亚共和国的经济、科学、文化、教育及其他社会活动，应与欧洲的整体发展方向一致，即在"欧洲2020"规划中，努力成为有竞争力的、成效卓著的一分子，在建设知识型经济的同时保护好环境。

（4）要与塞尔维亚共和国的民主、社会公正、立法、安全和发展的社会相适应。

2.塞尔维亚共和国的教育系统有义务对塞尔维亚共和国人民提供及时的、相适应的、有效的教育，并与可持续发展的方向保持一致，满足塞尔维亚共和国人民的终身教育需求。教育系统是发展的关键因素，因为受过良好教育的塞尔维亚共和国人民是合理应用自然和其他遗产的真正主人，也是开发新资源，特别是依靠科学进步开发的资源的主人。

3.人口减少的趋势表明塞尔维亚共和国未来的发展，不能依赖于人力资源（劳动年龄人口）数量的增长，而只能依靠人力资源创造力和生产效率的提高，这也是教育的任务所在。在未来，可预见到由于高质量劳动力人口从塞尔维亚共和国的迁出的现象或多或少仍会继续，同时也无法指望有同样数量的移民迁入塞尔维亚共和国，人力资源短缺现象将尤为严峻。

4.塞尔维亚共和国区域发展水平十分不均衡，经济领域技术落后，工人技术含量低，因此无法迅速有效地降低失业率。而只有通过生产技术现代化，通过产品创新而不是生产过程创新来实现，而是通过发展新兴制造业来实现。从长远来看，塞尔维亚共和国的这些问题是可以解决的。进一步促进经济和其他方面发展的初始条件是从根本上提高塞尔维亚共和国全民族的教育水平，从而实现可持续发展。

5.为了寻求最佳的教育系统发展战略，并能够符合上述目标，教育系统必须向塞尔维亚共和国其他系统开放。这意味着教育系统的发展战略需要立足于并关注其所处的大环境，而不是顺应其他系统的传统趋势。只有这样，教育系统的发展战略才能满足内在需求，而不是发挥其在外部的作用。

《战略》参照了塞尔维亚共和国教育系统的结构。塞尔维亚共和国教育系统由几个有明确使命的部分构成，例如，《战略》在整个教育系统和教育环境中存在的目的是什么。教育系统在整体上是非常庞大的、宽泛的和复杂的，因而很难进行分析，也很难综合制定做发展战略。为了更好地制定《战略》,我们首先将整个教育系统分割为几个有明确任务的部分。这些部分被称为战略的二级系统。二级系统的任务来源于教育系统整体的使命,相互统一,并对教育系统整体地发挥作用。

为了制定《战略》,教育系统被划分为以下二级教育系统:

1. 儿童早期教育和学前培养。

2. 初等教育。

3. 普通和艺术类中等教育。

4. 中等职业教育。

5. 本科和硕士学术研究。

6. 博士研究。

7. 职业研究。

8. 师范教育。

9. 成人教育。

前四个二级教育系统组成了大学前教育系统,之后的四个二级教育系统属于高等教育系统。成人教育与各等级教育均有联系。

大学前教育各系统在发展上均有共性。这些共性体现在《大学前教育发展通用框架》之中。同样,所有高等教育的各系统也有共性,并体现在《高等教育发展通用框架》之中。

由于教育资金是保障和规范教育发挥作用、得以发展的关键因素,所以教育资金问题成为一个独立的二级系统,并为其制定了专门的规划。

从《战略》的结构来看,教育系统被划分为十个部分,每个部分都制定了独立的规划,并且每个独立的规划都相互联系的,具有统一性。这种联系是在终身学习的概念基础上建立起来的,这也是制定《战略》的初衷。

因此,《战略》包括:两大联合框架(大学前和高等教育通用框架)、九大二级教育系统发展战略以及教育资金规划。这些综合性文件(报告)组成了完整的教育战略。

三、战略的目标

《战略》的任务是确保从开始实施战略规划内容到未来十年间实现教育的使命和目标,并与塞尔维亚共和国的教育发展新情况相适应。

教育系统是人民、社会乃至国家的环境和发展基础设施中最重要的部分,因为教育系统的整体功能决定了国家其他系统和资源的规模、质量和效益,决定了人民和社会生活的整体质量和发展潜力。因此,教育系统需要及时地、高质量地、高效地发挥作用,这也是《战略》制定和实施的原因。

在 21 世纪,塞尔维亚共和国教育系统的使命是为人民生活、社会进步及国家发展提供知识基础。

在完全了解这些情况的基础上,确立了教育长期发展目标,并与教育系统从整体到各部分相关联：一方面，教育在经济、文化、社会、政治、民主和国家其他方面的发展必须发挥重要作用，并提升塞尔维亚共和国在当今世界尤其是在欧盟地区的战略、合作、竞争的能力和地位；另一方面，塞尔维亚共和国当前的教育情况在许多方面都不尽如人意；因此，我们要：

1. 提升教育过程和教育的质量，从而最大限度地达到最高水平，该水平取决于教育科学知识水平和教育实践水平。

2. 提升塞尔维亚共和国各层次教育的覆盖率，从学前教育到终身学习。

3. 通过调整结构，协调教育系统，维持教育的关联性，特别是在全部或部分由公共资源提供资助方面，满足个人、经济、社会、文化、研究、教育、公共、行政和其他系统的发展需要。

4. 提高教育资源的利用效率，即以最低的延期率和辍学率，按时完成教育任务。

除此之外，对教育系统的每个部分，也额外提出了具体的发展目标和计划。以这些目标和计划为基础，明确了当前形势下的主要问题，以及塞尔维亚共和国面临的挑战。教育发展战略规划的内容是教育系统理想的、必要的和可达到的状态，并尽可能地在调整满足 2020 年塞尔维亚共和国的个人（塞尔维亚共和国的人民）、经济和其他系统的需求的同时，实现《战略》在未来相当长的时期（大约 50 年）内都可以服务于教育发展的目标。

为了实现教育发展目标，塞尔维亚共和国明确了教育系统中各个部分应采取的政策、行动和措施。

为了整体上提高教育系统质量，明确了以下战略目标：

1. 质量是各个层次教育的基本发展目标，包括从学前教育到博士阶段学习，以及成人教育和终身学习在内。其他任何目标的实现都不能以牺牲质量为代价。

2. 由于教师的质量是提高教育质量的关键，所以制定了教师教育特别规划，除了专业方面的发展以外，还应注意教师在教学、心理和方法等方面的教育。对教师的教育过程，要从教师入职，到资格证获取、更新、培训全过程奖励等方面，使教师行业专业化，并保持良好的声誉。

3. 定期、客观、公开透明地鉴定所有教育机构和课程的资格，并保证其质量。出台并实施适当的标准和内部质量保障体系。通过行政管理、市场和其他适当的机制发展高等教育，同时关注特殊高等教育对个人职业教育的重要性（如军队、警察等）。

4. 教育公共经费占国内生产总值（GDP）的比重要从目前的 4.5％增加到 2020 年的 6.0％，将主要用于确保和提高教育资源的质量，从而提高教育质量。

为了提高教育的覆盖率、相关性，明确了一系列 2020 年需达到的战略性目标，以下为目标实现程度的量化指标：

1. 对于 6 个月至 3 岁的儿童，增加了多样化的方案和服务，并且覆盖该年龄段儿童人数的 30％。所有 4 至 5.5 岁的儿童在学年内均可免费享用半天的高质量教育课程。对于 5.5 至 6.5 岁的儿童，实现了全日制和半日制的学前预备课程的全面覆盖。

2. 至少 98% 的法定学龄儿童不论其社会、经济、健康、地区、国籍、语言、种族、宗教和其他特征,都将在高质量的小学接受教育和培养,辍学率不高于 5%(93% 的入学儿童可完成小学阶段的学业)。

3. 至少有 95% 完成小学教育的儿童(占该年龄段人口数量的 88%)会进入中等教育学校学习。四年制职业学校将招收 39% 的学生,其他中等职业学校将招收 10% 的学生,同时,文法和艺术中学将招收 39% 的学生。

4. 四年制中等职业学校的学业完成率将至少达到入学率的 95%(达到同龄儿童的 37%),而文法学校(以下简称综合学校)(37% 的儿童)的人数与上述相同。我们需要尽快地进行必要的分析,以确定可行性和可能性,以便:①完成小学毕业后的中学教育;②2020 年以后,如果未完成小学教育,须强制接受中等学校教育,直至达到成熟年龄阶段。

5. 完成四年制职业教育的学生占比应达入学人数的 40%～50%(占学生人数的 15.0%～18.5%),完成综合学校学习的人数占比应达 95%(有 35% 的学生选择高等教育)。进入高等教育的学生总人数至少应占 50%,可能占同龄人群的 55%。

6. 入学学生的 70% 将按时毕业或延期一年完成高等教育(职业教育或本科教育),从而使在 2020 年之后受过高等教育的人在特定年龄组的比例至少达到 35%,最好能达到 38.5%。

7. 大学毕业生约有 50% 能继续深造达到硕士水平,至少有 10% 完成硕士学位的学生能继续接受博士学位教育。

8. 至少 60% 的博士生在规定时间内完成学业,每年每百万名公民中至少有 200 名博士生按时完成学业。至少有 10% 的博士项目研究与外国大学共享。

9. 至少 7% 的人口可接受某些成人教育和终身学习。

第二部分　大学前教育发展战略规划

一、大学前教育的通用发展框架

关于大学前教育(小学、普通中学和艺术中学教育以及中等职业教育)的部分战略及 2010 年国家教育委员会通过的战略文件《塞尔维亚共和国的教育》:如何才能取得更好的成果呢?与《小学、中学普通教育和艺术教育发展和质量提高指导(2010—2020年)》(以下简称《指导》)密切相关,本规划与《指导》的部分内容战略互补,形成了一个整体。

《指导》确定了大学前教育政策制定的一般指导方针,列出了现代世界(特别是欧盟)对发展该教育的建议,并具体阐述了确定该发展方向的专业性理由。对于与大学前教育相关的部分,《塞尔维亚共和国教育发展战略》进一步明确了规划中的发展方向。该部分确定了一套战略措施,以完成塞尔维亚共和国大学前教育的使命。这些战略措施将通过以《塞尔维亚共和国教育发展战略》为基础拟订的行动计划来实施。

《塞尔维亚共和国教育发展战略》中与中等职业教育相关的部分与《塞尔维亚共和国职业教育发展战略规划》密切相关(《塞尔维亚共和国政府公报》,第 1/07 号)。

《指导》与《塞尔维亚共和国职业教育发展战略规划》为大学前教育建立了整体性的通用框架。因此,大学前教育的第一部分将特别强调《塞尔维亚共和国教育发展战略》中对大学前教育发展战略特别重要内容,以及前文提到的战略文件中没有阐述的部分内容。

中小学教育体系将培养一种安全文化,提供躲避灾难、减少伤害所需的知识。

(一)教育机构的管理

1.教育机构的管理措施

学前教育机构和学校董事会包括地方政府代表、家长和教育机构的职员。这些管理机构长期存在于学前教育中,其工作受法律、法规的制约。为进一步发挥管理机构的职能,应采取以下措施:

(1)管理机构应去政治化。其中包括取消选拔管理机构成员的政治标准、消除对管理机构决策的政治压力,以及取消需征得政府人员同意才能执行已通过的决定的做法。

(2)加强管理机构在教育活动中的作用。这需要管理机构在以下几个方面发挥更重要的作用:制定和管控发展规划以及在学前和学校课程的执行过程,在学生成绩外部评价体系内分析学校成绩和学生成绩,并提出改进教育活动的建议。

(3)加强管理机构在建立教育机构与地方社区和家长之间关系方面的作用,这应是管理机构的一项基本职能,从而改善地方社区的儿童教育状况。

2.机构的管理(校长)

根据我们过去的经验和其他国家的经验,基于基础科学研究,校长在整个教育机构的治理以及在管理中都起着关键作用。其作用对于各机构的组织和运作、机构的整体质量、教学质量和学生成绩都至关重要。

塞尔维亚共和国现行的立法规定了校长作为教育机构负责人具有广泛的权力。然而,在实践中,在行使这一职权时,存在着大量偏离理论的情况。因此,有必要采取措施,改进管理制度,以实施《塞尔维亚共和国教育发展战略》所设想的战略措施。基本措施如下:

(1)校长选举的去政治化实践表明,政治(和政党)对校长的选拔和工作的影响巨大,这极大地影响了机构的管理质量。因为这种管理不符合职业标准和要求,故需要各政党与国家当局达成协议,校长的职能要去政治化。

(2)完善校长职能的相关法律法规:法律法规和附则必须明确校长的主要职能。这些改革需要强调校长作为教育机构教学负责人的作用;确保整个机构的运作;发扬该机构的特点;明确校长在制定和实施发展规划与学前和学校课程方面的作用;改进教师和教育工作者的专业发展制度,特别是改进教育机构内部的发展制度。鼓励学前教育机构的教师和教育工作者协同工作;与当地社区和家长建立合作关系,以提高教学和教育工作质量(特别是课外和校外活动,包括当地社区的学校的活动,防止不良行为产生),发挥学前机构的作用。

(3)校长职能的培训原则。法律规定需要为校长发挥作用建立专门的培训制度;在选拔校长时,依靠候选人在培训中的成绩和其以前的专业经验,建立一个校长持续培训制度。

(4)校长工作的评估制度。该制度应该是具体的,并以校长培训的成绩为基础;它应由该机构的成功和声誉决定;它应由学校外部评价所取得的成绩决定;它应由学生对校长工作表现的看法决定;评估应吸纳家长及其协会和当地社区的意见。

(二)机构的自主权

在某些条件下,学校自主权是在提高教育和培养质量方面发挥重要作用的因素之一。学校自主权包括几个基本方面:财政自主权、管理自主权和教学自主权。

与财政自主权有关的问题应在各级教育经费制度内得到解决,并在《塞尔维亚共和国教育发展战略》中单独体现出来。前文讨论了机构的治理和管理问题,这部分的重点是教学自主权问题,例如课程自主;学校发布的关于教育和培养的文件(学校发展计划、学校课程、年度课程);教学、学习的组织和质量;学校在职教师的培训以及学生的地位和权利。提高学校自主权的战略措施包括:

(1)学校自主权、教育标准和评估机制。《指导》中对自主权做出了明确定义。学校自主权与各教育标准相结合,充分体现了学校自主权的内涵。标准为学校的运行、教育体制的连贯性和教育机构使命的实现提供了条件,各种评价制度是衡量教育标准执行情况的手段。在这一框架内,法律需要为学校充分自主权的发挥创造条件,鼓励学校发挥主动性、创业精神和不断追求每个学校的特性和精神。

(2)高度的教学自主权。教学自主权包括:根据当地情况确定部分课程的权利;在实施强制性普通课程时最大限度地利用当地资源的权利;调整一部分学校日历以适应当地条件的权利(改变学校课程的实施动态,但要考虑实现年度工作计划,安排整体时间表,组织跨学科主题的相关课程);在制订发展计划和课程时应充分尊重当地的独特性,同时考虑当地人口的特点;根据需要在学校建立在职教师培训制度。

(3)自主权和问责制。学校拥有自主权也意味着学校必须有问责制。学校的问责制由外部评价体系进行审查,通过各种评价制度对教育标准执行情况进行审查。外部评价体系应主要以输出变量为基础,如学校作为机构的办学质量和学生在国家和国际评价体系中的学术成就等。

(4)自主权与学校运行的环境。自主权包括在学校和当地社区之间建立丰富的双向合作关系。其中涉及动员当地社会机构合作,以促进学校和地方社区的教育工作,利用现有的地方教育资源(物质、自然、文化、体制、人力),学校和地方社区联合开展活动,如文化、社会、环境、体育、人道主义、经济等活动(特别是在中等职业教育方面)。

(5)教师作为教学专家和学科专家的自主权。教师在教学过程中的自主权是学校自主权的组成部分。这种自主权的基础是教师的专业化,这在《塞尔维亚共和国教育发展战略》的第四部分——教师教育中做了界定。自主权是指教师作为专业人员独立设计教学过程的权利,并对学习结果负责。

(6)学生在学生会工作和决策中的自主权。

二、幼儿保育及学前教育

学前儿童保育和学前教育体系的任务是为儿童从出生到入学创造条件,支持他们全面发展,对其进行教育,培养儿童的社会适应能力,并根据家庭和儿童的需要为早期学习创造必要的条件。

学前儿童社会保育、学前培养教育体系(以下简称"ECCPUE")的主要职能是为高质量的生活创造条件,特别是(但不限于)在家庭外部环境中,根据每个儿童的需要,本着现代观念,为儿童的全面与和谐发展、教育和社会适应能力的形成创造条件,此外,这一体系还具有以下重要功能:

(1)创造最佳条件,使游戏和以学习为导向的游戏成为学前儿童最重要的发展活动,并为其他不同形式的儿童活动创造条件。

(2)儿童照料,关照儿童的健康和营养状况。

(3)根据儿童的喜好,为儿童开展不同的体育运动和艺术活动创造条件。

(4)实施全纳教育,防止出现贫困和社会排斥现象。

(5)为弱势儿童提供补偿。

(6)为义务教育提供平等的机会,并通过小学前预备教育进行准备。

(7)确保儿童安全,保护儿童免遭暴力、虐待和操纵。

(8)通过托管工作来帮助有工作的父母减轻负担。

(9)作为提高出生率的综合政策的一部分,为妇女就业和解放做出重要贡献。

(10)根据家庭的具体需要,向其提供各种形式的支持,以便为家庭和学前机构的充分合作创造条件。

(11)赋予家庭权利,从儿童出生起,为其在家庭环境中愉快地成长创造健康、安全和有利的条件,并积极参与家庭生活和发展的过程。

(12)对学龄前的正式和非正式学习形式进行评估,并由此开始终身教育。

一个多样化的学前机构、课程和服务体系应该成为实现这些复杂功能的工具。该体系的每个部门在实现这些功能方面都有特定的作用。

从该体系基本功能可以看出,教育部门是组织中的主要(主导)部门,但由于体系、功能繁多,需要部门间密切合作,特别是要与卫生和社会政策部门合作。这些部门在各自领域内要确定和实施适当的标准。有必要建立不同体系之间的职能协调机制,并明确其在国家层面的作用。

(一)教育体系发展前景

到 2020 年,将为学龄前儿童和学前培养和教育(从出生到小学)实行多样化的、完善的和高质量的社会保育制度。

根据塞尔维亚共和国和有关地方政府的能力,以及每个家庭和儿童的需要,将尽可能地将每个家庭和儿童纳入该体系中。

所有学前教育机构和学前教育培养方案应由国家采用透明和专门的认证程序进行认证。

1.学前儿童覆盖率

学前儿童社会保育、培养和教育体系的多样化形式将满足每个家庭和每个年龄在六个月至适龄儿童的需求:

(1)从4岁到学前义务教育项目(下称"PPP")的儿童总覆盖率增大了一倍。

(2)更公平的教育体系,将使所有儿童,特别是来自边缘群体的儿童(残疾和有特殊需要的儿童、有情绪问题或行为问题和学习困难的儿童、主要由于社会经济原因或不参加母语教育造成问题的儿童,特别是罗姆族儿童、贫困阶层的儿童、来自社会和低教育水平家庭的农村儿童)获得更多的入学机会。

(3)从4岁到学前义务教育阶段,塞尔维亚共和国和地方政府将保证每个儿童至少在一年内免费参与半日班(半天)项目,以促进和发展学前教育,并根据家庭和儿童的需要加以培养(每天大约4小时,每周5天)。

(4)义务学前教育项目将全面覆盖5.5至6.5岁的儿童。

2.质量

国家认证制度保证高质量的儿童学前教育:儿童所处环境的质量;设备、教学材料和玩具、课程的质量,以及整个学前教育机构和教育项目的质量(整体积极的氛围、有利于儿童的环境以及儿童权利问题的解决)、专业资格的质量和充足的、照顾儿童的工作人员。高质量的教育实践意味着教育计划、教育过程和游戏材料、针对儿童的工作方式(包括活动中心、自由游戏和以学习为导向的游戏),以及把握日常活动的节奏,促进儿童全面发展,培养他们的创造力、批判性思维、早期识字能力和社会适应能力,并为儿童成功地开始小学教育创造条件,为残疾儿童、有特殊需要的儿童以及其他需要在教育系统中得到额外支持的儿童提供全纳教育的条件。

3.效率

首先,通过提供多样化方案,即通过发展不同形式的托儿、学前教育项目(其中包括更便宜的替代方案和其他灵活的形式,而不仅仅是学前机构的工作),为没有上正规学前机构的儿童制订学前方案,以及通过调整现有的空间,根据家庭和儿童的需要提供临时的方案和服务,从而确保该体系的服务效率。

通过在国家和地方两级协调不同的部门(教育、卫生和社会政策)并明确这些部门需承担的费用来保障学前教育项目的服务效率。

定期(每三年一次)对学前儿童社会保育、培养和教育体系的成本进行分析,以确定资源是否得到合理使用,是否符合战略计划,以确保改进机构、方案和服务的质量和可行性。

4.相关事项

对儿童保育和教育的经济、社会和教育效果进行系统的分析和评估。这些分析依据儿童全面发展的指标,这些指标将在实施和监督《塞尔维亚共和国教育发展战略》的行动计划中详细界定,并对学前义务教育项目的影响进行了特别的分析,以确保所有小学入学儿童有一个更公平的受教育机会,降低小学辍学率,并提高小学成绩。

所有组织形式(学前机构、方案和服务)都向儿童及其家庭、地方和更广泛的社区开放;形成一种以儿童及其福利、发展、教育、社会适应能力和学习为主要内容的培养和教育理念,确保培养和教育过程中的相关参与者(父母或监护人、家庭、儿童、体系中雇用的专业人员和当地社区)之间不断交流信息并开展合作。

该体系的所有组织形式都应采用不同的办法,从而增加其灵活性,调整其服务规模、服务地点、持续时间、执行方式以及培养和教育的方案,以满足潜在用户的需求,特别是那些最需要被纳入体系的边缘化和弱势群体用户的需求。

除了适当地利用现有资源外,该体系还需要利用当地社区(教育、卫生、社会、文化)其他机构、设施和资源,为儿童和家庭实施特别或专门的方案。

法律和法律文书明确界定和分配了中央和地方政府机构的权限。

(二)学前培养与教育的现状

对当前情况的分析表明,缺乏统一儿童的教育和管理的统计数据;这些数据因来源和统计方法的不同而差别很大。

1.学前儿童覆盖率

目前的学前教育体系是由 159 个学前教育机构组成的,有 2 384 处设施,由地方政府和 60 个私营机构建立。这些设施的地理分布不均衡,农村地区学前教育机构与家庭之间的距离(根据多指标类集调查,下称"多指标类集调查 4")是城市地区的 2 倍(城市:1.1 公里;农村:2.2 公里)。许多贫困的城市没有财力发展学前教育机构。在许多城市中,交通基础设施无法提高学前教育机构的普及性。在国家和地方,建设新的学前教育机构以及改造其他可用空间的投资都不充足(贝尔格莱德和诺维萨德的情况稍好一些)。

其他的学前培养和教育的替代组织形式,以及主要由私人实体、非政府组织和其他机构实施的儿童特别方案,大多在较大的城市(如贝尔格莱德、诺维萨德、尼斯)设置,没有被纳入该体系中,因此教育体系统计的数据没有这些形式所涵盖的儿童的数据。在 2010 年,0~6 岁的儿童占塞尔维亚共和国人口总数的 7%。2009/2010 学年学龄前儿童(0.5~6 岁)在学前教育机构的覆盖率为 41.36%(塞尔维亚共和国统计局,下称"SORS")。根据 2009/2010 年的数据,儿童教育的覆盖率如下:3 岁以下儿童占 15%,3~4 岁儿童占 34.80%,4~5 岁儿童占 39.83%,而同一学年 5.5~6.5 岁(义务学前教育项目)儿童的覆盖率为 87.82%(SORS),根据教育和科学部(以下称"MOES")2010 年 11 月的数据,覆盖率为 96.07%。

根据 MDES 的数据,在 2009/2010 年,在 854 个教育群体中,3 456 名罗姆族儿童和 5 455 名其他少数民族儿童被纳入学前教育预备项目中。根据 SORS 统计,只有大约 4 000 名残疾和有特殊需要的儿童应被纳入学前教育和培养体系,而学前义务教育项目仅包括 964 名该类儿童。许多学龄前残疾和有特殊需要的儿童没有被纳入该体系中。

2010 年多指标类集调查 4 的数据显示,来自马哈拉和罗姆族贫民区的 5 岁以下儿童的覆盖率仍然极低,只有 8%(虽然与 2005 相比翻了一番),而罗姆族少数群体的儿童的学前义务教育项目的覆盖率也不足,为 78%。根据 SORS 2008 统计,3 至 5 岁农村儿童的覆盖率为 14%,贫困家庭的覆盖率为 7%,低教育水平家庭儿童的覆盖率为 16%。

关于儿童教育覆盖率的结论如下:

(1)教育覆盖率很低,没有满足儿童和家庭的需求。

(2)与欧盟国家和一些前南斯拉夫共和国相比,存在很大的差距。

(3)没有实现全面覆盖,甚至义务学前教育项目也没有实现。

(4)覆盖范围极不均衡,来自边缘化社会群体的儿童覆盖率最低,而促进他们的早期发展是十分关键的(因此,塞尔维亚共和国没有实现《全民教育全球方案》的第一个目标)。

2. 质量

学前机构的保育和教育工作由《学前教育的通用基础》进行明确。每个机构都设立自己的学前教育执行方案,其组成部分是学前预备方案,该项目是根据《学前教育的通用基础》的规则(《塞尔维亚共和国公报——教育公报》,第 14/06 号)实施的,2009 年,其义务教育期限从六个月延长到九个月。该项目在以塞尔维亚共和国语、少数民族语言(罗姆语除外)、双语(尽管需求更大)的形式实施,并在一些私人和非正式机构中以外语的形式实施,在学前教育机构和其他方案中,需要给罗姆族儿童提供教学支持。

《国家质量标准》和体系内质量监测和评估系统以及学前教育机构、培养和教育方案及服务的认证标准和程序正在制订中。学前教育机构的保育、培养和教育活动按既定的组织形式进行:全天(每天 8 至 12 小时,每周 5 天)、半天(每天 4 至 6 小时,每周 3 至 5 天)和一天以上(每周 5 天)。约一半(51%)的机构提供全天托管,有 76% 的儿童在学前教育机构中的时间超过 5 小时;少于 8 小时的教育项目机构通常不提供格外的教育项目("社区内"教育项目、旅行项目和团队项目、私营托儿所、父母和儿童联合项目、家庭内项目等)。

学龄前机构没有形成一种包容性的方式,也没有充分地考虑家庭的需要以及让家庭直接并积极地参与机构的工作,还没有向社区和各种不同的、潜在培养和教育参与者(志愿人员、当地社区、文化和体育机构的代表)开放。学前教育机构不寻求额外的资金支持,这使得它们能够通过开发新的课程和服务来扩大其服务范围。

同时,向家庭提供的商业服务包括其他组织形式的培养和教育工作,即所谓的替代方案和服务。学前教育机构是由私人和法律实体以及民间社会组织创立的,其中包括经过调整的外国方案和方法(针对儿童和家庭的沃尔多夫教学法、玛丽亚·蒙台梭利模式、瑞吉欧·埃米利亚方法等),但也包括当地为鼓励某些领域的儿童发展而制定的短期方案:促进身体健康、提高活力、语言能力和促进其他方面的发展。这些项目通过不同的组织实施:游戏室、讲习班、机构、儿童中心、咨询、外语学校等。这些没有被纳入体系中,其质量也没有受到教育和科学部的监管。替代方案的这种状况,即实践中所看到的质量差距以及缺乏质量监管机制等状况,既不符合儿童的最佳利益,也不符合整个社会的最佳利益。

学龄前机构中有 11 087 名教师(为 3～6.5 岁的儿童服务)和 3 314 名护工(为 0.5～3 岁的儿童服务)。雇员中有 95% 是女性,这意味着男性教育工作者和学前教育教师的代表性不足,男性的其他特征也体现得不充分。不过,这也是发达国家学前教育和儿童培养的典型状态。

3. 效率

许多组织(联合国教科文组织、联合国儿童基金会、世界银行、经济合作与发展组织)分析表明,对早期培养和教育的投资,可在以后的教育周期中节省大量的开支,并为个人的全面发展提供良好的开端。

关于大学前教育体系在我国的经济发展中的作用,目前还没有准确的数据。联合国儿童基金会对塞尔维亚共和国学前教育体系经济效益的分析(始于 2011 年,目前仍在进行中)的初步数据表明,有些地区的体制能力的利用率不足,而在其他地区,体制能力的利用率则高一些。例如,教育群体中的儿童的人数远远超过法定的教学要求(有些教育团体有 50 多名注册儿童,而只有 3 名教师)。这严重降低了保育、培养和教育的质量,同时降低了儿童的安全性并影响个人以及社会发展。

地方政府有义务处理学前培养和教育问题,然而却没有制定和实施学前儿童社会保育、培养和教育体系的政策和方案。地方政府对学前儿童社会保育、培养和教育体系的发展规划,既没有基于人口和经济数据以及经济盈利指标的战略考虑,也没有基于当前儿童和家庭的需求和权利的考虑。

4. 相关事项

可以说,现行体制(经认可的学前教育机构和项目)并不能满足所有学前儿童及其家庭的实际需要,因为社会弱势群体的儿童和家庭最需要接受教育。因此,现在的教育体系对实现儿童和家庭的权利(高质量的早期保育、培养和教育)、培养社会适应能力和融入社会的程度低于社会的需要。塞尔维亚共和国没有评估研究来说明学前儿童社会保育、培养和教育体系将产生什么影响,以及该体系将如何提高小学入学率,减少贫困,扩大社会包容性,增加妇女就业等。

(三)SWOT 分析结果

学前儿童社会保育、培养和教育体系的潜力如下：在塞尔维亚共和国，学前培养和教育有着悠久的历史，有良好的和高质量的实践经验以及专业能力，这为实现《塞尔维亚共和国教育发展战略》目标奠定了良好的基础；《教育基础法》以实现儿童权利为基础，使用现代的学前教育方法。义务学前教育项目提高了儿童教育总覆盖率，其资质水平、结构也符合欧洲的标准。

学前儿童社会保育、培养和教育体系的弱点：没有以高质量的大学前教育充分覆盖儿童人群，特别是农村地区和社会边缘群体的儿童；教育体系中机构的网络、地理分布、教育项目和服务的提供是不公平的；招生政策是在不适当的社会标准下制定的，即优先考虑有工作的父母的子女，而不是社会弱势群体的儿童；没有学前儿童社会保育、培养和教育体系覆盖的专门统计数据；该体系主要以常规方式组织（全天或半天课程），缺乏灵活性和备选方案；大学前教育体系的一般基础，包括义务学前教育项目，没有建立质量标准和监管机制；没有建立对儿童和家庭的培养、教育方案及服务进行认证的机构；相关部门及与学前儿童社会保育、培养和教育体系之间的合作也不充分。

学前儿童社会保育、培养和教育体系发展的机会包括：为私立学前机构、教育项目和服务提供立法，将其纳入教育体系，可扩大儿童教育的覆盖率，但需要使用教育方案和机构的认证制度；可更好地利用现有的大学前教育体系资源（人员配置、空间、财政），以实现教育方案和服务的多样化；目前地方自治政府的改革可以明确分配责任和权限，并建立国家预算供资机制（指用于大学前教育体系的拨款）。

学前儿童社会保育、培养和教育体系发展的风险：缺乏公众意识，决策者对幼儿的发展、儿童全面发展和国家长期发展的重要性缺乏认识；国家和地方缺乏财政资源（地方政府面临财政问题，这将限制投资）；地方政府在战略发展规划和利用其他资源方面（如欧盟资金）未能接受充分的培训，其问题主要在于国家和地方各级有关部门之间责任和财政资源的分配不均，以及在制定教育政策方面部门间合作不够。

(四)学前儿童社会保育、培养和教育体系发展战略

主要挑战和战略方向

学前儿童社会保育、培养和教育体系发展中的主要挑战包括学前培养和教育的儿童覆盖率不足，即该体系的能力不足，学前培养和教育方案和服务的多样化不足；儿童的覆盖面面临学龄前机构网络不够发达（特别是在塞尔维亚共和国中部）、地域分布不广泛的问题，特别是来自边缘社会群体的儿童（在塞尔维亚共和国中部）、农村地区儿童、贫困儿童、罗姆族儿童、残疾儿童和有特殊需要的儿童）覆盖面不足。《塞尔维亚共和国教育发展战略》必须侧重于向所有儿童提供高质量的学前教育，因为这对儿童的发展和整个社会的发展具有重要的意义（它对教育普及、提高教育完成率、增强社会包容性和促进经济增长有重要影响）。

(五)实现教育前景的战略方针、行动和措施

1. 总方针

到 2020 年,主要战略方针是完成多样化的学前儿童社会保育、培养和教育体系的准备工作,该体系将满足家庭和儿童的需要。未来的学前儿童社会保育、培养和教育体系将由各种形式的学前项目和服务组成。

国家教育体系包括学前机构、项目和服务,这些机构、项目和服务因其所履行的职能或可满足的需求而不同,也可因其具体目的、期限、实施地点和履行这些职能或满足社会需求的专业人员而异。就所有权而言,机构、项目和服务可以是公有、私有、混合所有、公司和民间部门等。为了实现这一战略目标,将采取以下措施:

学前儿童社会保育、培养和教育体系组成部分如下:

(1)为 0.5 至 3 岁儿童提供的托管和教育方案:半日制、全日制(这种形式采用的名称是托儿所)。

(2)为 3 至 5.5 岁儿童而设置的课程:半日及全日制课程,可在学前机构及医院推行(这种形式的名称是幼儿园)。

(3)儿童入学前一年必须接受义务学前教育项目:全日制和半日制均可(可在学前机构、学校和当地社区的其他相应场所进行)。

(4)学前机构外的半日制学前课程(通常每天 4 小时,可在学前机构、学校和当地社区的其他相应场所进行)。

(5)工作日幼儿园(每周 5 天)是为一些由于工作需要的儿童保育和教育的父母开办的。

(6)学前机构的专门或特别方案,在这些机构的正常工作时间之后,提供给没有参加学前机构或项目的当地社区儿童。

(7)家庭托管。

(8)旅行幼儿园。

(9)旅行幼儿园教师。

(10)鼓励某些类型发展的专门方案(视觉艺术和音乐、各种体育活动)。

(11)根据社会弱势群体的需要向儿童和家庭提供专门的支持方案(针对来自偏远地区、经济和社会贫困家庭的残疾儿童和有特殊需要的儿童、罗姆人)。

(12)为有发展问题、慢性病、残疾、营养不良、非典型性行为的儿童提供早期干预的方案。

(13)根据儿童、家长或机构的需要设置,成功地从家庭向学前机构或学前机构过渡到小学的方案。

(14)娱乐方案。

(15)游戏室。

(16)为儿童提供的各种讲习班。

（17）图书馆、游戏室。

（18）家长咨询服务或家长学校。

（19）为残疾或有特殊需求的儿童提供的发展咨询服务。

（20）设立移动团队帮助所有的家庭和孩子。

（21）为贫困家庭和孩子提供帮助。

（22）将根据家庭、地方社区和地方政府的需要创建其他的组织形式。

这些方案和服务的运行方式和标准由法律法规根据国家质量标准加以界定。

2. 学前机构

学前儿童社会保育、培养和教育体系主要是由学前机构组成的。就其性质而言，这种组织形式能够实现该体系中所有的职能，并提供综合服务。国家一级和地方政府一级的主要投资方向必须是扩大和优化机构网络（该要求在《国家儿童行动计划》《千年发展目标》《2010—2020 学前、小学、普通中等教育和艺术教育的发展方向指导》等战略文件中有明确规定）。必须扩大这些机构的网络，特别是不发达地区和农村地区。

除了加强优化学前机构网络，这些机构还必须进行内部改革：必须制定和出台包容性教育政策；组织具有灵活性；采用以儿童为中心的互动模式和积极的教育方法；努力落实儿童权利；向地方社区开放；为这些机构未涵盖的当地儿童制订教育方案；与当地社区的家长和其他伙伴建立广泛的合作关系。

此外，该体系将整合现有的儿童保育和教育的组织形式，无论其创建者是谁，只要之前曾获得认证并符合国家的质量标准，即可保留。

3. 国家和地方的能力

法律和法规明确规定了中央一级（国家）和地方政府一级机构在以下方面的责任：建立学前机构与建立教育方案和服务方面；资金方面（包括资本投资）；学前机构的管理方面；工作计划的审核方面；机构和方案的认证方面；学前机构的雇员工资方面；雇用和解雇职员方面。

4. 当地政府的学前儿童社会保育、培养和教育规划

每个地方政府都要确定其学前儿童社会保育、培养和教育体系的具体规划，以尽可能良好的方式使教育体系满足该地区内家庭和儿童的需要，并为该体系提供资金。地方制度要根据家庭、儿童和当地社区的需求而建立，并且地方要与所有相关的社会伙伴达成协议。

5. 基本战略措施

（1）提高学前儿童的覆盖率。

（2）确保体系的内部质量。

（3）提高该体系的效率。

（4）确保该体系的相关性。

详细阐述对机制和手段的监管、报告程序的方式,在《塞尔维亚共和国教育发展战略》的行动计划里对计划政策措施的效果做出评价。

6. 学前儿童的覆盖率

发展战略需实现两大目标:提高儿童覆盖率(取决于家庭和特定年龄儿童的需要)和提高教育体系的公平性(更多地覆盖边缘化和社会弱势群体以及欠发达地区的儿童)。扩大覆盖范围的计划将在实施《塞尔维亚共和国教育发展战略》的行动计划中确定,并符合欧盟 2020 战略和其他相关的国际和国内政策,同时充分考虑塞尔维亚共和国的各种情况。5.5~6.5 岁的儿童将通过全日和半日的义务学前教育项目得到全面覆盖。所有 4 至 5.5 岁的儿童都将获得免费的短期(半天)教育项目(在学年期间,每天大约 4 小时,每周 5 天)。6 个月至 3 岁的儿童及其家庭将有更多的机会参与各种项目和服务,这一年龄段的儿童覆盖率将达到 30%。实现这些目标的主要战略措施如下:

(1)建立新的学前机构,特别是在欠发达地区和农村地区,可通过以下方式实现:

①在国家一级获得指定用于欠发达地区和城市的资金(预算资金、优惠贷款、捐款)。

②通过地方政府和其他地方伙伴(公共和私人企业、捐款和赞助、提供非其他用途的设施或空间等)筹集资金。

(2)将当地社区没有使用的设施(未使用的学校、体育和文化设施、地方社区中心、公共和私人建筑中的区域等)利用起来,成为低成本的一个解决办法。这些适应性措施须由父母、地方社区和地方政府提出。

(3)根据当地的学前儿童社会保育、培养和教育体系,使学前机构、方案和服务多样化。多样化的制度可满足家庭和儿童的需要。

(4)扩大学前机构的活动,将没有参加学前机构的社区儿童也包括其中。

(5)改变学前机构的注册政策,使脱离社会团体的儿童也可以受到照顾,并保障他们自由生活的资金(资金将由地方政府提供)。

(6)在这些战略措施实施期间,地方政府(以及必要时在国家机构的支持下)应保证每个 4 至 5.5 岁的儿童有机会在学前机构内外免费参与高质量和经认可的半日课程。

(7)采取法律、监管和财政措施,全面覆盖义务学前教育预备项目。

7. 质量

如果在该领域建立国家质量体系,那么学前儿童社会保育、培养和教育体系的目标将得以实现。该教育体系的发展将采取下列措施:

(1)确定学前儿童社会保育、培养和教育体系的实施条件,其中包括:

①实施学前儿童社会保育、培养和教育体系方案中物理空间的质量标准。

②设备、教学材料和玩具的质量标准。

③确定保障健康、食品质量和儿童安全的条件(这些标准由相关部门确定)。

(2)制定培养和教育方案的质量标准,包括:

①制订适用于儿童发展特点的综合方案。

②教育方案实际上由教师或儿童发起,重点在于趣味性。

③在国家一级确定培养和教育的基础(框架方案);艺术学前教育的方案应纳入初级艺术教育课程,艺术领域与学前儿童的教育工作应由艺术学校及专业工作人员负责。

④为每个学前教育机构或每个本地学前教育方案制订运作计划,以彰显本地文化特色,并满足方案内涵盖的儿童需要。

⑤让家长和地方政府代表参与方案的设计和实施。

(3)职员的质量标准包括:

①确定从事儿童工作的教师和专业人员的专业能力标准(这些标准在《战略》关于各级教师教育一节中已做了界定)。

②确定特定年龄组教育群体规模的标准,以及儿童与教育工作人员之间的比例,特别是某些年龄组的比例。

(4)培养和教育过程的质量标准,包括:

①尊重儿童权利,尊重每个儿童的特点、个性以及儿童的文化特性和多样性。

②在所有学前儿童教育方案内营造积极的社会和心理氛围,促进儿童与教育机构员工之间的积极友好地互动,鼓励儿童更加独立,有助于建立儿童积极的自我形象和良好的环境。

③在开展教育活动方面与家长密切合作。

(5)把学前机构和教育方案作为整体来看待。决定机构和项目整体质量的参数有:机构和方案内活动的整体性组织以及各种活动的性质(趣味性、研究性、社会性、创造性、文化性、体育性、娱乐性、休闲性),这些活动使每个儿童尽可能地参与所有过程,并表达他们的喜好,展示他们的技能,体现积极的气氛、良好的社会关系、儿童的幸福感和满足感,让家庭参与机构和方案的规划,让地方政府代表参与机构的工作。

国家教育委员会根据有关国家专家和科学机构的建议,并经过与知名专家协商,确定并通过上述所有类别。在制定国家质量标准过程中,要求家长和专业教师协会参与其中。

建立学前机构和方案的国家认证制度,其基础是界定上述各类质量标准,认证制度包括准确和透明的认证程序和执行程序,负责认证的机构必须是自主的,认证制度包括学前机构方案的自我评估程序和家长参与认证过程的程序。

8.提高学前儿童社会保育、培养和教育体系的效率

学前儿童社会保育、培养和教育体系的效率具有特别重要的意义,这是因为其发展受国家的经济状况、公共预算资金的限制,在有限的财政情况下如何尽可能地覆盖大多数儿童至关重要。具体提高该体系效率的战略措施如下:

(1)在国家和地方政府之间合理分配责任(这一措施在《塞尔维亚共和国教育发展战略》涉及教育经费一节中做了界定)。

(2)确保来自公共来源(国家和地方政府机构)和私人来源(家长)的资金能够公平

参与。该教育体系的公平之处,是根据家庭的经济状况从公共资金中为其提供补贴,包括保障某些儿童(社会上被边缘化的群体)的学习生活。

(3)学前儿童社会保育、培养和教育体系准确地说应是免费的(例如,对所有家庭为4至5岁半的儿童提供半天的免费儿童教育),这取决于塞尔维亚共和国政府对国家在这一领域的最佳利益评估。

(4)逐步引进公立学前教育机构和项目,按人头进行资助(人均计算系统)并对该体系进行认真细致的试点。

(5)在质量保证的情况下使用成本较低的学前儿童社会保育、培养和教育体系形式(翻修现有设施,更灵活的替代方案和服务,利用当地可用的空间、财政、机构和人力资源),并在地方一级加强教育、卫生、社会政策和公用事业部门之间的协调合作。

9. 相关事项

学前儿童社会保育、培养和教育体系的相关性是由其复杂的职能造成的。由于没有对学前儿童社会保育、培养和教育体系的教学、社会和经济影响进行分析,因此有必要加强研究实践,包括:组织系统的科学研究和评估研究,从而根据数据以及建立的监管体系的国家指标做出决策。可进行的研究领域包括:学前培养和教育的整体影响,特别是义务学前教育项目,通过义务教育提高社会边缘群体儿童的覆盖率,降低小学儿童辍学率,提高学业完成率,促进全纳学前教育,推进边缘化群体儿童更高程度的社会融合,防止长期贫困,促进妇女就业等。为了成功地制定战略方针和措施,并监测其执行情况,以便进一步改进和发展该体系,有必要加强系统内的管理结构。

(六)大环境的必要改变

由于学前儿童社会保育、培养和教育体系的性质和特点,在更广泛的领域中实现其复杂的目标是至关重要的。因此将采取以下措施:

(1)实行地方政府权力下放和职能的改变(筹备工作正在进行中),尤其是在社会部门活动中的职能。

(2)通过明确的立法,以确定联邦当局和地方政府机构在资助学前儿童社会保育、培养和教育体系、教师地位、质量标准、学前机构和方案认证制度、雇员工资、雇用和解雇条件等方面的权限。

(3)改善公共行政的法律监管,以准确界定特定部门的权限和部门间的合作,从而完善学前儿童社会保育、培养和教育体系的功能。

(七)与其他体系的战略性联系

学前儿童社会保育、培养和教育体系的战略方针需要依靠与其他体系的合作。

部门间的协调与合作包括:

(1)在国家和地方两级建立机制,协调战略方针和措施的执行,从而充分发挥效力,特别是在收集有关儿童的数据和获取有效的教育统计数据方面发挥作用,以便能够根据数据对体系发展做出规划;优化机构、项目和服务网络;监测和评价工作效果,以实现公平的覆盖;根据儿童和家庭的需要,为儿童提供高质量和适当的教育。

(2)需要对保健系统和社会福利系统进行机构和方案的调整,以便在儿童保育和学前培养以及教育领域中采取跨学科的方法和实践。

(3)部门间必须通过建立国家和地方可持续性机制(例如部门间合作协定、机构和工作结构)来开展正式的合作,以便规划和制定社区的综合项目和服务,特别是在具体的方案和服务方面,其中还包括有关部门(有关机构和管理结构)的影响。

(4)在文化、艺术和体育方面寻找替代项目和进行调整是必要的,以便更大程度地支持儿童和大学前教育体系的早期发展。

(5)与警察系统、法院系统、检察机关和平等事务专员的合作目的是防止风险和创造安全的环境以及保护儿童免遭歧视和虐待。

(6)此外,在学前儿童中引入科学机制包括技术和工艺领域,以支持儿童的好奇心和探索自然现象及其周围世界的愿望,这也是非常重要的。

战略政策的公共传播与宣传

在为学龄前儿童实施多样化学前儿童社会保育、培养和教育体系发展战略时,需要媒体采取积极的态度并提供大力支持,一方面如实地介绍儿童的社会地位以及他们参与学前教育项目和服务的重要性,另一方面宣传现行政策,以及为儿童和家庭提供的项目和服务所依据的基本价值观和原则。

同时,在这一领域,有必要通过广播和电视节目进行报道。该教育体系必须制作针对儿童和家长、教师和其他教职员工的教育、研究、科学、文化、艺术的内容和节目,所有这些形式都需要符合《塞尔维亚共和国教育发展战略》。

此外,在减少歧视、促进和保障儿童、家庭在儿童保育、学前培养和教育的权利方面,需要得到社会各界的大力支持。

三、初等教育

初等教育的使命是成为整个教育体系的基础,并向所有公民提供高质的教育。

初等教育的职能是向学生提供现代生活所有领域至关重要的基本能力,帮助他们掌握建立民族和文化身份所需的功能性知识、技能、学习动机、观点和价值观,从而培养他们基本的文化需求,使他们能够继续接受教育,终身学习,并让他们在当代社会中成为积极有用的人才。

(一)初等教育发展前景

这一教育二级体系的主要指标有:儿童初等教育覆盖率;教育质量(条件质量、教学过程、教师情况、学生成绩和教学机构的质量);效率和相关性。

制定小学发展战略的依据包括:对 2020 年塞尔维亚共和国社会和经济发展的预

测、《塞尔维亚共和国 2020》和《欧洲 2020》文件;《2020 年塞尔维亚共和国教育发展方向指导》。

《千年发展目标》(下称 MDG)是一份适用于国际和国家发展的方案,其关注重点是小学入学率(通过三个指标进行监测:小学入学率、进入一年级和完成五年级的学生百分比以及 15 至 24 岁人群的识字率);《塞尔维亚共和国教育机构、人力资源和教育数据网络的分析》,将提供初等和中等教育机构和人力资源的相关数据,以及对教育统计数据状况的分析,这对确立塞尔维亚共和国教育起点至关重要。

2020 年,所有的法定学龄儿童(最低占该年龄人群的 98%),不论其社会经济、健康、地区、民族、语言、族裔、宗教和其他特征如何,都应接受高质量的初等教育和培养方案,辍学率不能高于 5%(该年龄段 93% 的人群须完成小学教育),不仅在国家一级,而且对于来自弱势群体(农村、罗姆族、赤贫和有学习与发展困难的儿童)各类儿童也应如此。

小学教育是促进儿童发展的良好阶段,在这一阶段中,学生可掌握小学所教授的所有领域的、高质量的知识和技能,尤其是关键能力,以便在之后的教育和日常生活中将这些知识联系起来并加以应用。

小学由于其综合性的结构和丰富的课内外活动(教育、科学、文化、体育、生态、技术和创业)特点,决定了其是具有鲜明特点的机构,小学代表了良好的学生教育模式。小学与当地社区和各有关机构开展系统和持续的合作之后,为学生提供了良好的知识基础,培养学生学习和从事脑力工作的能力,并为培养学生的文化素养和习惯打下了基础。

(二)初等教育体系现状

1.初等教育体系覆盖情况

虽然免费初等义务教育(以下简称"PS")已经实施了 50 多年,但仍有相当数量的公民没有完成小学教育(2002 人口普查结果显示,有 22% 的人未完成小学教育)。所有没有接受初等教育的儿童中:一个年龄段中约有 5% 的人未曾上过学(塞尔维亚共和国统计局统计数据显示,2009 年度的 PS 入学率为 95.2%;2010 年度多指标类调查结果显示,未曾上过学的占 94.9%),在性别上没有任何差别(塞尔维亚共和国统计局 2010 统计结果显示,性别均等指数为 1.01),但弱势群体之间有差异。在农村地区,小学辍学率高于平均水平,最令人关切的是,辍学率逐年上升:农村地区儿童入学的覆盖率从 2005 年的 81.15% 下降到 2009 年的 77.4%,2008 年的小学入学儿童人数比 2005 年少 1.8%(千年发展目标,2009)。

在弱势群体中,罗姆族儿童免费义务初等教育的入学率最低。我们没有关于罗姆人的准确数据,但据估计,罗姆族儿童的同龄人数约为 25 000 人,其中有 70% 的儿童入学(千年发展目标,2009),在 2002 年至 2007 年间,罗姆族儿童小学的入学率从 56% 增加到 73%(生活水平调查研究,下称"LSMS",2007)。根据 2010 年多指标类集调查,

78％来自不同地区的罗姆族儿童接受了免费义务教育,而在特殊学校入学的罗姆族儿童的人数从8％下降到6％(千年发展目标,2009),这表明正规学校体系对罗姆族儿童的覆盖率有所提高。

小学辍学率很高,但没有准确的数据。在国际报告中(千年发展目标、LEAKEN指标、EUO)中,五年级儿童入学率被视为一项指标。从全国平均水平来看,过去五年来这一情况有所改善,五年级的辍学率已从1.14％降至0.87％(千年发展目标,2009)。然而这一平均数掩盖了体系内部的不公正问题,在这一体系中,弱势群体儿童,主要是农村和罗姆族儿童的辍学率呈上升趋势,男孩和女孩之间存在差异(女孩入学率比男孩低1.2％)。2005年大约95％的城市儿童和92％的农村儿童上到了五年级(千年发展目标,2006);据统计,在2008年农村儿童的辍学率为14.25％,罗姆族儿童的辍学率为50％(千年发展目标,2009)。

小学教育完成率为95.2％(塞尔维亚共和国统计局,2009),然而计算这一数字所用的方式是:有多少儿童完成了八年级,而不是进入一年级的儿童中有多少人完成了免费义务教育(没有对年龄组进行监测)。农村地区儿童完成小学教育的比率要低得多(74.14％,2008),有一种趋势是男孩完成免费初等义务教育的人数较少,而完成免费初等义务教育的女孩数量在增加(千年发展目标,2009)。一项国际研究指出,男孩在教育方面的成绩有下降的趋势,教育层次上的性别结构差距越来越大。罗姆族儿童小学辍学率很高。隔离安置区罗姆族儿童的最新数据显示,78％的罗姆族儿童上了小学,只有34％的罗姆族儿童完成了小学教育(多指标类集调查,2010)。没有可靠的数据说明残疾儿童和有特殊需要的儿童免费初等义务教育的完成率,只有教育体系内(教育改进研究所)的儿童数据,但没有关于有多少儿童被排除在体系之外的数据。

欧洲文件强调,小学教育的儿童辍学率应低于10％,小学教育的总辍学率包括未入学、未上五年级和未完成小学教育的儿童,根据现有的报告和估计,这一比例在一个年龄组的10％～15％,同时弱势儿童的辍学率要高一些。这一数字应加在不上中学的儿童百分比中,即不继续接受教育的儿童的百分比,在过去几年中这一比例约为2％。事实上,弱势群体儿童入学准备不足是造成辍学率高的原因之一(见儿童保育和学前培养和教育部分)。这些儿童接受学前培养和教育方案的覆盖率很低(塞尔维亚共和国3岁儿童的覆盖率为34.80％,4岁儿童的覆盖率为39.83％,而塞尔维亚共和国中部地区的覆盖率为11％～25％,塞尔维亚共和国统计局,2010)。欧洲的目标是到2020年实现这一年龄组儿童95％的覆盖率。2009年10月义务学前教育项目总覆盖率是87.82％,且各地区差别很大,从55％到85％不等(塞尔维亚共和国统计局,2010)。

从南斯拉夫联盟共和国那里,塞尔维亚共和国继承了一个良好的小学教育网络,在塞尔维亚共和国,大约60％的城镇居民,每100名或100名以上的居民居住的地方就有一所学校。然而,学校网络尚未适应周围地区发生的诸多变化(人口、工业、经济和社会)。该网络的纠正机制不佳:小学儿童宿舍缺乏(即使在有理由设立这种永久或临时宿舍的地方也是如此);学生的交通没有得到充分管理,也没有制定机制或具体的支持措施,使弱势群体的儿童能够继续接受教育(奖学金、宿舍、旅费、确保在学校实践和工作的条件,例如乐器等)。由于需要提高教育的经济效益,因此塞尔维亚共和国进行了合理化改革,而不是优化学校网络。在过去几年中,教育和科学部内部在优化学校网络方面开展了不协调的活动,没有相关伙伴和地方社区的充分参与,也没有对这一任务进行事先准备。这一网络的合理化改革可能会对初等教育的公平性造成额外的威胁,并可能对已经表现不佳的教学效率产生不利的影响。

艺术教育是通过中小学艺术学校实施的。小学艺术教育包括音乐和芭蕾舞小学,并与普通免费义务教育小学相结合。塞尔维亚共和国有 37 所小学音乐教育学校,31 所小学和中学联合音乐学校,小学音乐学校涵盖学前音乐教育,3 所芭蕾舞学校提供中小学教育。小学音乐教育的总覆盖率为 2.7%,而欧洲平均水平为 10%~15%。塞尔维亚共和国约 50% 的城市没有艺术学校。

2. 质量

小学教育的质量受到学校工作条件的影响,包括环境(建筑物、空间和基础设施)和设备(办公设备、图书馆、教学资源、教学辅助工具、教学材料)。为了不影响学生的学习,学校的基本条件不得比学生在家里的条件(特别是基本的基础设施)差,设备应该与时俱进,并在教学过程中加以创新。即使在今天,特别是在农村地区,工作条件也不能令人满意了(例如,一半的学校没有公共下水道系统),塞尔维亚共和国只有三分之二的学校有图书馆,图书馆书目的数量又很少(平均每名学生 17 本书),很少有新的图书和其他必要的书籍(方法手册、教材、字典、百科全书、电子数据来源等)。由于远离城市中心的学校很少有图书馆(无论其设备和功能如何),这意味着在一些最需要额外的教育扶持的地方(社区的社会、文化和经济水平较低,家长的教育水平较低,更难接触到教育、文化和研究设施)难以找到图书馆。2008 年由电信和信息部发起的"数字学校"项目,使大约 95% 的学校(2 808 所)拥有了配备计算机的教室。然而许多学校,特别是欠发达地区的学校,仍然没有电脑或互联网连接,在儿童的家里也没有,特别是在农村地区。在农村地区,38% 的家庭拥有计算机和互联网连接——主要是那些月收入在600 欧元及以上的家庭(拥有计算机和互联网连接的比例为 87.1%),收入达 300 欧元的家庭这一比例约为 36.7%。城市和农村之间的差距很大,与 2010 年相比略有增加(塞尔维亚共和国统计局 2011 年数据显示,城市地区的计算机年增长率为 2.1%,而农村地区为 1.4%)。

选修课的课程内容广泛,但缺乏灵活性,在班级学生人数较多的学校以及合并班级中适用。选修课的理念没有得到很好的发展和贯彻,现行的课程无论是对学生还是对学校都是没有选择的。课程仍然以题目和内容清单的形式编写,科目之间几乎没有关联,这妨碍了内容的整合和教学;新内容长期受到限制,无法成为学校的科目。有些艺术学科(戏剧、芭蕾舞、电影、创意产业、设计、摄影)未被列入课程,既没有成为教学内容,也没有被作为学校的课外活动。

现代化的工作方法在学校中的使用率极低——讲课占主导，而很少注意引导学生采用主动学习、研究性学习、个性化学习和其他方法，这些方法允许学生更多地参与教学，发展他们的心智过程，激励他们学习，培训他们有效地应用知识，继续接受教育和就业。虽然这些教学方法是通过各种项目制定的，有些甚至得到国际认证，但很难将其纳入正规体系中，这可能是因为它们要求彻底改变教学、学习过程以及改变教师对学生的作用的理解。随着合理化改革的推进，班级数量减少了，而每班学生人数增加了，这对教学效率产生了负面影响（班级中太多的学生将阻碍实施现代教学方法和实施包容性的方法）。

提高教师素质是提高教育质量最有效的手段之一。不幸的是，尽管有适当的资格认证，但在现代学习、教学观念和实现既定目标和标准方面，教师的水平低是显而易见的。教学实践仍然以旧的教育理念为主导，教师的选拔是消极的，大学对未来教师的培训质量参差不齐，心理-教学-方法论培训不足，缺乏培训咨询和学校工作的培训；专业考试和获得教师资格证的考试在师范学校已重做安排，从而导致了合格的专家人数较少，评估未来教师心理和教学资格的水平较低。（见教师教育部分）

教师培训的概念存在问题，强调的是投入（记录研讨会的要点），而不是产出（有效的实践培训），教师专业发展的概念尚未形成。在专业术语方面，教师职业的定义不够明确，尤其是一些欧洲国家所拥有的职业，如戏剧教师、戏剧舞蹈教师、游戏和自由教师等。教师职业资格的规范还没有进行新的调整，也没有对教师的职业资格进行修订。教授某一特定科目的教师数量正在逐步增长（不同院系、其他机构和个人的需求也在增长）。虽然有工会和专业协会，但没有专业教师组织来研究更重要的专业问题，也没有与欧洲教师协会合作的组织。

许多分析表明，儿童在免费初等义务教育中获得知识和技能的水平不够，继续教育和日常生活所需的能力不足，学生学习和脑力劳动的积极性低。塞尔维亚共和国学生在国际评估中取得的结果表明，塞尔维亚共和国的教育质量低于国际平均水平，特别是在知识的实际应用方面。例如，在 TIMSS 2007，学生在自然科学领域的平均成绩是 470 分，在数学领域的平均成绩是 486 分，而国际上的平均成绩是 500 分。与 TIMSS 2003 的成绩相比，学生在自然科学和教学领域成绩有所下降。在 PISA 测试中的成绩低于 TIMSS 中的。PISA 测试检验的是学生对所学的知识和技能的实践能力。与经济合作与发展组织的 500 分平均分相比，塞尔维亚共和国学生的平均分数低 60 分。

对学生成绩的等级分析表明，极少数学生属于最高成绩类别（在两个最高类别中，阅读方面低于 1%，科学方面低于 1%，数学方面低于 3%），而极高比例的学生属于最低成绩类别（在三个领域最低的两个类别中约占 2/3）。约有 1/3 的学生在阅读领域有功能性障碍，这意味着塞尔维亚共和国 1/3 的学生在阅读复杂的文章方面有困难，这是他们继续接受教育的一个障碍。

在最近一次的国际学生评估项目测试中，塞尔维亚共和国的学生取得了比前一次更好的成绩，而且进步程度也高于其他国家。学生在这些国际考试中取得的成绩受几个因素的影响(例如,学生对这类考试的准备情况,考试与一些国家实施的教育方案基本一致,而不是与其他国家的方案一致,等等),因此,对结果的解释和得出可靠的结论需要根据具体的社会和文化背景对数据进行更深入的定性分析,尤其是当结论涉及国家的教育政策时。从这个意义上说,国际考试的成绩应被视为一国教育体制及其优缺点的重要成就指标,而不仅仅是与其他国家进行比较。

因此,学生在完成免费初等义务教育时没有培养关键的能力,这些能力对于继续教育和更好地指导他们的生活是十分必要的。除了实践性不足以外,数学、科学素养、艺术和文化素养也被小学教育完全忽视了(根据《初等教育法》第 4 条第 2 款,这是教育的目标之一)。小学生完成了免费义务初等教育,但他们还没有形成基本的文化需求和习惯,在当代社会中,他们的价值观不仅对生活,而且对每个公民的职业生活至关重要。

缺乏对儿童健康和运动发展的支持。尽管体育是旨在促进儿童身体发展的正常学校活动的一部分,但只有有能力的学生才能参加体育活动。只有私立学校为体育部门提供经费,许多学生无法获得体育教育,而学生们客观的需求却在增长。

对学校、教师和学生的评价方式不够完善,不够全面。该评价机制不能区分学校中那些工作认真、出色并取得成绩的教师,也不能区分那些只做好本职工作的教师。学生的成绩是没有区分度的并且是主观的(每班 2/3 的学生取得优异成绩的情况并不少见,小学学生的平均成绩在 4 分以上,而 3/4 的学生在小学结束时成绩优秀或良好),评价已降低为评估是否成功地再现了所教的内容。教育质量评价研究所制定了学校外部评价标准和工具,其中包括七个不同领域的标准。

近十年来,塞尔维亚共和国学校教材的质量有所提高,但在观念和结构上仍存在许多严重的问题。其中一个主要问题是目前评价教材所依据的标准不高。在这一领域,我们拥有丰富的、具有国际相关性的专业知识,但尚未将其纳入目前的解决方案之中。

品德教育是教育环节中不可分割的一部分。学校的教育功能贯穿于一切活动之中:通过具体活动和内容的教育方式到对其文化、风气和独特的身份认同。而在小学教育中忽视了学校的教育和社会适应能力。例如,教学以讲授为主,以理解教材为主要内容,成绩没有区分度,学习效果和可靠性低。学校注重狭隘的认知方面,而不是学生个性的全面发展,学生没有参与教学、学习过程,也没有把注意力放在整体的重要目标上。很显然,这种教育模式下的学生可能对知识掌握得很好,但依赖性很强,不能连贯和应用知识,与他人合作时,不具备团队合作、承担责任、做出决策、认识和解决问题的能力,而且对学习和从事脑力工作的积极性不高。学校没有特点,大量学校普遍存在气氛恶劣(教师之间、学生之间、学生与教师之间、教师与学校行政部门之间的人际关系往往很差),学校中存在暴力行为,道德标准下降(教师上课迟到、未能达到规定的课时数或减少相同的课时),众多学生缺课,学生对学校的归属感低。课外活动匮乏,一些学校几乎没有课外活动,也没有关于远足、户外课程或娱乐课程的活动。在很多情况下,教师的工作被简化为简单的教学;很少有补习班和辅导班,这迫使学生寻求私人辅导。学校往往实行两班制,没有足够的时间或空间在学校开展其他的活动,而且目前仍将学生人数较少的学校合并。当地社区很少举办文化和公开的学校活动(文艺晚会、音乐会、图书促销、展览、人道主义活动、志愿活动、环境保护等),而且过去很少有具有教育意义的学生的工作模式,例如各种儿童组织(童子军、徒步旅行者、儿童协会和其他组织)、各种俱乐部(如青年科技俱乐部)、各种社区服务活动、不同组织的部门活动(文化、体育、社会、人道主义、卫生、环境、技术等活动)。这些工作形式允许跨校合作,即与校外不同的伙伴合作,这些形式提供了发现和发展学生不同兴趣和能力的机会,组织儿童和青年的学术活动,营造有益的学习与活动时间。

学校采用包容性方式存在许多问题:地方政府很少参与小学儿童覆盖面广的规划和有特殊需要的儿童行动;学校明确内部制定包容性学校发展规划的能力低;尽管通过了《关于向教育、卫生和社会服务提供额外资助的规则手册》(《塞尔维亚共和国政府公报》,第63/10号);但以讲授为主的教学方式,无法给个性化的教学留出空间;外部、制度化和专业援助能力很差;父母不参与有关子女教育的决策过程;存在偏见,特别是对罗姆族儿童的偏见;一般教育人员对包容性知之甚少;缺乏关于残疾儿童和特殊需求儿童存在教育统计数据;在免费初等义务教育之后这些儿童存在继续教育问题;缺乏系统的预算编制,以消除学校建设和信息交流所需资源的问题;缺乏教学助理;不明智地应用个性化方法和调整教学未满足儿童的需要。

学校与家庭之间的合作并非建立在伙伴关系的基础上,而是以在出现问题时通知家长并与其沟通的旧方法为主导。学校基本上是孤立的(内向型的),没有与其他教育、文化和科学机构或当地社区建立合作。学校计划通常包括参观文化机构,但没有有计划、有组织地与这两个机构的工作计划所包含的既定方案、目标和工作方式进行结合。学校使用当地资源不以教育为目的,因此年轻人没有机会参与自己社区的生活,不能更好地了解自己的社区,作为公民参与并意识到自己的社会责任,培养加强各种能力,养成健康的生活方式。调查结果显示,地方自治政府没有认识到学校和文化机构之间合作的重要性。

学校管理对于实现其目标至关重要。不幸的是,对学校管理往往基于政治标准,而不是教育标准。校长仍然没有接受过现代教育管理方面的培训,也没有对教职员工在学校管理的效率方面进行问责。

3. 效率

一般来说,初等教育系统没有完成其主要任务,有两个关键指标可以证明:①小学教育对儿童的覆盖不全面和辍学率高——我们没有对塞尔维亚共和国的辍学率、学生最高水平、辍学率区域以及辍学的主要原因进行系统的研究;②初等教育的有效性低——知识和技能水平不够,继续教育和日常教育所需的能力不足,学生学习和脑力工作积极性低。

小学学生获得的知识和技能教育质量低也是我国经济发展中的一个问题(一个国家的教育成就与经济发展程度呈正相关)。

弱势群体的儿童没有接受平等教育的机会,被动的社会和经济因素导致了他们出现辍学的情况,这也进一步使得农村地区贫困程度加剧,地区差距扩大,以及社会排斥趋势加剧,这与欧洲的标准和趋势背道而驰。消除贫困和社会排斥是欧盟成员国的一项重要工作,也是《欧洲2020》的战略目标之一。在塞尔维亚共和国,针对弱势群体儿童的预防措施和资助机制还不足以使他们免于辍学。因此,初等教育在普及和公平方面存在问题,这是造成社会排斥的一个根源,而社会排斥又需要更高的社会福利支持,因为弱势群体成员的就业技能水平较低,无法照顾自己和家人。

低龄儿童的艺术教育制度不够有效。在不同形式的艺术教育方面,在培养未来艺术家和在青年中普及文化方面,儿童的覆盖面都不足。

初等教育作为整个教育的基石,其作用很明确,是整个体系的一部分,具有巨大的社会效益。鉴于这部分教育的相关性,希望塞尔维亚共和国在更广泛的意义上更具竞争力,显然必须采取一些严肃而非激进的行动,以改善初等教育。

(三)SWOT分析结果

初等教育的内部优势和潜力如下:法律和宪法保障人人享有免费义务初等教育的权利,这是提高全国公民受教育水平的必要前提;为落实这一宪法赋予的权利,我们建立了学校网络;作为为儿童进入小学做准备的措施之一,以及增加教育的覆盖面(特别是弱势群体儿童)和增强社会的包容性,塞尔维亚共和国实行了免费义务学前教育;小学教育体系中有足够数量的、具有相应教学资格的教师;塞尔维亚共和国拥有出版所有科目的教科书的基础设施;大多数学校都提供教学和心理服务,这是提高教学、学习质量的一个重要机制;正在逐渐制定和使用初级教育工作标准(包括教育机构的工作质量、学生成绩、教师的能力、教科书),尽管其中一些标准仍然需要改进;在过去十年中,为了改进免费义务初等教育,塞尔维亚共和国制订了各种教育方案(发起者是非政府组织、协会和某些国际组织),许多教师参加了这些培训项目;几乎所有学校都配备了信息技术教室。

令人遗憾的是,小学教育系统的薄弱环节仍有许多:初等教育儿童覆盖不全面,并非所有儿童都能步入小学,许多儿童在小学毕业前辍学,特别是弱势群体的学生(罗姆族儿童、农村儿童);学校网络在适应新出现的问题时,还存在合理化,而不是优化的情况;学校条件差,这在农村地区、小型学校和卫星学校中尤为突出;现代教学方法的代表性极低;教师没有受过运用现代学习、教学技术的培训,因而需要对他们进行培训;学生负担过重,学生毕业时所掌握的知识和技能水平尚不能令人完全满意;学校教科书质量不高;学校仅限于教学,课外活动很少;学校的教养功能被忽视;学校没有为学生的发展提供安全、高质量的环境;学校和教师的质量评估只是形式上的;学校的教育和教学监督和咨询工作需要改进;在实施包容性的做法过程中存在着许多问题;学校是孤立和封闭的。

以下机会能够支持发展初等教育的愿景:对未来十年经济发展的预测,其中将创新视为经济发展的核心;捐助资金和欧盟基金可使初等教育及其以后的变革成为可能;增加扶持教育的机制：企业责任可引入教育，成为补充和鼓励机制（例如，向居住在偏远地区的学生提供交通或交通补助和住宿；向优秀学生提供奖学金；给学生宿舍翻新和配备设备；资助学生参加非正规教育机构的培训，访问国内外的科学、文化和教育机构等）。税收政策可能影响对社会负有责任的企业的行为，并以此方式刺激有助于解决这一问题的国际项目方面的投资；使各政党认识到塞尔维亚共和国拥有良好和高质量教育的重要性，引发选择哪一种发展规划的辩论；调整文化和教育战略发展的时间，以便更好地协调和执行各项措施。在合作方面，塞尔维亚共和国有资格加入欧盟也是对其执行符合欧洲标准的一种肯定。

改善初等教育条件时受如下条件制约：国家普遍贫困，城乡之间的差距（贫困的严重程度和深度）加深，有子女的弱势家庭，国家负债，国内生产总值低和长期预算赤字；塞尔维亚共和国在教育、研究和发展教育方面的总投资低于欧盟的平均水平（占国内生产总值的 3.5%，而经合组织国家约为 6%），特别是与发达国家国内生产总值的数额相比很低（例如，法国拨款 1 000 亿法郎，而塞尔维亚共和国为 10 亿美元）；分配给教育的大部分资金都用于支付薪金；由于经常发生政治变化，教育方面的改革缺乏连续性；政治对教育及决策产生重大影响；从教育对社会发展的贡献来评价教育的方式不够；挑战可能的触发因素，但也能对教育体系的效率构成威胁，包括人均工资和教育权力下放；塞尔维亚共和国的教育政策不是以研究为基础的，教育研究也不是下一个阶段科学发展的首要任务（见塞尔维亚共和国 2010 至 2015 年《科学和技术发展战略》《塞尔维亚共和国政府公报》，第 13/10 号）；教育系统内各机构（教育和科学部及其学校管理部门、全国教育理事会、教育改进研究所、教育质量和评价研究所、处理教育问题的机构、大学、师范学校、职业协会）和个人之间缺乏相互联系，研究人员、行政人员、制定教育政策的人员和教师，即从业人员之间缺乏密切合作，而这是成功地发展教育和创造良好学习机会的关键因素。

（四）初等教育发展规划

主要挑战和方向

初等教育的发展愿景和当前形势有很大差距，有些问题是比较容易解决的，例如如何增大儿童教育的覆盖率和降低学生的辍学率，但在提高小学教育的效力，提高学生毕业时的知识水平、技术和能力的质量方面，则存在着更大的问题。即使我们对学生的成绩有良好和明确的标准，也仍然存在一些实质性的问题。首先，教师需要接受提高学生学习质量的培训（概念、方案、实践、工作介绍、持续培训），特别是以现代教学、学习理念的精神对教师进行培训（了解学习过程的性质、教师和学生的新角色，注重学习和真正学习的人，创造鼓励和促进学习的环境，选择高质量的教科书，与同事合作，监测和改进自己的教学过程）。

除了使教师工作专业化以外，还有必要为传授新知识和技能创造条件。创造条件要比单纯地给学校提供设备更重要。这不仅要求学校内部的变革，还需要更广泛的社会变革,其中包括通过制定工作标准,从教育的价值观和态度到实际工作过程和方法都要实现变革,这将支持我们对教师的创新培养。

(五)实现教育前景的战略政策、行动和措施

1. 初等教育全面覆盖儿童

就这方面而言,关键是增加来自农村地区的儿童、罗姆族儿童和残疾、有特殊需求的儿童的教育覆盖率,并降低他们的辍学率。例如,为保障小学的完成率,将采取以下必要措施:

(1)提高3岁和4岁儿童高质量学前教育的覆盖率,以及所有儿童义务学前教育的覆盖率,特别是对来自弱势群体家庭的儿童,因为入学准备对于他们来说至关重要。为实现这一目标,让学校和教师、农村地区学校和当地政府参与监管教育覆盖率,积极地解决儿童入学问题。在没有学前机构和实施学前项目的地方,可利用学校设施,还可以利用文化中心或其他当地机构,但前提是这些地方需要配备设施并适合该年龄组的儿童。

(2)在地方一级积极监管五年级学生的升学情况:让地方政府、区域学校管理部门和学校积极监管小学的入学情况、五年级升学情况,预防和解决辍学情况。

(3)利用教育统计数据监测不同年龄组学生人数,以便准确评估小学毕业率。

(4)发展学校网络的补救机制:安排儿童住宿,如为小学生提供永久或临时的宿舍,为来自偏远地区的儿童和从五年级起需要长途上学的贫困家庭提供或调整交通方式,或提供交通费用(支付或补贴机票),对远程学习进行立法管理,并对质量进行管理,特别是对住院就医的学生,在教育体系之外由于其他原因而难以正常上学的学生,给每个家庭接入互联网,这有利于普及高质量的教育。

(5)根据对免费义务初等教育辍学率的研究(不同类别儿童、地区、辍学的主要原因)收集的数据,采取具体政策、措施和行动,降低辍学率。

(6)免费义务初等教育网络的优化在很大程度上尊重了教育、文化,将以最经济和合理的形式保证所有类别人口的受教育权。由于小学形态的异质性,不可能在整个网络中采取统一的措施,因为特定类别的学校的问题也不相同。因此,必须根据当地的特点而不是全国平均水平采取措施,小规模的农村学校应尽可能地予以保留。这些学校的存在取决于所在社区的人口状况,但同时也对该地的人口状况会产生影响(如果一个地方没有学校,这个地区的人口状况将产生变化)。农村和欠发达地区扩大学校活动支持了这一观念,使这些学校成为多功能中心(除教育外,还承担许多其他职能,如文化、行政)促进了当地农村社区的发展。应只保留特定类别儿童必需的特殊学校(见"某些类别学生的教育"一节)。仍然开放的特殊学校应成为资源中心,在一个城市或地区的学校中为学校、教师和家庭在推行包容性方面提供帮助。关闭成人小学教育学校,并根据扩大学校活动的概念和功能性,将其改为普通小学。

(7)设立教育和科学部,监测和报告农村地区和弱势群体儿童的状况(覆盖率、辍学率、学业完成率和教育质量),编写有关情况和趋势的年度报告。在分析各项条件的基

础上，应系统开发必要的财力、物力和人力资源，为弱势群体儿童提供额外资助，从而提供平等地获得高质量初级教育的机会。

（8）通过编写一份单独的关于艺术教育的文件，对艺术教育进行系统的规范管理，这将为从学前到大学的艺术教育建立一个连贯而全面的体系。该文件将涉及所有相关问题，从建立艺术学校、人才认证体系，到扩大儿童和青少年艺术教育覆盖面的措施，以及为所有儿童，特别是农村和欠发达地区的儿童和弱势群体儿童提供获得艺术教育的措施。提高艺术教育的普及性，使该体系对所有有这种爱好的儿童更灵活地开放，这是一项旨在发展整体文化、培养学生的文化需求和文化习惯的行动。

2. 质量

提高质量是实现初等教育前景最困难的问题，也是一个关键问题，因为初等教育是继续教育的基础。

3. 总方针

要在引入人均资助时，建立保护学生人数少的学校的机制。为这些学校、农村学校和贫困城市学校的建立提供保护机制并为残疾儿童和特殊需求儿童提供资金，这是十分必要的。欧洲国家有多种不同的解决办法，但比例往往是1∶3或1∶4，例如，有残疾和特殊需要的儿童的时间、精力和资金投入是没有残疾和特殊需要儿童的3到4倍。首先，资金应该在一个测试样本上进行尝试，并且在核实之后，在整个体系中推行。体系中的四年制学校应免受人均资助机制的限制。

4. 教学与学习条件质量

学校的办学条件对学生成绩的质量从各种角度看都十分重要。对教师来说，这是学校成功的主要因素之一。改善的条件包括：

（1）提高小型农村学校和多年级班级的工作质量，这意味着改善教育条件（包括良好的基础设施、卫生标准和安全水平、工作设备、教学工具、辅助技术、互联网）；终止多年级同班的情况；根据具体情况进行规划和管理，为在特定条件下的工作制订方案；在师范学校的培训方案中更多地加入这些内容。

（2）确定学校场地和教学工具、艺术设施和计算机设备的标准，并确定管控实行这些标准的机制。这些标准应该为学校的工作、开展各种学校活动和实施不同的工作方法提供条件，这些都是完成初等教育任务所必需的。向偏远地区的学校提供信息和通信技术设施，使其可以接受远程教育课程，从而提高这些地区的教学质量。

（3）为了取得教学工作的最大成效，每所学校的每个教室学生人数应为22至25人。

5. 培养和教育计划和方案（课程）的质量

（1）学校有三种类型的文件：学校发展计划（包括下一阶段的首要任务）；四年学校方案（包括课程和课外活动的所有方面，以及与其他机构和当地社区的合作）；学校的年度工作计划（包括前面所述两份文件中一年的具体计划）。

（2）学校文件中各种复杂的学校活动必须具有整体性，其中包括：必修课程、课外课程、选修课和校外活动以及地方社区的学校活动，对学校工作的评价还必须包括课外活动方案。各种课外活动方案是跨学科的，包括在教师的工作时间和学生的工作量中，并根据学校工作方案获得资金支持。可以通过这些活动来实施部分教育方案，这些活动的方式方法各不相同，尽管是在学校完成的，但是对学生来说负担较小。在职教师培训必须包括课外活动培训。学生参加选修课和课外活动不应支付费用，避免给来自贫困社区的学生带来压力。

（3）修订教育方案，确保与时俱进，具有功能性、生活性和社会相关性。教育的主要成果是获得某些领域的基本知识，这意味着教育需要将人类知识的每一个重要领域的知识体系、方法和具体思维模式融入教育方案中。教育方案应包括从主要文化和科学领域一切重大成就中，选出有代表性的范例，而知识、技术和能力是必不可少的、不可忽视的，这反映了知识的基本结构和思维、行动的具体形式，以及每一个领域中某一级别或某种形式的教育方案所代表的价值观。这些作为知识的有机体系的一部分，可能是对我们每天面对的大量新信息和课程做出筛选和设计的、唯一有价值的知识框架。

（4）通过以下方式发展学校的教育职能：对学生的教育方式（方案的选择和质量、工作方法、教师的榜样作用）；为学生提供课外活动和自由活动，通过这些活动的实施建立价值观念和行为模式；在学校创造对学生产生显著影响的机会（如试验农场、讲习班、学生合作社）。学校通过其全部工作、组织和运作形式以及与其他机构、组织、家长和地方当局的合作，向学生发布教育信息。

（5）学校特别关注所有学生的身体素质，除了体育课以外，学校还根据所有学生的能力和喜好组织各种体育活动。学校自身或通过与其他机构和组织合作，组织倡导健康生活方式的活动。

（6）在学校实行一班制（只要情况允许），并在可利用的时间和空间内，为学生组织各种高质量的课外活动。只有这样广泛的学校活动才能实现学校的教育目的。此外，延长在校时间可以保障儿童的安全，并可预防产生不良的行为。在不可能实行一班制的情况下，将在当地社区的公共机构开展课外活动。

（7）每周为教师和学生提供不同的日程安排。教师和学生不仅在正常上课时间（如8～16课时）要留在学校，而且还应根据学校活动方案参加其他的活动。除了课堂和课外活动，学生还需要有时间向教师进行咨询，以及参加强制性体育和娱乐活动以及文化活动。

（8）每周学生必修课的时间不得超过25小时（低年级最多为20小时），以便有足够的时间参加其他形式的学校活动。学生的负担是由若干因素造成的（课程难度和复杂性、教师的工作方法、学校组织、工作条件等），但正规教学的课程数量是产生这一负担的重要因素。不同类型的活动（不同类型的课外活动）、不同的工作内容和方法，尽管需要投入时间，但并不让人感觉劳累，且有助于儿童的发展。

（9）根据需求和条件开设选修课，有助于实现学校的培养和教育目标，完成小学教育的使命。选修课由教师与专业工作人员、学校管理层共同完成,并在适当的情况下与当地社区的伙伴合作,与学生和家长协商进行。课程应是跨学科的,应超越学科的界限;课程应将各领域的知识和技能结合起来,发展普通文化,并与社会相联系,这将鼓励学生的积极性,引导学生的认知取向,从而实现教育效果。

(10)方案的灵活性:教师在选择部分教学内容(不超过总工作量的10%)时可根据其工作条件、学生的特点和当地环境的具体情况调整内容。教学过程的目标有助于实现某一学科的目标。除了在学校为教师提供自主权外,还需要为执行这一计划提供后续支持和帮助,并且有必要确定并核实学校教师所设想的课程是否充分和适当。

(11)学校工作计划还提供了积极的校外学习方案,该方案将根据预先确定的方案进行。

与全国各地的相关机构合作(可与农村和其他将旅游教育作为其课外活动的学校建立联系,或设置适合在课外开展积极学习的有关方案),每年至少进行一次。

6. 教学过程的质量

(1)学校允许教师使用各种以学生为主的教学方法(良好的教学风格、创造性的文化活动、学生独立工作、课堂项目、实验室和实地练习等)作为正常教学的一部分,学校图书馆和媒体图书馆被广泛用于学习和开展特定科目和媒体素养的相关活动。图书馆和图书馆员必须是资源中心,培训图书馆员利用不同的资源,可在教学和课外活动中帮助教师和学生。为了发展、创新、知识、创造力、灵活思维、多样性、包容性、开放思想、问题解决能力、将学校与现实生活中的知识和技能联系起来的能力以及与他人进行有效合作的能力,应该在其他学科中开展艺术教育。这将鼓励个人创新,鼓励他们形成开放和灵活的态度,发展社会的创造能力。多种多样的工作方法使教学更加个性化,满足各类学生的需要,无论是有天赋的学生,还是有特殊需要的学生。没有现代的工作方法,国家就不可能在智能、可持续和包容性发展方面进一步发展,不能形成当代社会生活所必需的能力,也不能培训出适应技术变革和新的工作组织形式的劳动力,从而不能为提高生产力、竞争力、经济增长和就业率做出贡献。

(2)利用信息和通信技术以及不同形式的在线学习(电子会议、主题博客、论坛、电子测试等)。在特定情况下,还应考虑该年龄段使用远程学习的可能性和条件。

(3)所有课程和课外活动都是进一步学习的关键,应设计并开展有意义的活动,以提高学生在阅读和识字方面的能力。

(4)根据有效的教科书质量标准(电子、音频和其他形式的教科书)对教科书和教学材料进行评估以确保质量。教科书的设置应根据特定的学科而有所不同。学校有自己的教科书基金,其中包括各种可供使用的教科书。

(5)在艺术大学发展和引进艺术科目新的教学方法以及培训艺术科目的小学教师是非常重要的,因为它为儿童的艺术倾向、获得对不同文化和文化表现形式的理解以及在个人和职业生活中的认识奠定了基础。

（6）学校包容性的配套机制：通过培训让教师进一步了解包容性方法；教育部、卫生部、社会事务部和公共行政部与地方政府合作，监管和改进包容性办法的执行情况，并向公众如实报告；从援助中心和流动小组的专业工作人员处获得系统的支持；在当地社区建立一个机构，以便通报和处理可能出现的问题；为活动做出规划并提供行政、财政和人力上的支持。

（7）对学校的教学和心理服务进行高质量的监管。专业服务是提高学校工作质量的重要环节，为所有的教育创新提供这一服务。学校只雇用一名心理学家或教师，因此他们需要在工作支持、工作质量保障和工作观念创新方面得到帮助。

（8）通过教师专业发展体系来提高教师的素质。教师教育部分对教师素质的所有相关问题进行了界定。

（9）利用信息通信技术和其他辅助技术（在残疾儿童和有特殊需要的儿童中）应用主动学习方法对教师进行培训，该培训是通过初始教育和教师培训系统进行的。在评估教师的表现时，要评估其在课程和课外活动中为实现学科目标而采用的各种教学方法。

7. 学生教育成果的质量

（1）引进评价新的教育成就和效果的方法：根据成绩评估学生；利用期末考试检查学生的成绩是否符合标准；完善考试制度，进一步参与国际教育成绩考试；分析所取得的成绩，从而采取行动改善教育过程；培训学校制订学校发展计划；系统地实施学校自我评估制度；对学校和教师进行评估时，必须区分哪些人认真、勤奋、良好，哪些人帮助学生取得了成绩，哪些人没有做到。

（2）学生的成绩取决于不同类型的考核，而非单一的测试。测试可以更客观地评估学生，但并不适用于所有情况，也不能说明学生所学到的全部知识，只说明他们在同一样本中学到了多少知识。评估必须符合科目的性质及其目标。

（3）制定各种课外活动和能力评估的具体方法是十分必要的。

（4）调整和提高学生个人学科成绩的现有质量标准。

（5）在小学教育结束时，会举行期末考试，其主要功能是衡量小学教育的效果，从而反思影响小学的教学的因素，推行"小会考"的方法，并使之与中学入学考试相联系。

8. 学校作为公共服务机构的职责

（1）学校的所有员工应与学生一起努力树立学校形象。学校的各种活动有助于树立学校在教育、文化、体育、科学、人道主义、环境和技术方面的形象。在学校开展的所有课程和课外活动中培养学生的沟通与合作、相互包容、开放、灵活、诚实、团结和集体意识，开展联合活动并为实现这些目标而努力。通过建立虚拟教育网络，如建立某一学校的教师和学生的社会网络，共享课程或课外活动，特别是共享社会活动。学生可以积极参与这些网络的维护和发展，从而进一步将自己与学校及其生活联系起来。通过开展网络内的文化活动，可能对学生会产生积极的影响；提高对什么是剽窃、什么是版权的认识。网络建设为在校学生创造了崭新的安全环境、教育环境和发展环境。学校给人的视觉形象将有助于树立学校独有的形象,从校舍的美学及功能设计(学生可以参与其中),到特定的学校空间(图书馆、大厅、走廊、入口集会厅、校园),都会影响学生的美学发展,并向学生发出思维开放性和灵活性的信息,即不要墨守成规,要从不同的角度看待事物。

(2)学校的外部评估。在学校工作的评估中,对教学附加价值的评估至关重要。如学校对学生的发展和教育做出的具体贡献(良好的家庭和社会环境或与导师合作的影响)。

(3)所有员工和学生都应该参与制定学校的内部行为准则。每个人遵守清晰明确的规则将提高学校的安全水平,并有助于促进师生之间有效的沟通,促进学生良好的相互关系。有支持、培养学生对学校产生归属感的一系列措施。学校在课余时间提供各种形式的学生活动(例如体育活动、休闲活动、校友会、校际节日、竞赛),以及朋辈间的交流活动。

(4)扩大小学与文化、教育、科学、体育、环境和其他机构和组织的合作(例如,儿童文化中心、各类组织、童子军、徒步旅行组织、剧院、音乐和芭蕾舞团体、小学音乐和芭蕾舞学校、科学节、残疾人组织,在地方、区域和国家各级开展活动的组织等)。把它们作为教育工作资源的各种机构,合作方案包括明确界定和阐述合作的目标、合作的形式和内容以及监测和评价合作质量和效果的模式。建立了实施合作的支持机制(例如对文化机构工作人员进行教育方案、规划和执行方案等内容进行培训)。这些合作方案是与学校职业指导和咨询进行联系的理想方案。

(5)学校与地方政府合作,所有学校的文化和公共活动都应符合当地的需求。这是一种双向合作:学校不是孤立运作的,而是在特定社会和文化环境中运作,并对环境产生影响的。反过来,地方政府应管理其所辖范围内的学校,它们的联系可提高工作质量,完善教育的长期规划,深化与当地经济、文化、科学、生态、体育、卫生的联系。

(6)学校的专业管理(见"大学前教育共同框架"):校长的选举应在学校进行;校长应由教学人员根据其提出的工作方案选出,该工作方案应在学校内部和外部进行核实,一旦通过审核,应由全体教职员工在计划期内执行。

校长由于所扮演的角色的复杂性,必须接受培训并为他们建立持续专业发展制度。他们的工作受到监管、衡量和评价。对校长的评价是对学校评价的具体组成部分。校长应该是教学领导,熟悉教学过程的性质和组织,因为考试结果体现了学校管理和学生成就之间的关系。

(7)校务委员会除了具有监督作用外,还应具有发展作用。促进学校的发展,协助提高学校的工作质量,建立学校的专业形象。学校委员会包括地方政府的代表,这也是发展和支持地方社区和学校之间合作的方式之一。

(8)在学校中引入了一个新概念——学校与家长(监护人)之间的伙伴关系。这种伙伴关系将通过父母或监护人参与学校生活、学校决策过程、确定符合家庭和学校具体要求的目标和做法，为学生创造最有利的学校文化和环境。家访是一项重要措施，目的是了解儿童的生活条件，加强家庭与学校之间的合作。

（9）小学生的职业指导和咨询方案包括专业和职业的初步信息，特别是在高年级，包括学生的个人发展：了解自己及其对自身发展的影响；认识到专业、人员和工作领域的固有特点，对所有任务和工作领域持积极的态度；树立积极的自我形象；培养对教育和职业道路做出决定的能力；寻找学习和就业机会，使用适当的术语，整理有关就业市场的信息；认识到工作不只是为了挣钱；规划和管理学生的职业生涯，如在完成小学学业后对就业机会采取的态度（见塞尔维亚共和国职业指导和咨询战略《塞尔维亚共和国政府公报》，第 16/10）。

（10）学校与地方社区、地方政府、教育部或其他伙伴需要每天为学生提供一顿饭。

（11）学校规定了接受物质支持（赞助、捐款等）的规则。教师、专业服务部门和学校领导应根据捐赠者对所投资金的用途和目的（如图书馆设备、阅览室、办公室、大楼维修等）的要求，决定如何分配获得的资金。班级、教师或学生不能被指定接受资助金。

（12）学校应为教育创新发展和引进创造条件。学校应参与各种项目，并能够开展小型研究活动，能够改进自己的实践活动。

9. 小学教育环境的必要变化

应通过负责教育管理和发展的机构来制定小学教育的政策，这些机构的代表应每三个月举行一次联席会议，在会上决定他们会对"小学教育战略"政策和措施的执行情况进行监管。

教育和科学应当是塞尔维亚共和国未来十年投资和发展的首要事项，国家的未来发展取决于下一个十年优先事项发展的有效性。

在教育和各部门合作方面（教育和文化、教育和科学、教育和金融、教育和社会保护等）开展长期研究。关于教育和各部门间合作的研究应当是塞尔维亚共和国社会研究领域科学发展的首要事项之一。研究结果应成为国家教育政策制定和发展的重要因素。非常需要国际社会，特别是区域合作项目的支持，并通过与各国际组织（联合国儿童基金会、欧洲安全与合作委员会、联合国开发计划署和其他组织）或大学和研究组织的合作，系统地向邻国及周边国家提供已开发的高质量教育项目。

要制定措施改变媒体对教育的态度，就应在国家电视上恢复教育节目；教育部必须关注媒体对教育的报道，因此，有必要在这方面加强工作，并在教育部任命一名受过专门教育的人，来负责有计划地、系统地报道教育情况，特别是负责危机管理（如受伤、事故、虐待和其他严重侵犯学校和教职人员的情况）的报道。有必要建立不同的机制来促进公众的教育发展。

（六）初等教育与其他体系的战略联系

应开展义务学前教育项目的教师与一年级教师之间的合作，为每个儿童的教育尽可能地创造良好的开端。

在小学升初中的期末考试与中等教育达成一致;统一小学和中学结束时使用的教育标准(螺旋式发展);保障从小学开始就进行持续的职业发展指导。

小学应成为师范学校学生的实习场所,其完成必修课后进行实习,准备并完成硕士论文和博士论文;应任命来自免费义务初等教育体系的杰出教师为师范学校的学生提供指导,这不仅能给他们带来经济上的好处,而且还能给他们带来其他方面的福利(例如重新分配工作时间,管理咨询和培训学校工作人员等)。

终身学习应该贯穿于所有教育体系中,并以基础设施和人员参与的形式实施成人教育项目。

为了开展教育活动,提高学生的学习兴趣和学习动机,有必要采用非正式的教育方法。其中活动包括与儿童和青年科学研究、文化、教育和体育组织建立联系和开展合作,制订联合方案;与各艺术中心、创意产业、保护文化遗产的机构、传统手工艺者开展合作,并参与其活动。

四、普通和艺术中等教育

塞尔维亚共和国普通和艺术中等教育(下称"GASE")的使命是培养学生的核心能力、认知能力和创造潜力,以及对知识的学习持积极态度,使学生能够独立工作,终身学习;例如,为提供良好教育,从教育的角度塑造和指导部分青年人,这将保持其文化、科学和智力发展方面的学术研究兴趣。

GASE 的宗旨是为学生继续接受高等教育做充分的准备,并为打造塞尔维亚共和国未来的知识和文化奠定基础,这将:

(1)是国家发展的主要因素。

(2)有利于保留和发展民族和文化特性。

(3)高效地沟通,与他人合作。

(4)有能力做出成就和创造价值。

(5)积极、负责任地参与公民生活。

(6)能够在科学、经济、技术、社会、体育等领域创造新的价值。

(7)能够创造新的艺术价值,由于具有创新精神,人们将知道如何体现价值,从而给个人和社会都带来福祉。

(一)普通和艺术中等教育的发展前景

这一教育二级体系的主要特征有:学生普通和艺术中等教育覆盖面;教育质量(条件质量、教学过程、教师、学生成绩和教学机构的质量);效率以及和普通教育、艺术中等教育的相关性。

制定 GASE 发展战略的基础是塞尔维亚共和国综合学校协会提出的《塞尔维亚共和国学校改革草案》中的观念,并在《2020 塞尔维亚共和国小学、中学和艺术教育发展指导》以及《2020 年度塞尔维亚共和国社会和经济情况预测》中做了进一步阐释。

2020 年以后,在塞尔维亚共和国,作为向儿童开放普通教育的机构,综合学校和中学艺术学校将非常重要,至少要录取 39％的小学毕业生。综合学校和中等艺术学校向学生提供有用的知识和高质量的技能,提高学生文化(语言、实用性知识、数学、计算机、科学、社会、艺术和环境)和一般知识的水平,努力提高其水平为高等教育打下良好的基础。

综合学校和中等艺术学校是具有明确特征、丰富的课程和课外活动内容的机构,它们与当地社区以及不同的教育、文化、科学、体育和社会相关组织和机构开展有计划和持续性的合作。综合和中等艺术学校的教育质量应达到能够为塞尔维亚共和国培养未来的文化精英的水平,这些精英将成为国家长期发展的主力军,创造新的精神和物质财富,并以合乎道德的方式和本着可持续发展的精神,为维护和发展塞尔维亚共和国的民族和文化特性做出贡献,同时尊重他人、尊重差异,并进行高效的沟通交流。

(二)普通和艺术中等教育体系的现状

当前体系的主要特征:

普通和艺术中等教育学校同属于一个二级体系,因为这些学校是具有相同使命的教育体系的一部分,旨在为国家培养未来的精英。虽然普通和艺术中等教育学校同属于一个二级体系,但它有许多特殊性,因此将在单独的文件中对其进行界定,并详细分析从学前教育到大学一级连贯而全面的艺术教育体系的现状和发展。

普通和艺术中等教育学生覆盖率:

近年来,中学的入学率一直在上升(从 2005 年的 76.40％上升到 2008 年的 81.58％),但只有四分之一的学生进入综合学校和中等艺术学校。2010 年的覆盖率为 25.38％。与其他欧洲国家相比,塞尔维亚共和国的综合学校教育所占的比例要小得多(捷克共和国的比例较低,2006 年教育和科学部数据显示为 21％)。近年来,学生的结构也存在许多问题,其中最有代表性的是优秀的学生不去综合学校。由于某些职业学校的入学分数比综合学校的分数要高,因此,成绩较差的学生未能进入他们的目标职业学校,而选择了以科学为中心的综合学校,因为综合学校的压力较小。覆盖率和学生择校方式问题,被认为是实现《塞尔维亚共和国 2020＋》文件中实现高等教育的战略目标所面临的严峻问题。用普通毕业考试作为入学的条件将进一步加剧该问题的严峻程度。

目前,塞尔维亚共和国总共有 121 所综合学校(10 所为私立学校),31 所音乐中学(也是小学),3 所芭蕾舞学校,9 所教授视觉艺术、设计和艺术工艺的中等艺术学校。从其整体能力来看,这些学校网络很发达,但该体系并不公平,而且这些机构的地理分布不能为来自所有城市的年轻人提供平等的入学机会。欠发达地区的较小城市的综合学校通常只有一个方向,学生没有更多的选择机会。

来自弱势群体的儿童即使有能力,也往往无法在综合学校和艺术学校接受教育,主要原因是其社会地位较低的家庭无法承担教育费用(无法承担交通费用或住在另一城市的费用),而且这种教育又不能直接提供就业,需要耗费的时间和投资较大。有两项经济指标可以证明这一点。从 2010 年 6 月每个城市和地区的平均工资来看,有很大一部分中学数量不多的城市属于平均收入较低的城市(塞尔维亚共和国统计局,2010)。另一个指标是塞尔维亚共和国的贫困状况:农村地区的贫困程度要比城市地区普遍严重(2008 年生活水平调查研究数据显示,2007 年农村贫困率为 9.8%,而城市地区为 4.3%),区域发展差距大(在欧洲属于最高的国家,《塞尔维亚共和国国家经济发展战略》,2007),有两个未成年子女(无收入)的家庭的贫困指数几乎是欧洲平均水平的两倍(12.7% 比 6.6%),而有三个或三个以上子女的家庭的贫困指数高达 30.5%。由于国家处于转型期,一方面,失业率增加,家庭贫困加剧;另一方面,许多大型国有企业关闭,减少了向学生提供奖学金的企业和公司的数量。

塞尔维亚共和国没有罗姆族儿童在综合学校入学的数据统计。这可能是微不足道的,因为只有 8.3% 的罗姆族儿童能接受到某种形式的中等教育,只有 6.2% 的人完成了中等教育(罗姆人教育基金,2004)。没有可靠的关于残疾学生和特殊需要学生接受普通和艺术中等教育的数据统计。综合学校的注册学生中有 10% 没有完成学业,不及格的学生数量很少(约占 1.3%),这不能说明教育质量高,而是由其他因素导致的结果。每班生师比与其他欧洲国家相近。

塞尔维亚共和国存在着混合学校的问题,即除职业教育外,还在一些班级实施综合学校教育方案。目前,近 30% 的学校在实施综合学校或艺术学校方案的同时也提供职业教育方案。由于这两个教育二级体系的目标、使命和功能完全不同,在这种情况下就不可能充分履行普通和艺术中等教育的使命。比如同一个教职员工在两个不同的二级系统中(不同的角色强调不同的学生能力)教学。唯一的解决办法是改变讲课模式,这与以学生为中心的教学过程的本质和教师在普通和艺术中等教育中的角色观念是背道而驰的。混合学校只有在紧急情况下才予以保留,因为在这种情况下,混合学校是向学生提供适当中等教育的唯一途径(只有一所学校,而学校不能适用于所有学生)。

1. 普通和艺术中等教育的工作质量

教学场所的质量不好,因为大多数学校不符合环境、卫生和其他条件的要求。为开展课外和其他活动,对家具、实验室设备、计算机、录像放映机、图书馆、教学设备、教学材料、乐器、工作室、媒体、小型研究活动设备的投资是十分必要的。常见情况是,学校环境及其设备不足以满足现代工作方法和实现教育目标。

综合学校开设的课程包括普通课程、社会语言学、自然科学和数学、信息和通信技术和体育,以及为几类专门的综合学校设立的课程(数学、哲学和物理)。在艺术学校,有针对音乐学校、芭蕾舞学校、美术和设计学校开设的课程,以及为具有杰出音乐能力的儿童开设的特别课程。这些课程涵盖所有领域,但缺乏灵活性,几乎没有选择的余地。普通和艺术中等教育中没有真正形式的选修课或模块化教学。综合学校的课程太广泛,其结构和内容没有根据这些学校的性质和学生的特点进行调整(有时会把大学课程材料节选出来"降级"到综合学校使用)。当改变课程时,通常只针对某一特定学科和年级单独进行,没有看到部分在整体中的地位以及该部分与其他部分的联系。一些学生同时在艺术学校和综合学校就读,这些学校招收 15% 至 20% 的中等艺术学校学生(例如,伏伊伏丁那 18.75%,贝尔格莱德 22.11%,塞尔维亚共和国其他地区 6.76%)。在中等艺术学校毕业后没有进入大学学习的学生比例很高(伏伊伏丁那 36.11%,贝尔格莱德 26.20%,塞尔维亚共和国其他地区 21.25%)。

在艺术学校的课程中,一些重要的一般性科目,如数学和地理授课不足(自 1996 以来,这些科目被调整到选修课中,而且由于少数学生选择了这些科目,在实践中往往没有教授这些课程)。问题还在于一般科目和学科不适应某些艺术学校的具体要求(例如,在中等音乐学校开设声学而不是物理学;避免开设可能造成手部受伤的体育课程等)。如果我们考虑到一些音乐和芭蕾舞学校的学生可以在没有完成正规小学教育的情况下开始上中学(因为小学音乐和芭蕾舞学校学习时间较短),那么,在这种情况下,中等艺术学校普通教育科目的代表性和质量则有待考量。综合学校的艺术科目课程质量非常差,没有发挥其教育作用。只设置了音乐和视觉艺术课程(除了文学),没有其他艺术课程,如戏剧、歌剧、舞蹈、运动、电影、摄影、数字艺术、手工艺,以及创意产业方面的课程。课程没有与教学(纵向和横向)结合起来。由于大多数学校没有开展课外活动,因此没有机会将不同领域的内容联系起来并加以应用,也没有机会引进新的工作内容和形式。

在塞尔维亚共和国的统计数据中,没有按教师的职业情况和学校类型显示教师人数,但特殊中学和艺术学校除外,这意味着没有综合学校教师的确切人数。据估计,在艺术教育领域,有 3 000 多名职工和 26 000 多名注册学生。调查信息显示,普通和艺术中等教育有足够的师资(在一些欠发达地区,缺少英语教师和数学教师)。师资队伍素质结构良好。最初的师范教育和在职教师培训,导致了专业教育和教学的不平衡和不协调。在美术和音乐学院,设有心理-教学方法课程(30~36 课时),但在其他一些艺术学院没有这类课程。例如,在音乐学校毕业后,学生进入教育学院学习,然而那里没有与初中教学方法有关的课程,因此,即使在那里,他们也没有机会接受艺术教育学领域的培训。塞尔维亚共和国的艺术教育学并不像发达国家或欧洲文献中所建议的那样具有推动力或在科学研究领域十分重要(见文件:《欧洲文化议程》;《艺术教育规划图》)。

教学方法的质量是综合艺术教育最大的问题之一。教学主要是讲课,但由于艺术学校的职业性科目的教学是个性化的,现代信息和通信技术的使用率很低。其重点放在大量的以主题为中心的课程上,充其量是在理解的基础上学习,更不用说培养学生独立完成工作、解决问题、做出决策、基于分析知识和技能的评价和自我评价、执行小型项目任务、展示技能、创造新产品或给出新的解决方案了。以单纯的课堂为主导的教学方式存在双重问题:第一,这种教学方式无法实现普通和艺术中等教育的目标;第二,它完全忽视了这个时代的发展,现有的能力没有得到充分利用,而一些重要的新教学模式也得不到发展。综合学校的科目理论性太强。例如,在教授计算机科学和技术时,更多的是教授硬件及软件的理论知识、编程语言的理论知识,并且只注重对每个知识做演示,几乎没有学校使用这些技能来体现所教授的其他科目的数据和内容，显示和分析结果及项目执行情况，以满足其他科目的需要，从而扩大和提高用户的知识和技能水平。在其他领域的工作中，计算机知识没有被视为必需的。

教材的质量不高，学生对教材的使用度不够，学生们对各类手册或收集的资料使用较多，从笔记中学到的东西较多，不具有自己寻找必要信息的能力，也不能批判性地接收和选择资料。教科书质量不高，其结构和内容也不适应这些学校的教育目标（提供各种活动，扩大自己的一般知识，鼓励阅读和工作，拓展参考资料等）。中学的替代教材较少，而且没有根据课程制定所有科目的教科书，特别是艺术学校的教科书大都是限量版的。现有的教科书质量标准有待提高。

与小学一样，大多数普通和艺术中等教育学校的课程和课外活动之间出现严重的不平衡。绝大多数的课外活动与教学无关，学生通常要支付费用，因此许多儿童无法参与这些活动。绝大多数学校实行两班制，这阻碍了开展丰富的课外活动，而且其本身并不是教师工作的一部分。课堂教学不足，导致了大量的私人辅导时间，要么是补习性质的（以便学生能够学习他们在学校里落下的和没有学到的东西），要么是额外的课程，为竞赛做准备或为取得其他领域的成就（除了艺术学校的专修课和竞赛以外，因为这是正规教学活动的一部分）。

国际调查表明，塞尔维亚共和国15岁的学生是功能性文盲（根据2009年PISA数据，占人口的三分之一）；学生的知识结构主要是再现型的；这种知识的适用程度低于世界和区域的平均水平；我国掌握高级知识的学生所占比例非常小（不到1％），而在最低级的知识层面，我国学生的占比却大得惊人。对这一教育二级体系来说，阅读能力低下是极其严重的问题。各学院抱怨来自普通和艺术中等教育的学生的知识和识字水平低，大学入学考试的成绩很低便可以佐证这一点。由于缺乏标准，评估和评价过程十分主观。毕业班的平均成绩通常超过4.5分就是最好的成绩。综合和艺术教育的效果没有受到监管，但各种指标（例如年轻人的价值体系，包括学生的文化需求和习惯、消闲方式、榜样、学校暴力的类型和频率、青少年犯罪等）表明，在普通和艺术中等教育以及在小学，学校的德育功能都被忽视了。专业综合艺术学校存在一个具体问题，那里的学生在发展过程中很少得到心理-社会的支持（如何面对成功，如何平衡自身发展等），这有时会导致其中一些优秀的学生尽管生活在有利的环境中，却未能完成高等教育。

职业指导的概念尚未在学校形成。专业咨询往往由心理学家进行，且不系统。一些学校的课程中出现了创业发展的知识。

教师的创造性和合作氛围在综合学校中很少见，但在艺术学校中则比较常见，在音乐学校中最常见（因为合唱和管弦乐表演的缘故）。受到尊敬的专业教师往往是具有创造性和自主性的。而系统性措施却无法认可和支持优秀教师的工作，教师的自主性非常有限，通常在选择与学生合作的教学方法时大打折扣。学生的自主权很小，他们也很少参与学校活动（例如教学活动、决策）。学生和教师之间在体育馆中的合作很少，在艺术学校，特别是在音乐学校合作则更多一些（指导、公开表演合作、竞赛）。

普通和艺术中等教育学校作为机构没有树立独特的形象。

学生对学校的归属感不强,加强学校精神建设的措施很少。人际关系质量、社会生态、学校内外空间并不能帮助学校树立积极的形象,很少有旨在加强学生参与和培养学生归属感的活动。鉴于普通和艺术中等教育学校的学校形象树立得不够,因而它们与当地社区和当地有关机构(教育、文化、科学、体育等)的合作水平很低。学校对当地社区和更广泛环境的影响很小。在当地社区,综合艺术学校与中等职业学校之间的合作相当少。

学校和家长之间的合作只限于向家长通报学生的成绩,以及与成绩有关的干预措施。鉴于普通和艺术中等教育的使命和职能,有必要与高等教育机构开展合作,但除了教师招聘活动(在艺术学校,该活动规模要小得多)之外,几乎没有任何其他的活动。对于中等芭蕾舞学校的学生来说,存在一个特殊的问题,他们没有机会继续接受教育,因为塞尔维亚共和国没有培养芭蕾舞演员的高等教育机构。缺乏对普通和艺术中等教育相关问题和特点的科学研究,而这些研究是教育体系中改革规划的重要补充。

2.普通和艺术中等教育的效果和效率

对当前形势的分析表明,普通和艺术中等教育的效率不够高:普通和艺术中等教育中的学生覆盖率不足;综合学校教育所占比例在欧洲是最低的;学生继续接受大学教育的准备不足;正如在国家和国际学生评估中所观察到的那样,学生没有掌握必要的能力,没有获得多样、丰富、适用的知识和技能,他们对学习、工作和继续教育的积极性不高;他们没有建立一个适当的价值体系,以促使他们认真持久地工作,掌握知识,遵守道德,承担对自己、他人和所处环境的职责。综合性学校已经不再具有为大学做准备并将学生引向大学的机构的作用了。

3.普通和艺术中等教育的相关事项

从长远来看,普通和艺术中等教育应在提高塞尔维亚共和国受高等教育的人口比例和培养国家的知识和文化精英方面发挥核心作用。毫无疑问,普通和艺术中等教育在实现以下目标中十分重要:到 2020 年,塞尔维亚共和国有 $30.0\% \sim 38.5\%$ 的 $30 \sim 34$ 岁的公民接受某种形式的高等教育。很明显,该二级教育体系,由于其职能特点与现状的差异,在今后 10 年需要进行大规模的改革,并需要大量投资以满足社会需要。

(三)SWOT 分析结果

为实现既定目标,普通和艺术中等教育的内部优势和资源是:塞尔维亚共和国综合和艺术学校具有悠久历史;建立了学校网络,学生覆盖面广;拥有科学研究和专业机构,可以解决普通和艺术中等教育问题;有足够的具有专业资格的师资力量;为普通和艺术中等教育的创新建立了法律框架和体系结构;大多数学校都有专门的教学-心理机构。

普通和艺术中等教育严重的弱点是:学校的地理分布无法提供公平的入学机会;学生覆盖面小,特别是弱势群体学生的覆盖率很低,教育资助的体制不发达;教学质量低,学生中学毕业的知识储备不够;芭蕾舞教师和艺术家无法继续深造;教师对学生的心理和教育工作准备不足,没有接受过现代学习、教学概念的培训;没有为未来教师提供全面的教育理念(高质量的甄选、奖学金、辅导和持续性监管);没有针对所有科目的教职工培训部门;在职教师培训需要改进和完善,经费需要增加;尚未建立对教师的监管和评价制度;尚未实施促进教师工作的法律解决方案;尚未制定学校课外活动规划;课程过于庞大且缺乏灵活性;学校与文化、科学和其他组织和机构之间缺乏合作、合作质量低。因此,未来的文化和知识精英没有机会参与社区的科学文化生活,运用其所学的知识和技能。

当前可用于实现教育前景的环境优势是:未来十年经济发展中创新将是推动经济发展的核心动力;欧盟制定了不同的标准和教育政策,可支持塞尔维亚共和国教育体系进一步完善;也有专门用于普通和艺术中等教育改革的欧洲基金;在过去 10 至 15 年中,非政府组织部门制订了各种适用于普通和艺术中等教育的方案;一些学校协会可为提高普通和艺术中等教育质量提供支持。

存在一定风险而无法实现普通和艺术中等教育的前景是:整个社会的普遍贫困和较差的财政状况;塞尔维亚共和国贫困的状况和程度直接影响到弱势社会群体儿童接受高中和艺术教育的覆盖面;教育、研究和发展投资总额低于欧盟平均水平,特别是教育的绝对价值相对于发达国家国内生产总值而言很低;对于社会发展的重要性而言,对教育的重视不足;政治变革频繁,因而在实施教育的变革方面缺乏连续性;在其他教育制度实施方面不够充分。

(四)普通和艺术中等教育发展战略规划

规划的挑战和方向

综合学校和中等艺术学校在过去 20 年改革发展中,受影响最小。这一发展前景与现有情况之间的主要问题是学生覆盖面小、学生进入综合学校的选择少、综合学校教育质量不够高,因此,在高等教育机构继续学习的准备不足。上述情况产生了以下矛盾:如果我们提高普通和艺术中等教育的质量,对学生和教师提出更高的要求,那么首先可以预见的是,学生人数将保持不变或下降,这与普通和艺术中等教育增加大学入学人数的要求背道而驰。

(五)实现教育前景的战略政策、行动和措施

1. 普通和艺术中等教育学生覆盖率

保障普通和艺术中等教育覆盖面是实现普通和艺术中等教育战略任务和长期增加塞尔维亚共和国高等教育人数的首要任务。这方面的关键政策要求使来自贫困家庭的儿童和来自农村地区的儿童能够接受普通和艺术中等教育(其次是高等教育),并提高本阶段教育的质量。为此,必须采取以下措施:

(1)为来自贫困家庭的儿童和农村地区的儿童提供资助,通过为生活在偏远地区的学生提供交通便利,使他们能够获得普通和艺术中等教育;承担贫困学生的交通费用;

改进发放奖学金的规则(确定奖学金分配标准并确保继续接受高等教育的人群奖学金的连续性);提供学校购买教科书的资金;提供在正常上课时间以外学习和锻炼的设备和场所;如有可能,在学校提供一顿免费餐。

(2)向在普通和艺术中等教育招生中被该体系排除在外的特定学生群体(例如罗姆族儿童、某些类别的残疾儿童和特殊需要儿童)采取援助措施。

(3)通过建立综合学校和中等艺术学校有关的法律和相关条例,这些法律和条例应具体规定普通和艺术中等教育的方案,并确定其工作条件。

(4)通过不同的形式和方法,灵活和丰富的课程、课外和课后活动,对课程进行模块化来提高普通和艺术中等教育的吸引力,从而使该阶段的学习个性化(见《普通和艺术中等教育的工作质量》)。

(5)综合学校课程和艺术课程没有在混合学校中实施,因为这会否定普通和艺术中等教育的特殊性质,并且会降低学生对普通和艺术中等教育的兴趣。

(6)出台关于从学前教育到大学阶段的艺术教育的单独文件(见《关键特征的现状》)。

2.普通和艺术中等教育的工作质量

在综合和中等艺术学校提供高质量教育是完成塞尔维亚共和国普通和艺术中等教育使命的基本条件。教育质量包括几个基本组成部分:教学条件的质量、教育质量、教学质量、教师素质、学生成绩(这是客观决定的)和学校作为机构的办学质量。

3.总方针

普通和艺术中等教育发展的基本政策是将这些教育形式确定为塞尔维亚共和国现代发展的首要任务,因为这些教育形式是高等教育的基础,也是青年人发展主动性、创造性和创新的基础。将这些教育形式作为基础,通过相应的资助体系,将这些形式纳入塞尔维亚共和国和地方政府的发展计划,扩大这些教育形式的覆盖范围。

为综合和中等艺术学校的校舍和教学、艺术和计算机设备确定标准,并确定控制和执行标准的机制。这些标准应该为这些学校的工作、各种学校活动的开展以及采用不同的主动学习方式提供条件,所有这些对于完成普通和艺术中等教育任务十分必要。为了提高教学效率,班级的学生人数不应超过25名学生。

4.教育计划和方案(课程)的质量

(1)综合学校属于普通教育学校,但也可能面向不同的研究领域(自然科学、数学和社会语言学)。学生可以选择选修科目(模块),也可以选择国际综合学校,并在某些条件下,选择混合组织模式的在线综合学校。

(2)采用新课程。为了创建新课程,首先有必要为整个综合和中等艺术学校以及某些学科确定学生成绩的标准(学生在中学期间需掌握的关键知识、技能和价值体系)。采用迄今在学校中没有体现,却非常有教育潜力的新艺术学科的内容(戏剧、舞蹈、运动、电影、数字艺术)来丰富综合学校的课程,同时,艺术学校的课程将在增加一些高质量的普通学科后变得更加丰富,而这些学科必须适应学校的情况。教育课程必须具有时代性,与行业相关,且必须是可选择的,应适合社会并具有一定的社会意义。有必要在学校引入跨学科课程。例如,将在整个教学过程的主线中融入艺术和文化,并于为学生创造更丰富的环境(见欧洲教育、培训、文化和青年委员会在《欧洲文化议程》中提出的建议)。

(3)课程的灵活性:教师在选择部分教学内容方面享有自主权(不超过 10％)。

(4)根据教师的工作条件、学生的特点和学校所在地的具体情况进行调整。该部分教学过程目标的实现有助于实现该学科的目标。除了在学校为教师提供自主权外,还需要为课程实施提供后续的支持和帮助,并且确定学校教师所设想的课程是否充分和恰当。

学校应有发展计划(其中包括下一阶段的首要任务);应有四年学制方案(包括课程和课外活动的各个方面,以及与其他机构和社区的合作);应有学校的年度工作计划(其中包括上述两份文件、一年的具体计划)。必须为执行这些文件中规定的所有活动提供资金。

(5)学校文件中包含复杂的活动类型:课程、课外活动、选修课和课后活动以及当地社区的学校活动(志愿人员和社会工作),要实现学校所有计划活动的和谐统一。各种课外方案是为了在学生的知识、技能和一般知识的发展之间建立有意义的互动并以跨学科的形式进行设置,这些方案在教师的工作时间内实施,并根据学校的工作方案可以得到资助。可以通过这些活动来执行部分教育方案,这些活动的方式方法各不相同,由于是在学校完成的,所以对学生来说负担较小。教师入职前和在职教师培训也需要包括课外活动的内容。学生参加选修课和课外活动不应支付费用,以避免对来自贫困社区的学生造成经济负担。

(6)在学校(在条件允许的情况下)实行单一班制,在剩余的时间和空间,为学生组织各种类型的高质量课外活动。只有开展广泛的学校活动,才能实现学校的教育目标,发挥和增强学校的育人功能。此外,延长在校时间还将加强儿童的安全性,并可作为防止发生社会不良行为的一项预防措施。在不可能实行一班制的情况下,将在当地社区的公共机构开展课外活动。

(7)通过对学生的教育方式(选择高质量的方案、工作方法、教师榜样行为)的转变,开展多种学生的课外活动。学校的全部活动以及与其他机构、组织、家长和当地社区的合作将大大促进学校教育职能的发展。

(8)在普通和艺术中等教育中,学校将举办综合性体育活动,提高所有学生的身体素质,单独或与其他机构和组织合作开展活动,鼓励学生形成健康的生活方式。所有学生可根据自己的能力和喜好参与此类活动。

5.教学过程的质量

(1)学校课程将提供与学科性质和目标相协调的教学形式和方法。各种工作方法能够更好地实现教育目标和教学个性化,满足学生的具体需要,培养学生继续接受教育和现代社会生活所需的能力,使他们更容易适应未来技术变化和新的工作组织形式,这将有助于提高生产力、竞争力、经济增长率和就业率。在其他学科学习中不断挖掘艺术潜力,因为生活中的问题与艺术中遇到的问题十分相近,而且这些问题往往不止一个解决办法。使用艺术的方法鼓励个人的创造性和创新能力,发展社会的创造能力。在教学中,作为学习和开展学生所需的特定科目的相关活动以及发展学生媒体素养的途径,要广泛使用学校图书馆和相关媒体。图书馆是教学和课外活动的资源中心。在教学、学习过程中使用信息技术,允许在网络环境中使用不同的学习形式(电子会议、主题博客、论坛、信息交流、电子测试等)。

(2)为完成普通和艺术中等教育,在学年开始时,通过学生、家长(监护人)、教师和心理学家或咨询师对学校现有学科进行讨论,选择选修课和课外活动。除了方案的多样性之外,同样的方案也可以在不同的难度水平(基础和高级水平)上实施。这些方案旨在鼓励学生的兴趣,加强知识在生活中的应用,培养学生的基础知识应用能力。建立了方案的评估系统。在完成普通和艺术中等教育课程后,学生将收到一份成绩单,该成绩单上记录了四年课程中获得及格及以上成绩的所有科目。

(3)学生每周上必修课不得超过28小时,以便让学生有足够的时间参加其他活动,获得一定的成果。中等艺术学校的活动类型不同,学生进行了大量个性化、实践性练习。

(4)确保教学活动和课外活动在学校均能得到充分体现。课外方案应涵盖各个领域(科学、文化、体育、卫生、创业、社会政治和社会组织),并采用跨学科的方式,让属于不同专业领域的教师能够在一个方案上合作。教师入职前和在职教师培训中应包括课外活动培训和导师角色培训两方面的内容;还应制定一种鼓励学生参加课外和课后活动的机制,例如,制定允许做出个人选择与在学校和当地社区公开发表意见的机制(竞赛、奖励、公开亮相等)。鼓励学校与当地社区合作组织课外活动。

(5)为教师和学生提供每周不同的活动和时间安排。教师和学生不仅要在学校内进行正常的课程教学(8至16小时),还要完成学校安排活动日程。除了正常的课堂和课外活动外,学生还应该有学习、咨询以及完成项目的时间。

(6)教科书和教学材料需根据有效性并根据规定的质量标准进行评估。鼓励普通和艺术中等教育阶段的学生对教科书内容进行批判性接受,对不同来源的信息进行分析和比较,独立处理提供的材料,这将促使教师对教科书进行有效的利用。

(7)将通过校外评估、教师选拔、教师工作和进度评估,以及定期咨询等方式对教学质量进行监管。咨询及顾问工作现正与致力于改善培养及教育质量的机构进行合作,也可在学校推行(例如,最高级职称的教师的工作时间安排可能不同,同学生的接触较少,余下的时间应与校内同事沟通)。

(8)学校工作计划还包括校外学习方案,根据预先制订的方案和通过与有关机构合作,每年至少进行一次。鼓励学生与其他学校与其他国家的学生合作,并鼓励学生参加各种校际项目。

6.教师质量

（1）《战略》中与教师教育有关的部分对教师工作的质量做出了规定。

（2）确保教师质量的其他措施包括确定教师专业能力和专业发展的标准，这些标准专门针对综合学校和中等艺术学校。这些标准应成为对教师考核、教师聘用的主要评估工具。普通和艺术中等教育需要有最好的教师，所以在招聘教师时需特别留意，除了强制性培训外，还有各种形式的进修（专业化、博士等）和在学校内激励教师尽职工作的机制。

（3）为了确保学生成绩，维持和进一步发展现有的成绩评估体系；国家和国际考试（PISA、TIMSS）需要定期对这些成绩进行分析，并得出结论，以便制定国家的教学和教育政策。

（4）在普通和艺术中等教育的整体和个别科目中采用学生成绩标准。这些标准确定了学生在综合学校或艺术学校毕业时应具备的知识和技能。普通和艺术中等教育的标准是建立在初等教育标准之上的，这些标准共同构成了一个标准的体系。

（5）普通和艺术毕业考试，应成为对中学进行全面评估的一部分，使其成为提高普通和艺术中等教育质量的激励措施和进入高等教育机构的标准（见《高等教育机构入学和覆盖》部分）。中等职业学校中进行学术研究的学生也需要参加一般毕业考试，定期在国家一级和每所学校对毕业成绩进行分析，总结提高学校质量的经验与教训，并在此基础上进一步对工作进行改进。应向有兴趣的综合学校提供参加国际学士学位课程的机会。

（6）确定保障普通和艺术中等教育优秀学校（名校）的标准和条件，即表现良好、具有很大教育附加值并在不同领域取得非常好的教育成果，与相关机构、组织和协会建立联系的学校。

（7）学生的成绩取决于不同类型的考核，而非单一的测试。测试可以更客观地评估学生，并与他人进行比较，但并不适用于所有情况，也不能说明学生所学到的知识的情况，只说明他们在同一样本中与他人相比学到了多少知识。评估必须符合科目的性质及目标。有必要制订课外活动评估的具体方案，并制定专门针对艺术学校的评价体系，符合艺术学科的特点（展览、音乐会、戏剧、竞赛、国家和地方奖项等）。

（8）所有员工及学生，应确定一定的行为规则，并致力于学校形象建设。学校的各项活动将有助于在教育、文化、体育、科学、人道主义、环境、技术方面树立学校的形象；学校将为学生和教师创造并不断改善支持性和安全性环境，打造良好的氛围；学校将通过与地方政府和有关机构、组织和协会的合作，致力于树立自己的形象。学校制定了一套措施，以培养学生对学校的归属感（例如学校标志、印有校徽的 T 恤衫和运动衫）。学校除了常规活动（如体育活动、休闲活动、校友会、校际节日、比赛等），还通过教师和学生的虚拟教育网络开展活动以外，还为学生举办各类集会。学生可能是这类网络的管理者，参与其发展和维护，这将进一步加强他们与学校和学校生活的联系，并参与学校的发展。这样的网络,会通过文化行为和活动对学生产生积极的教育影响,创造性地运用学校设施可以为学生参与学校发展提供机会,为美学发展、思维的灵活性和与他人的创造性协作提供机会。

(9)所有的员工,连同学生,都遵守清晰明确的规则有助于人际关系的建立和有效沟通。通过划分所有参与者[学生、教师、学校管理者、家长(监护人)和当地社区]的角色和责任可形成积极的风气。学生(根据其作用和能力)参与相关的活动,能够更好地理解人际关系、社会机构的运作方式,学生通过培训可以主动参与,改变被动参与的局面。

(10)综合学校和艺术学校要努力为其在当地社区的公共活动寻求支持。这些学校的环境、奉行的文化和公共活动是学生快乐的源泉,要与当地需要、基础设施和社会文化背景相一致。在为学生的艺术活动(例如工作室、研讨会、数码工作室、编辑台、电影、舞台工作室)提供专门场地时,学校将与当地社区和区域的有关机构合作。这应该是一种双向合作,地方政府应该关照其区域的学校(见《普通中学和艺术教育及其他体系间的战略关系》部分)。

(11)向 15 至 18 岁的学生提供职业指导及辅导,包括有关专业的资料、意见、指导和决策,目的是让青少年了解有关工作及未来职业的信息,使他们明晰自己对专业或工作的看法,了解自己的能力,并明确他们对想要从事的职业的态度。为来自社会弱势群体的、有才华的青年提供职业咨询和指导,还要维护这一青年群体的特殊性。学生的职业指导和咨询标准是:个人发展;寻求学习和就业的机会——确定、选择和利用大量关于专业、职业、进修和学习的信息,形成自己对职业的态度;规划和管理自己的职业(《塞尔维亚共和国的职业指导和咨询战略》)。这并不是让学生为某一职业做好准备,而是要让学生将自己的特点和能力与工作的特点联系起来。

(12)学校的专业管理(见《大学前教育通用框架》部分)规定:学校选举校长时,校长由教职员工选出,经内部和外部核实后在一定期间内上任。校长必须接受他们所扮演的角色的培训。他们的工作受到监管、衡量和评价。对校长的评价是对学校评价的一部分。根据新的研究结果,校长应该是教学领导,熟悉教学过程和组织,因为考试结果体现了学校管理和学生成就之间的关系;学校董事会除了发挥其监督作用外,还应帮助学校提高工作质量,建立专业形象,并通过地方政府的代表,支持地方政府学校之间的各种形式的合作。

(13)在学校中引入一个新概念——学校与监护人之间的伙伴关系。这种伙伴关系将通过父母或监护人参与学校生活、学校决策过程,确定符合家庭和学校的具体目标和做法,为学生创造最有利的学校文化环境。

(14)规定了接受物质支持(赞助、捐款等)的规则。集体教师、专业服务部门和学校领导应根据捐赠者对所投资金的目的(如图书馆设备、阅览室、办公室、大楼维修等)要求,决定如何分配获得的资金。个体班级、教师或学生不能被指定接受资助金。

(15)学校为教育创新发展和引进创造了条件。学校应参与各种项目,并能够开展小型的研究活动和改进学校的实践。

（16）学生会应为学生俱乐部的建立创造必要的条件，学生会将采取具体行动，让青年人有机会了解、接受非正规和非正式教育，组织各种活动，培养其参与社区生活的积极性。

7.普通和艺术中等教育环境中需要改变的方面

为了提高普通和艺术中等教育的学生覆盖率，应在综合学校和艺术学校以及小学之间建立积极的合作关系，以便及早认识和发现有突出能力和兴趣的学生，如通过普通和艺术中等教育的推选机制，将他们直接选拔进入中等教育学校。初等和中等教育应通过与当地社区展开合作。有必要让艺术学校参与免费义务初等教育和综合学校的部分课外活动（如一般性音乐知识、艺术知识等）。

在小学阶段应开展职业指导，不仅是为了帮助学生，而且是为了让他们认识学术教育并引导他们接受学术教育。要统一小学期末考试与普通和艺术中等教育入学考试的标准。

在小学和中学科目中应加入实用识字能力发展的奖励措施。进一步提高实用识字能力，其是普通和艺术中等教育的一个首要任务。

在高等教育体系中，首先必须统一普通和艺术中等教育期末考试和高等教育机构入学考试的标准。为弱势群体学生在从普通和艺术中等教育向高等教育过渡期间提供奖学金，并为其继续接受大学教育提供其他形式的支持（为入学学生提供住房、学费减免等）。

为了提高工作质量，综合和中等艺术学校应向在其领域或研究方法论方面获得博士学位者、专家或其他学术教育形式的人员提供支持（给予某些福利、学衔和与其教师进行某种形式的合作等），同时鼓励他们实施创新教学方法。此外，有必要加强和改善某些专业的教学方法。在高等教育范围内，必须考虑解决芭蕾舞演员的高等教育问题。

应通过负责教育管理和发展的机构（教育和科学部、教育改进研究所、教育质量和评估研究所以及国家教育委员会）的协调工作来制定普通和艺术中等教育的整体政策，这些机构的代表应每三个月举行一次联席会议，在会上他们会对普通和艺术中等教育战略政策和措施的执行情况进行监管。

在教育和科学部内应该有一个人或几个人对农村地区和弱势群体儿童的教育情况进行监管。应该出具年度报告，不是内部的公告（年度"白皮书"），而是关于本体系这一部分状况的公共性质的公告。在这些分析的基础上，有必要根据战略规划中的教育发展情况，规划改革所需的财力、人力和其他资源。教育领域的研究和部门间的合作（教育和文化、教育和科学、教育和金融、教育和社会保险等）应当是塞尔维亚共和国社会研究领域科学发展的首要任务之一。研究结果应成为我国教育政策制定和发展的重要依据。非常需要国际社会，特别是区域合作项目的系统支持，并通过各部或通过各国际组织（联合国儿童基金会、欧洲安全与合作委员会、联合国开发计划署和其他组织），或通过大学和研究组织的合作（TEMPUS 项目等），系统地向邻国及周边国家提供已开发的高质量教育项目。

8. 普通和艺术中等教育与其他体系的战略关系

由于普通和艺术中等教育为将来培养文化精英,其实施首先必须不同于一般的科学文化机构和组织。文化机构必须发挥其教育职能并与学校建立合作关系,交流的形式可能不同(一部分课程应在文化机构实施,或学生应看到文化机构提供的与学校教学有关的项目,或学校和文化机构应制订联合方案)。科学推广中心、研究站、博物馆等对开展科学合作十分重要。必须系统地与科学文化机构开展合作,必须使其成为学校年度方案的一部分,必须为其实施提供某些条件。

学校和文化机构之间的伙伴关系很重要,因为它能够使艺术教育与其他教育展开对话。当然,这包括对艺术家和文化工作者以及在文化机构、学校和各种儿童中心以及校外其他场所从事儿童工作的教师和其他专业人员进行有关的培训。应将现代创意产业纳入普通和艺术中等教育方案中,以便让学生接触到艺术模型(创造力、创新)、工业(消费品)和技术-工艺活动(使用正在开发的新材料、新工艺和新技术)。必须加强青年在文化、科学和技术领域的积极性和创造性,并促进青年艺术家在文化、艺术和科学领域的积极作用。

综合和中等艺术学校必须与不同的文化、科学、体育、卫生、环境、技术和工艺建立合作关系,不仅作为消费者,而且作为开展合作的潜在伙伴。有必要促进和落实非正式教育,支持在日常生活、业余时间创造和学习的理念,支持文化和社会活动,并将其与学校学习和教学过程联系起来。

与拥有现成方案(例如青年创业、领导能力发展、民主学校)的非政府组织或国际机构的合作可作为学校课外活动的一部分。

普通和艺术中等教育必须在当地社区内开展活动,但地方政府、地方社区的行政当局需要参与教育机构的网络建设及其工作质量进行监管。综合性艺术学校对地方社区人员的未来和开展当地社区的文化活动很重要,地方社区应承担规划、管理和资助当地普通和艺术中等教育的责任。

负责卫生、社会政策和青年事务的部委应与学校一道组织定期、自愿和人道主义活动(如献血、向贫困学生、老年人和弱势群体提供援助等),以及组织旨在促进当地社区健康生活方式的活动(打击使用精神药品或烟酒,推广青年人生殖卫生保健)。与社会组织(如童子军协会、环境协会、保护动物协会、族裔协会、无父母儿童照料之家、保护文化古迹和文化遗产机构等)开展联系与合作,这将为培养积极和负责任的公民提供强有力的支持。

必须继续与媒体和国外公共宣传部门合作,以便让公民熟悉创新改革,为接受普通和艺术中等教育的战略变革做准备。

五、中等职业教育与培训

中等职业教育与培训旨在为每个人提供获取知识、技能、能力和态度的机会和条件,同时有效地将职业能力与劳动或继续教育相结合。

为了完成这些任务,中等职业教育与培训应当成为一个具有普遍适用性、行之有效且合理灵活的教育体系,能够受到大众的广泛认可,同时具有积极满足当前及未来就业市场需求的能力,为个人不断自我提升和学习做好准备。

在实现这一宗旨的过程中,中等职业教育与培训为知识型社会的建立做出了积极的贡献,这是整个社会全面可持续发展的基础。

中等职业教育与培训的功能包括:

(1)获得职业基础教育和职业继续教育。

(2)获得继续接受教育所必需的知识。

(3)获得参加某一职业认可所需要的资格证书(指与职业能力相关)或个人创业资质证书。

(4)为个人实现终生学习做准备。

(5)培养个人的创造力、创新力和企业精神。

部分中等职业教育战略在《塞尔维亚共和国职业教育发展战略》(《塞尔维亚官方公报》第 1/07 号)中已经提到。本提案与上述发展战略一致,并且与 2002 年《哥本哈根宣言》和 2010 年《布鲁日公报》上提出的观点一致。

(一)2020 必要性及可行性展望

到 2020 年,中等职业教育与培训需要向学生提供获得相关资质的机会,这是塞尔维亚共和国国家资格框架(以下简称"框架")的一部分,旨在优化中等职业学校和教育机构的网络,这些机构的工作恰恰基于社会伙伴关系、多样化教育和学习形式、学习方法以及教育培训项目。一方面,这使得任何依据个人选择和能力而获得初级教育的人,都能获得资格证书和终身的培训;另一方面,中等职业教育提供了获得额外资格证书的机会,这使得劳动力市场的需求与国家的经济、技术和整个社会发展相契合。

实现这一愿景的过程中应该通过清晰的策略关键特征进行实时监控。确保到2020 年实现既定目标,对每个关键特征进行监测是为了采取改进措施以确保一系列的战略目标能够在 2020 年如期实现。用于确认中等职业教育与培训实现的战略目标的关键特征是:覆盖率、质量、效率和相关性。

2020 中等职业教育与培训期望值或预期状态是:

(1)覆盖率:预计至少有 95％的小学毕业生会选择继续上中学(占该年龄组人数的88％)。该年龄组中 39％选择了四年制中等职业学校,10％的人选择了其他的中等职业教育与培训,同时超过 5％的失业成人参加了某些形式的中等职业教育培训。

(2)质量:到 2020 年实现高质量的中等职业教育与培训所需的全部要素有望落实到位(部门委员会已经成立,并进入第二任期,根据经济和社会发展的需要,国家资格认证系统正常运转并且定期更新;所有课程均按照认证标准和一般学科成就标准进行设置;教职员工及教育机构的标准全部落实到位;实施期末职业考试和毕业考试制度,以及针对中等职业教育培训而采取的其他形式的考试等;中等职业教育与培训辍学率降低 50％)。

（3）效率：到2020年，至少95％的学生将会完成四年制中等职业教育（占该年龄段人数的37％）；完成四年制中等职业教育的学生中40％～50％的人被大学录取（占该年龄段人数的15.0％～18.5％），其他青年人积极寻求就业途径，同时约有20％的青年人将会在完成培训后九个月内能够找到工作。约20％的青年人将会继续接受中等职业教育与培训，其中包括较早辍学重新接受职业教育和想要获得首个资格证书或其他资格证书的长期失业人员（培训、额外培训和再培训）。

（4）相关性：到2020年，根据部门委员会的持续深入研究，职业教育和培训将会更加符合劳动力市场的需要。职业学校布局更加合理，符合区域人口发展趋势和需求。

（二）中等职业教育与培训发展现状

1. 覆盖率

根据2009—2010学年的数据，就读于中等职业学校的学生比例约为72.59％。最热门的专业包括经济学、法学和行政管理，占13.24％，紧随其后的是机械工程，占10.46％，电气工程占9.88％，贸易、旅游和餐饮占9.35％，医学占8.20％（这五个领域吸纳了超过半数的准备参加中等职业教育的小学毕业生）。中等职业学校具有吸引力的是能够获得继续教育和就业机会。引入实验班（约有58％的职业学校至少配有一个实验班，覆盖全校学生人数的大约15％）进一步增强职业学校的吸引力（申请实验班所需的分数往往超过综合性学校所需的分数）。很遗憾的是，目前尚无有关成人参加培训、额外培训和再培训项目覆盖率的准确数据。

由于学校分布不均衡，招生计划不能满足劳动力市场的需要。目前市场培训的系统数据还不完备，有关成人参加中等职业教育录取的数据也没有。

2. 质量

一些为实现高水平的中等职业教育与培训的必要因素已经实施或正在修改中。尚无职业学校辍学率的准确数据。基于LSMS数据和塞尔维亚共和国的人力资源开发数据，2010年中等教育的辍学率为2.3％。然而，一些其他数据表明，与其他不考虑学生年龄段的官方数据相比，辍学比率要高得多，有的甚至高达30％左右。根据教育科学部的2000—2008年的调查数据，辍学率为7.3％。然而，根据其他调查数据，在塞尔维亚共和国未参加初级中等职业教育的人数比例为10.0％（欧盟统计局，2010）。对比这些数字，LSMS得出的结论是：塞尔维亚共和国五分之一的儿童仍然没有上中学，特别是来自社会发展弱势地区的儿童。

3. 效率

2010年，完成三年或四年制中等职业教育与培训的学生中有36 127名学生被高等教育机构录取，占毕业生总数的63％。其余毕业生正寻求就业。

根据2011年4月国家就业服务（以下简称"就业服务"）的统计，完成三年制中等职业教育与培训的首次求职人数为61 901人，就业人数为49 983人（占80.7％），这一数字包括以下五个领域：

(1)机械工程和金属加工,17 760 人。

(2)贸易、旅游和餐饮,12 541 人。

(3)纺织和皮革加工,8 027 人。

(4)电气工程,6 146 人。

(5)农业、食品生产与加工,5 509 人。

参加四年制中等职业教育与培训的人员中,有 68 280 人第一次找到工作。上述五个领域共就业 37 329 人(占 54.7%),具体如下:

(1)机械工程和金属加工,10 953 人。

(2)贸易、旅游和餐饮,84 99 人。

(3)纺织和皮革加工,7 427 人。

(4)电气工程,4 342 人。

(5)农业、食品生产与加工,6 108 人。

人员构成百分比出现了显著的差异,其中一个代表是那些已经完成三年或四年制中等职业教育且正在求职的人员,他们中间有更多的人想要接受更高层次的教育,因此找工作的青年人数量下降,是由于他们求学时间延长所致。

2010 年末,青年(15～24 岁)失业率为 46.1%(第一份关于社会包容和减贫的国家报告,2011)。

不属于长期失业(根据 LFS 和 NES 标准,长期失业是指失业期超过十二个月)的群体中,73% 的人受过中等教育。在这个比例的人群中,最大的群体包括求职 4～6 年的人(占 17.1%),其次是 2～4 年的人(占 16.8%)和 7～10 年的人(占 11.1%)。失业年限超过其受教育年限的人,其专业资格或资历证书将会失效,这导致这一群体找工作更加困难。从社会的角度来看,这也是一种损失。培训这些人员尽可能地实现就业需要额外的资源。

4.相关性

由于没有在职业学校接受在职教育而变更或考取其他职业资格的人员的准确统计数据,辍学学生继续接受非全日制教育人数的统计数字也没有。因此,我们无法得到相关性这一关键特征统计数据。中等职业教育与培训服务、劳动力市场需求的契合度处于较低水平。尽管就业市场对砖瓦匠、焊工、制模师等特定岗位需求量巨大,但近年来初等学校的毕业生对这些职业毫无兴趣。失业登记与失业情况不符(录取率最高的专业分别为经济学、法学和行政管理,但有相当数量的失业人员来自这一群体中)。

(三)SWOT 分析结果

1.优势

(1)有继续接受教育和求职的可能性。

(2)人口覆盖率高。

(3)学校分布广,教育内容广泛。

(4)实验班增加了吸引力(学校配有技术设备,开展教师培训,小班教学,引入资格标准、学习成果和模块化教学,将创业作为一门单独的课程)。

(5)教育机构和部门的支持。

(6)在实施各个项目中积累了大量经验和成果。

2. 劣势

(1)职业结构不完善和职业学校分布不均衡。

(2)未设置实验班的学校设备老旧落后。

(3)招生计划不合理,教育层次与经济结构和需求不协调(一方面,对劳动力市场足额或超额岗位进行培训;另一方面,对就业市场中所需的其他岗位兴趣不高)。

(4)部分非实验班课程体系陈旧过时。

(5)实际教学实践中课外课程质量保证问题未得到解决,没有特许的岗位和教师开展实践工作,企业缺乏激励学生提高质量实践的措施,具有此种合作意向的企业数量少。

(6)缺乏课程质量保障手段(国家资格框架、资格标准、课外期末考试等)。

3. 机 会

(1)高质量劳动力需求(投资、新资历需求、自主创业)。

(2)为与社会伙伴的合作创造有利的条件(通过职业与成人教育委员会建立部门委员会、支持部门联合会和部门协会)。

(3)职业学校积极参与非正式中等职业教育与培训模块发展;为了中等职业教育与培训的进一步发展,在实验班中获得知识迁移的能力(方法、概念、过程)。

(4)欧盟的基金支持。

(5)为引进高质量教育实践创造条件(激励企业,例如在企业参与建立国家资格体系、资格标准、实践培训和考试过程中,通过减免税费等形式发展同企业的伙伴关系)。

4. 威 胁

(1)由于频繁的社会政治变化导致中等职业教育与培训改革的中断。

(2)很难向教育体系中引入行之有效的创新点。

(3)现行的在职教师培训制度的效果差,教师社会地位不高。

(4)对学校设施投入的资金不足。

(四)中等职业教育与培训愿景实现战略

发展前景与当前现状间的差距

尽管职业教育覆盖率和吸引力相对让人满意,但是职业教育结构不合理是导致高失业率的一个因素,这是由于不合理的教育结构培养出的人才不符合劳动力市场的需要。

尚无教育结构有效性的相关数据、已完成中等职业教育还可能接受继续教育的统计数据,通过资格认证、资格再认证和额外资格认证的人数也不清楚。这些系统性的数据由毕业生教育促进委员会从那些完成实验项目的中等职业学校中收集。目前仍缺少中等职业教育成人培训的数据。

从理性的角度来看,没有招生政策的反馈机制是导致长期出现失业现象的原因。

就灵活性而言,虽然取得了一些有益成果,但是,制定的规则要么在某些领域过于复杂,要么在某些领域是一片空白。

缩小理想与实际情况之间差距的一大障碍是职业教育策略缺乏协调性和连续性,由此造成的诸多困难和不良后果妨碍了职业教育的发展,或者削弱了已经制定或实现的战略和改革的效果。

(五)愿景实现战略

表1对欧盟职业教育发展战略目标和塞尔维亚共和国未来发展的职业教育战略目标做了对比概述。

表 1　　　　欧盟和塞尔维亚共和国未来发展的职业教育战略目标及其实现步骤

《哥本哈根战略》和《布鲁日公报》中职业教育战略目标	2020 年前塞尔维亚共和国中等职业教育与培训战略目标	2020 年前塞尔维亚共和国实施的战略方法
· 提高中等职业教育与培训的质量和效果,增强吸引力和协调性 · 确保教师、培训师和其他教育专业人员的素质 · 确保职业教育与劳动力市场需求更加契合,增加协调性 · 增强创造力、创新力和创业精神,积极使用信息技术	· 确保中等职业教育与培训证书相关性高 · 提高中等职业教育与职业培训的质量和效果	· 建立国家终身学习资格框架 · 统一资格考试标准 · 建立先行学习体系和非正规、非正式学习认证体系 · 引入主要工艺教育 · 改进教师培训体系 · 根据资格标准推行教育项目 · 班级设置灵活 · 职业学校分布合理,根据经济发展需要提供教育项目(层次)
· 在职业教育中建立行之有效的终身学习和流动机制 · 教育方案更加灵活,所有人员均可学习技能 · 实施促进初次教育和继续教育国际化,增加流动性的战略方法 · 遵循平等原则,提高社会凝聚力和积极的公民意识,增强中等职业教育与培训的包容度	· 确保中等职业教育与培训兼收并蓄,为降低辍学率做出更大贡献	· 降低早期辍学率
· 增强社会伙伴在职业教育中的参与度 · 企业直接参与中等职业教育与培训的设计、实施和监督 · 在经济等其他领域与中等职业教育与培训发展政策受益人紧密合作	· 在塞尔维亚共和国的中等职业教育与培训中建立持续的社会伙伴关系	· 企业参与中等职业教育与培训规划、发展并实施

（续表）

《哥本哈根战略》和《布鲁日公报》中职业教育战略目标	2020 年前塞尔维亚共和国中等职业教育与培训战略目标	2020 年前塞尔维亚共和国实施的战略方法
• 建立涵盖中等职业教育与培训的一套有效的管理体系 • 管理中等职业教育与培训的重要设备 • 保证数据管理合理,保存中等职业教育与培训发展质量和协调性数据 • 协调中等职业教育与培训发展政策与其他就业、商业、研究和创新等领域的关系	• 在中等职业教育与培训体系中建立一套有效的管理办法	• 建立一套职业教育监督和评价体系 • 在中等职业教育与培训管理体系中,明确界定各方的责任、角色和义务

（六）基本战略措施

1. 建立终身学习国家资格框架

塞尔维亚共和国国家资格框架（以下简称"资格框架"）为建立一个现代化、可协调和灵活多样的教育体系提供支持,其目的包括:

（1）提供相关资质（增强就业与教育的联系）。

（2）制定正式和非正式教育体系的准入门槛。

（3）提供正式和非正式学习的识别和确认。

（4）支持学习成果,落实终身学习的理念。

（5）为质量保证提供参考。

（6）"资格框架"与欧洲资格框架（以下简称"欧盟框架"）一致,旨在获得国际认可。

欧盟框架包括与劳动力市场和社会息息相关的各个层次的资质、不同资质间的关系、流动性以及职业发展数据构成一个体系。它涵盖国家资格体系中所有级别和类型的资质,无论以何种方式（通过正式或非正式的教育或非正式学习生活或工作经历）,无论在多大年龄段（青年或成人）获得的资格都包括在内。这使得塞尔维亚共和国现有资格制度统一协调（例如高等教育的资格制度、中等职业教育的资格制度和其他制度）。

欧盟框架根据实施对象决定实施程序、颁发机构负责组织机构、获得方式、对比、认证、质量保证和标准的制定。

根据技术和社会发展,对劳动力市场所需的资质或必要能力进行持续监控,这一做法为人们选择正式或非正式的教育专业提供了参考。

到 2020 年底,将完成以下工作:

（1）建立中等职业教育欧盟框架,包括正式和非正式教育（统一的塞尔维亚共和国资格框架有望建立,包括正式教育中的一般中等教育、高等职业和学术教育）。

（2）制定与资质相关的法律法规,成立相关的责任部门。

（3）建立部门委员会的长效工作机制。

（4）建立国家资格体系,并定期更新。

2.获取资格考试标准

获取体系(职业毕业和其他各种形式的职业教育和培训的期末考试)中包含的资格考试的标准应当根据先前的经验制定,同时考虑不同的考试形式。为了提高国家中等职业教育质量,需要建立考试标准(课外或部分课外评估、设备、流程、职能部门或机构以及法律和细则)。这些标准按欧盟框架实施。

计划措施:

(1)在欧盟框架内,每个资格(课外或部分课外评估、设备、流程、职能部门或机构以及法律和细则)都有标准。

(2)职业学校和学院至少派一名代表参加各个教育层次期末考试和职业教育毕业考试所需器材的准备工作。

(3)至少选派50％的外部考试人员。

(4)在监督中等职业教育与培训的过程中收集测试结果,利用这些结果作为评价职业学校、机构和教育体系的质量依据。

3.建立先前学习认定或正式、非正式学习认定体系

先前学习认定或正式、非正式学习认定体系的标准是欧盟框架的一个主要部分。建立这一体系非常必要,原因有两个:

(1)在现今信息通信技术高速发展的时期,个人信息传达速度远远高于十年前,这为专业学生进行集中的非正式学习提供了机会,与正式教育体系相比更加快捷。

(2)有大量具有丰富的工作经验的人员,却没有正式的资格证书。

大部分发达国家已经建立了先前学习认定体系,通过提供正式的知识、技能认证,满足了工作要求,为完善资格结构做出了重要贡献。

计划措施:

(1)在欧盟框架指导下,建立先前学习认定体系。

(2)至少建立十个先前学习认定负责机构,允许至少有2％的具有相关工作经验但没有资格证书的失业人员通过这种方式获得首个资格证书。

4.引入工匠教育

有的教师和培训人员具有培训学生的能力,但是他们往往不具备正规教育的资质。制定《工匠教育法》,引入熟练的工匠,能够让从事教师工作的人员被教育系统认定为教师。

计划措施:

(1)在企业培训中,建立针对学生进行培训的企业雇主和培训人员的认证体系。

(2)建立至少包含30个职位的工匠教育体系,包括获得这一资格的三个年龄组的人员。

(3)企业至少有50％的教师和培训师通过这一考试,同时被职能部门认证为教师。

(4)通过与此相关的法律和细则。

5. 教师培训

中等职业教育与培训中职业科目和模块的教师,没有接受最初的教师教育,同时由于工作的相关的原因,大多数人没有经验。教师的专业发展和要求掌握培训教育心理学、方法论和专业知识(教师培训部分)。

把职业引导和咨询纳入中等职业教育中,意味着需对专家助理和教师的工作进行培训。

计划政策:

(1)实施不同模块的在职培训,包括针对教师在企业或教育机构从事的专业进行培训。

(2)开展教师培训项目能够提高教师的能力,鼓励学生提高创造力、创新力,培养企业精神。

(3)培训教师在备课和授课过程中使用信息通信技术。

(4)根据先前可行的办法,建立在职培训效果测试体系。

(5)建立教师培训系统,利用这一系统进行中等职业教育与培训中的职业引导和咨询。

6. 教育项目与资格标准的协调发展

教育项目根据资格标准来制定,资格标准是指完成某一资格教育后应当具备的专业能力和技能的标准。

哥本哈根进程的战略目标之一是增强创造力、创新力和培养创业精神,以及使用信息通信技术的能力。将创业单独作为一门课程引入职业教育,培训学生,使其掌握基本的创业经济原则、必要的法律知识,同时具备制订商业计划的能力。在所有科目和模块以及课外活动中引入各种积极的教学和学习方法,为学生获取创造、创新力以及信息交流能力创造了机会。这需要对教师在运用信息通信技术方面进行额外的培训。

为了满足学生或受训者额外的教育需要,在职业教育或通识教育中,应设置一部分选修课程。这样,保留两种选择(就业和继续教育)提高了教育项目的效率。另一方面,如果学校根据当地环境的需要和可能性,在学校的专业范围内制订自己的教育计划,学校的培养和教育过程将会得到改善,这会促进中等教育学生的流动性。

一些资格认证工作需要由学校的教育体系转到培训体系。

计划政策:

(1)以学习成果、模块组织或学科为基础,根据各行业委员会的资格标准制订所有正规的职业教育计划。

(2)在教育和培训项目中引入创业精神。

(3)在所有职业教育课程中引入必修和选修课程。

(4)引进现代的教学方法,对教师进行培训。

(5)培训中等职业学校的教师开设学校开放课程,并积极参与其中。

（6）将欧洲学分转换系统引入职业教育中。

（7）建立非正式职业教育方案认证制度。

（8）为有兴趣的学校和机构制订计划，发展训练项目。

7. 灵活的课程设置

课时需要有灵活性，或至少可以变化，这取决于学生所在部门（如农业、旅游业、建筑业、医疗保健）的性质，还取决于学校的地位是区域性学校还是地方性学校，或者取决于教学内容时间的长短，等等。需要根据我们自己的经验以及本地区和欧盟其他国家的经验来实施。

计划措施：

（1）将学校的课程安排与最佳的学习方式进行匹配（例如在一个学期或一段时间内组织一次科目或模块课程安排）。

（2）调整学校课程安排中培养学生农业、旅游、建筑和医疗保健等与专业本质相结合。

（3）根据法律和细则规定，教师标准主要根据每年的水平决定，在每一学年内应当根据课程的要求重新分配课程。

8. 协调职业学校分布，现有教育项目应与经济发展相适应

中等职业学校分布与地区或地方经济、人口发展趋势相适应，必须参考对整个地区的调研结果，并与地区商务部以及商务体系和地方政府机构以外的生产者协会进行合作。

改革中等职业教育与培训的录取政策，对经济发展和其他社会活动十分重要。根据以往的经验，供求应当相适应，即小学毕业生数量与学校可招生人数相适应。由于比例严重失调，三年制和四年制职业教育之间的已经严重不平衡，绝大多数的班级没有三年制的学生，或者只有极少数的学生，因此无法组成一个班级。

高质量的职业教育学费昂贵，尤其是实用培训，只有少数学校能够为学生在学校提供适当的场所进行培训。为了获得同样的能力，应当建立某些职业学校作为特定领域的技术中心，并为学生提供住宿。同时，这些技术中心也将作为实际学科教师的资源中心。

必须考虑中等职业学校的标准，更新现代化设施和设备，对学校进行重新核查，并确定哪些学校符合规定的标准。

计划政策：

（1）1～5年内，根据所在区域和当地社区的水平在区域商会制定必要的资格认证机制。

（2）建立与所在区域和当地社区经济和人口发展趋势相适应的新的中等职业学校网络。

（3）充分利用经济能力、现有学校设施和学生宿舍，建立至少5个特定部门的区域技术中心。

(4)制定适当的法律和细则,规范区域技术中心的运作、经费筹措以及中心的教师或教员的工作。

(5)核查全部中等职业学校。

(6)提高中等职业教育与培训中不同招生项目对知识的(所有期末考试和小学成绩总分)门槛要求。

(7)协调教育项目中的专业与劳动力市场的数据以及国家和区域的经济、技术需要。

(8)将资格考试引入某些需要特殊心理和体能的课程中。

9. 降低教育辍学率

由于缺乏教育系统早期辍学率的可靠数据,因此有必要采取统一的方法来监测退学率。同时需要建立一套措施,减少辍学学生人数:

(1)在学校引入职业引导和咨询体系。

(2)为弱势群体制订特别援助方案,以期实施综合性方法。

(3)根据部门需要,在框架的各个层次引入职业教育方案,特别是对劳动力市场需求巨大但难以选择合适的教育项目的职业。

计划措施:

(1)应用一种方法来监测早期辍学率,并通过综合信息系统,监测每个年龄组的学生录取人数。

(2)实际辍学率降低 50%。

(3)对各所中等职业学校的教师及专家助理进行培训,为学生或学员提供就业指导。

(4)制订方案进行样本测试并在实践中应用各种针对弱势群体的援助方案。

(5)确保中途停止中等教育的学生接受某种形式的职业教育和培训,并获得资格证书。

(6)在对某些资格需求量大,但学生对相关专业兴趣不大且辍学率高的部门,在必要的资格水平上实行专门的职业培训。

10. 企业参与中等职业教育与培训过程的相关事宜

国家资格制度由部门委员会决定。这些制度建立在社会伙伴关系的基础上,成员是杰出和成功企业的代表、雇主协会代表、工会代表、高等教育机构、国家就业服务部、特别事务负责部委、社区学校、教育促进研究所和塞尔维亚共和国商会。建立部门委员会,以便增强政策实施的连续性。

部门委员会的职责包括:

(1)对现有职位要求进行分析,并确定各部门所需的资格。

(2)确定应该进行更新的资格。

(3)确定不再满足各部门需求的资格。

（4）拟订资格标准草案，并为各部门的发展提供支持。

（5）提供在某一意向部门内获得知识和技能的意见。

（6）促进劳动力市场和教育间的对接和及时合作。

（7）增加各部门内部教育、培训。

（8）创造部门内部进行成人培训的机会。

（9）考虑到框架资格在行业内的影响。

雇主参与部门委员会的工作，部门委员会制定资格标准，雇主在教学中作为教员，在考试委员会中负责资格审查，雇主为商业健康发展提供所需的劳动力。到目前为止，雇主已经以非正式形式参与了上述工作，但为了确保他们能充分参与，可以在金融领域（加入学校董事会，在委员会工作给予补贴，认证企业教员作为实际培训教师，委派实施实际培训，为进行实践教育的企业减税等）采取系统性措施。

计划措施：

（1）建立雇主认可和认证制度，并进行实际培训。

（2）通过法律和细则，对从事实际培训的雇主给予物质其激励。

（3）至少有10％的雇主加入部门委员会、考试委员会，进行实际培训。

11. 建立中等职业教育监督和评价体系

通过总结试点项目的监测评价、现有的自我评价和外部评价制度的经验，得出一个结论：必须建立一个适当的制度，以便教育系统负责人能够更快地做出反应，并与其他欧洲教育系统进行对比。因此，必须建立一套衡量国家教育指标的制度。

计划措施：

（1）制定专门的中等职业教育与培训标准和指标，提高教育机构的质量标准。

（2）建立职业教育的监测和评估制度。

（3）在中等职业教育与培训管理中明确责任、角色和任务。

为了确保各级中等职业教育与培训管理制度的有效发展，必须明确界定各级中等职业教育与培训各利益相关者的责任与分工。

从这个意义上来说，需要做到：

（1）为中等职业教育与培训的发展制定清晰的管理体系。

（2）界定各个级别中等职业教育与培训中参与者的角色和职责。

（3）提高教育决策者实现战略目标的责任，确保措施连贯实施。

（4）更新中等职业教育与培训实施中的法律规定。

（5）在各级中等职业教育与培训中建立协调协作机制。

计划措施：

（1）在分析各级中等职业教育与培训体系的基础上，建立中等职业教育与培训管理体系，明确界定利益相关者的角色和责任。

（2）完善规章制度，明确利益相关者的义务和责任。

(七)中等职业教育与培训环境的改进

经济状况对中等职业教育发展战略的实施有着至关重要的影响。在中等职业教育发展战略中的一些措施依赖于雇主和整个经济的合作和支持。实施既定经济活动的最大威胁将是经济不能有效地参与到计划活动中,这是因为经济本身面临着一些问题。

在这种情况下,政策实施时间的变更将由外国资金流入的时间来决定。

如果《塞尔维亚共和国工业的战略和发展政策 2011—1020》(《塞尔维亚共和国官方公报》,第 55/11 号)中所述的措施得以实施,那么中等职业教育与培训体系或其中的一部分,将实现其预计目标。根据工业发展战略的认证活动,中等职业教育与培训应优先发展:信息通信技术、粮食生产和加工、交通等。

为了实现中等职业教育与培训愿景,改革过程必须包含其他子系统,形成一个连续的循环系统。

(八)与其他系统必要的战略互动

塞尔维亚共和国经济的现状,特别是全球经济危机的影响,对制定教育体系发展战略和改革是非常不利的。

把教育作为走出全面危机的解决办法,可以通过一个有意义的和永久性的行动,促进教育领域中最成功的教育成果的实现。在制度上不断促进教师、孩子和学生的最佳发展。

要协调教育的改革和各子系统的改革。从事中等职业教育的专家必须了解初级和高等教育的变化,以及各部门技术人员的变化。这将避免在劳动力市场的某一特定领域培养过多的人,而由于市场的变化,不再需要这类人才。根据经济发展、高等教育和中等职业学校的要求,由框架建立的部门委员会是与计划更改进行对话的最合适的机构。

建立一个包括三个国家委员会(国家教育委员会、中等职业教育与培训委员会和 AE 委员会、国家高等教育委员会)委员长的协调机构,部委和机构将创造更有利的条件共同规划和实施改革。中等职业教育与培训以少数民族的语言实施,因此有必要与少数民族国家委员会协调教育领域决策的制定。

第三部分　高等教育发展战略

一、高等教育发展的共同框架

高等教育对塞尔维亚共和国来讲至关重要,它是国际,特别是欧洲的教育、科学和艺术的一部分。

高等教育的使命是通过有组织的学习和研究,不断创造和传授科学知识,提高专业能力,这将使我们的国家及其公民在不断变化和发展的生活环境中,在社会、文化、经济和其他方面不断取得进步。

(一)高等教育发展目标(2010—2020年)

到 2020 年,高等教育系统的发展面临诸多挑战:

(1)高等教育系统应首先建立指导教育和研究活动的结构,以满足塞尔维亚共和国经济和社会发展的需要。

(2)高等教育对任何想要通过接受高质量的教育来为就业和进一步发展做准备的人来讲都是开放的,这个系统承担着帮助他们的责任和义务,通过接受现代化和高质量的教育,来实现他们的人生抱负。

(3)高等教育系统应提高业绩,以便在塞尔维亚共和国总人口中提高接受高等教育人口的比例。

(4)高等教育系统及其各部分应在终身学习和社区发展需要的背景下,将其活动、功能和发展投入实现最终的使命中。

(5)2020 年底,高等教育系统应发展资源和提高绩效,以实现与区域、国际声誉和竞争地位有关的目标。

(6)高等教育是对未来的投资。增加投资水平和健全融资制度应完全面向有创造力、有责任感和受过高等教育的人,这些人需要为实现经济增长、减少失业和实现社会的民主化做出贡献。新的筹资制度应同时明确地支持:

①在资源利用和研究方面的高质量成果、相关性和效率;

②学生和高等教育机构对成功学习的责任;

③允许那些想学习的人学习,而不考虑社会、经济或其他因素;

④提高研究、大学学费、购置、分配和支出的透明度。在总体能力指标基础上引入相关要素,允许高等教育机构获得额外资金。

(7)高等教育的现状、发展趋势和预期作用,都要求大力发展高等教育。

(8)高等教育机构应发展其组织结构,以加强与基本单位(院系、高等学校)的合作;与综合大学和综合院校一起进行职业研究;致力于与研究机构和部分研究机构进行合作,特别是在博士研究过程中进行基础联合研究,以期建立独特的国家或区域博士研究中心,并与制造业和其他系统合作。

(9)高等教育将承担起提高各级教育质量的作用,从而使博士研究能够提高教育系统的质量。

(二)欧洲高等教育区中的塞尔维亚共和国

高等教育应将使其工作、发展和行为适应欧洲高等教育区和欧洲研究领域的各项原则。为了实现这个目标,有必要:

(1)为了确保这些过程能够顺利进行,必须保持机构自治和学术自由,并充分吸引学生、教师、高等教育机构、科学家和专业公众以及雇主参与。

(2)以博洛尼亚进程的实施为重点,设置学生的学习成果、知识、技能,以促进"以学生为中心"和"终身学习"为发展的范式。

（3）通过以下方式协调和巩固高等教育系统：

①初步进行结构改革；

②改进教育过程的质量保证体系，包括研究、终身学习和促进就业机会等；

③提供更广泛的学习机会；

④提高流动性。

（4）通过并实施国家资格框架，与欧洲高等教育的资格框架和欧洲终身学习的资格框架相一致，这是基于学习结果和质量保证的独特的系统。

（5）在承认和完全实施《里斯本条约》的过程中与欧洲机构协调一致。

（6）与欧洲高等教育区进一步协调，通过引入"短周期"制度来提高高等教育系统的灵活性。

（7）按照欧洲高等教育领域的发展方向制定相关政策措施，这将提供更多的高等教育机会。

（8）在高等教育制度中引入流动性机制，将其作为影响质量和就业的因素；接受"为更好的学习而流动"的理念，并在国家层面采取相应的战略措施，鼓励包括国际和当地学生以及教师的流动。

（9）采取措施，增加毕业生就业，创业带动就业。

（三）高等教育在终身学习中的结构与地位

在高等教育系统中，有两种研究类型：学术型研究（通过三个周期实现）和职业型研究（通过两个周期实现）。为了确保高等教育的质量、灵活性和透明度，高等教育机构将进一步阐明职业型研究和学术型研究在学习成果、技术和能力方面的差异，尊重研究的使命。

大学和学院应结合科学研究、应用研究、职业、艺术、教育工作，实施两种类型的研究，即学术型研究和职业型研究。

职业研究学院和职业学院将侧重于某些职业教育领域的发展，重点放在与工业和公共部门的潜在用户开展长期合作，并与该地区机构所在的地区的需求相协调，而进行职业教育的机构在建立和认可过程中，将表现出对学生进行实际培训的意愿和条件。

可以通过参加具有组织认可的应用和发展研究的职业学院或大学获得博士学位，由知识渊博的教师来组织硕士职业学习（120 学分，职业硕士）。

高等学校作为其在教育领域活动的一种特殊形式，将通过技术进步来组织和实施终身学习，满足地区发展和劳动力市场的需求，终身学习将使用学分制系统，并具有非正规教育相关的要素。

在成人教育中，高等教育机构需要提供教育计划，以使员工能够迅速重新定位到新的工作岗位，特别是那些自谋职业的人。

高等教育机构拥有它们的学习计划，其活动和行为，将成为保存文化传统、民族和文化特征以及国家身份认同的一个持续活跃的因素。

高等教育机构的学生、教师和其他从业人员的研究计划、调查、国内外合作、社会、文化、体育和娱乐活动,将以不同文化的理解和合作、跨文化联系、不同文化的交融和相互包容为基础。

(四)高等教育体制改革

从高等教育结构的特点出发,将当前的结构转变为未来的结构,形成有效的结构,具体如下:

(1)使高等教育机构网络适应塞尔维亚共和国的需要。

(2)制定和实施整合模型,该模型能够提高教学和研究,实现更高的效率,更合理地利用资源,保护和提高高等教育的社会责任,促使自身不断完善。

(3)所有大学都需要整合其职能,主要在以下领域:战略规划、研究方案、质量保证和质量控制、招生政策、教师聘任证书和文凭、附件、国际合作、投资、就业和参与的教师、独特的信息系统开发、普通学校学科教学、选修课教学、政策和标准制定的收入、公众和其他利益相关者在大学的利益。

(4)根据学科或区域相关的原则,建立职业研究院,加强职业研究机构,实现学科领域的整合:战略规划、研究方案、质量保证和控制、招生政策、任命教师、资格证书和文凭附件以及国际合作。

(5)重新考虑建立和认证独立高等教育机构(主要是大学)的条件,同时考虑到必须有一定数量的专业机构参与制订研究计划和学习规则,选择和聘用教师。

(6)允许建立一所大学,作为一个机构它至少在三个学科中实现三个教育层次的教育和研究过程,或者至少在四个科学学科或至少五个教育领域实现三个教育层次的教育和研究过程。

(五)高等教育的入学机会

高等教育入学制度改革的主要目标:通过高等教育的入学考试——中等教育毕业后的高质量考试,提高考生的录取质量和选拔质量,均衡招生程序。进入高等教育的要求如下:

(1)一般的毕业考试允许学生在不参加入学考试的情况下,参与所有的职业研究和学术研究(例外情况是进入需要特殊技能的学习小组,即需要特定的才能等)。

(2)艺术毕业考试有资格让学生进入艺术系学习相关课程。艺术系除了考虑艺术毕业考试的成绩外,还可以引入特殊能力测试。通过艺术类毕业考试的中学生,如果通过了他们申请的由高等院校确定的某些科目的额外考试,则可以进入其他高等教育机构学习。

(3)职业毕业考试让学生在没有参加入学考试的情况下进入大学,在职业和学术研究中选择相关科目进行学习。

(4)成功进入高等教育系统的基本条件是最终的考试(中等教育毕业考试)是高质量的,因此需制定在整个四年制中等教育中衡量学生成绩的基本标准。

(六)高等教育的覆盖面

高等教育的覆盖面在第一部分"教育发展目标"中公布。

基础学术和职业研究的招生结构是由招生名额的数量决定的,这是由高等教育机构认证和批准的。研究计划招生结构也受金融政策的影响,以支持在更多的学习领域培养学生。这个政策或多或少地支持现有的学习计划,并启动那些不够或者不存在的学习计划的开发(创建新的学习计划)。

(七)质量保证和控制

高等教育的质量,包括学术和教学质量、研究成果、员工、学生和国内外毕业生的成功率,可以通过以下方式:

(1)高等教育质量保障体系将全面调整标准,以达到欧洲标准(欧洲高等教育的标准和指导方针),并追踪其进展。该制度需要纳入道德规范和原则中,采纳学术研究和高等教育的道德规范。

(2)通过质量保证控制的内部和外部系统的统一;通过引入更多的措施、机制和指标加强体系;责成这些机构公布其工作成果。

(3)高等教育机构需要完善自我评估程序,让学生和员工不断完善教育过程,从而遵循"学生为中心"的原则。

(4)在执行的任何学习计划中,按照国家质量框架和核心能力考察学术标准学习成果以及技能。

(5)尽快制定具体的标准和措施,提高博士研究和教师教育的质量,因为这些领域是整个教育系统发展的重要基础。

(6)通过提高教师在专业、科学和教学方面的能力,确保改善教育过程。高等教育机构的创办人将为教师专业发展提供条件,为教师提供培训,并采取独特的方案来改革教师队伍,选举机构由科学领域足够数量的教师组成;来自其他高等教育机构(国内或国外)的独立专家被列入执行委员会;教师和研究人员的任命并通过网络进行宣传。

(7)提高师生比例,特别是在人文科学领域,这个比例要远远超过欧洲标准,每个教育科学和艺术领域都要确定这个比例的上限。

(8)认证委员会和质量保证委员会(以下简称"CAQA")将通过以下方式改进工作:

①在学术界、学生和雇主的充分参与下开始对标准做出必要的修改;

②在认证过程中应有包括独立(国内和国外)专家、学生和雇主参加;

③发布与认证与决策有关的审查员和认证委员会以及质量保证委员会调查结果的报告;

(9)在认证过程中将所有高等教育机构提供的研究计划纳入塞尔维亚共和国国家计划中。

(10)未来的外部质量保证和认证过程应由一个独立于学术界和该部门国家计划之外的国家机构进行,该机构将成为 ENQA 和 WQAR 国际协会的正式成员。从其他国家的积极经验出发,考虑可能性或适当性,或将认证委员会和质量保证委员会转变为符合特定标准的国家认可的机构。

（11）发展和补充高校和相关政府部门的信息系统,特别是在质量指标和能力的监测方面,进行最大限度的电子管理和对学生就业机会情况进行跟踪。

(八)课程现代化和新的教学形式

研究计划的现代化是一个必要和持续的过程,将确保研究成果和毕业生所需能力的一致性。为此目的,应遵循列规定:

（1）研究项目将与科学、技术、经济、社会和文化的最新发展趋势相一致,使得教育成果能够通过毕业生科学和技术技能的检测,完全符合劳动力市场的需求。

（2）研究的要素将被引入研究计划中,这些要素能够促进创业,提高实践技能。

（3）高等教育机构将实施现有的研究方案的改革,开发新的研究计划,在学生和雇主的直接参与下对前两个周期的研究模型进行调整。

（4）有关的公众(雇主、专业组织等)和相关学院的协会将通过借鉴欧洲和世界其他大学的做法,在国家层面建立专家机构,使其成为本专业的核心。

（5）在所有学生的参与下进一步调整现有的课程;协调学生工作、学习成果和评估方法的一致性,并观察学生的最大负荷值(1 学分＝30 小时)。

（6）借助研究计划,教师在整个系统中进行培训;协调研究的时间,在研究结束时应获得特定核心学科的职称。

（7）在实施和发展新的研究方案时,应引入新的方法,并支持现代化软件和硬件的采购和实施。

（8）支持在传统学习方式上增加电子学习方法和技术使用的方案,通过发展研究项目,同时在传统形式和远程教育中执行,且远程教育的质量标准应该是与世界和欧盟相统一的。

(九)研究、创新和创业要素

以研究为基础的高等教育是社会、经济、文化进步和社会发展的前提。为了实现这一目标,需要做到以下几点:

（1）增加在高等教育机构、科研院所和公司从事科研和创新的高学历人才。

（2）通过改变组织结构、制定创新和激励措施,确保研究和创新发展成为高等教育的一部分。

（3）支持应用研究,它依赖于以优先事项为基础的研究,并为创新发展提供基础;鼓励有针对性的基础和应用研究、创新发展以及整合新公司和现有公司创业活动的综合研究方案。

（4）在所有大学组织的研究活动中,大量的工作人员(教师和助理),无论其规模和所有权结构如何,资助的来源和方法如何,大学都要进行强制性投资、国际合作、经济合作,以及博士研究组织之间的合作,利用战略措施来促进大学的研究。

(5)将职业研究学院的应用研究作为其形成和发展的基础之一，并与这些经济体合作开展应用型研究，将其作为创新项目支持的一部分来进行研究。

(6)通过教学，培养学生的创新精神，培养学生的自主创业能力，为终身教育、创新和创业精神的形成创造条件。

(7)支持"创业型大学"的理念，允许这些大学创建新的知识型产业。

(8)特殊项目应协助和鼓励高校建立企业孵化器，教师和研究生可以成立公司，将他们的想法和创新商业化。政府将鼓励在高等教育机构建立风险资本基金，支持创业计划，提供激励资金，采取其他激励措施，特别是那些在类似国家实践过的激励措施。

(9)为了吸引外国公司在塞尔维亚共和国开设研究与发展中心，或与高等教育机构及其研究中心合作，需要制订一个特别计划来支持其发展，其中包括参照世界上其他国家的做法，通过网络和其他组织形式与高等教育机构合作。

(十)大学内和大学间的联系与合作

为了提高科研成果，改进教学，合理利用资源，需要与机构采取其他形式的合作，形成大学内部和校际之间的网络。大学内部组织需要进行调整，以使学院能够建立、认可和实施多学科和跨学科的研究项目，激励各种形式的联合。

除了学院，国家应该鼓励大学和研究开发机构加强研究工作，协调科研教学，促进教学和科研人员的交流。

对国家重要的领域采取联合博士研究的特别措施，是对大学间的合作进行鼓励。在这方面，国家上肯定是大力支持的，特别是在个人资源可能满足高质量博士研究的时候。

除了与商业和公共部门合作外，还需要鼓励职业研究组织（职业研究学院、职业研究大学）与科学研究组织进行合作，通过联合应用和发展研究，建立联合研究中心和网络。

教师流动以及高等教育系统中学生流动的规则，都应包含在一项行动战略中，这将使研究具有更大的灵活性。

(十一)治理、管理和工商管理现代化

高等教育机构，在面临国际化和全球化的时候，应该实行现代管理、有效管理，采取高效的措施。为此，需要做以下工作：

(1)现有高等教育机构的管理制度，与欧洲国家非常相似，应提高决策的质量和效率以适应高等教育机构的特殊性需求，这主要源于任务规模和组织的复杂性。

(2)由于大学和机构的环境变化，将产生不同的治理和管理模式。每一种特殊情况下管理模型的选择、适应和发展都应完全交给高等教育机构。管理的模式应确保执行任务的次序，并达到其工作的覆盖面、质量、效率和相关性的指标。

(3)大学和职业研究学院组织结构的独立，将是一种具有社会责任、效率和有效的结构。高等教育应在文件中对职责、选举方式、行政管理机构和薪酬进行详细的规定。

（4）管理岗位应尽可能地专业化，管理者应具有代表性和社会责任感。

（5）确保学生在他们参与的所有机构中充分地参与决策。

（6）除了院系外，其他院校也设有研究所、图书馆和其他组织，应建立公司治理和管理机构，充分尊重学术自由。

（7）在高校的所有工作领域，行政程序需要通过法律规范、法规和质量标准得到明确；在行政管理工作中，应当运用现代化的组织管理方法和手段；信息流动应该在机构内部和外部实现，在制作、存储、搜索和分发文件、管理、研究、教育过程中，为学生以及所有与高等教育机构进行互动或合作的人提供支持。

（十二）国际开放和流动性

大学的国际合作、教师和学生的流动是提高高等教育质量、增加师生能力、增加就业机会的重要因素。在这方面，将开展以下活动：

（1）塞尔维亚共和国的所有高等教育机构，将与欧洲高等教育区和欧洲研究区的有关机构密切合作。

（2）高等教育机构为了改善和发展，应通过联合学习计划，国际研究项目和学生、教师和研究人员的流动促使其活动国际化。

（3）基于各种措施，确保流动资金流动，基础设施可用，研究过程中对研究给予充分肯定，并允许外国学生获得学生签证，解决在塞尔维亚共和国生活有关的其他问题（医疗、住房、食品等）。

（4）在三个教育周期中创造机会，在学习计划和与外国大学取得联合学位的过程中，高等教育机构以最低的费用向每个学生颁发英语或其他欧洲语言的文凭。

（5）尽快制定外国大学教师（通过博士后访问）和博士研究生的强制培训政策。这项政策必须是有选择性的，并且有可靠的资金支持。为在这一领域实施适当和负责任的政策，所有的奖学金、奖励及教师和学生专业发展的预算基金都应统筹起来。

（6）通过特别程序，向外国学生提供研究计划，避免为那些没有准备的外国学生提供不适当的课程，从而损害塞尔维亚共和国高等教育的声誉。

（7）塞尔维亚共和国的高等教育以其质量和能力吸引了大批当地的学生，因为大多数学生没有语言障碍，为了利用这一机会，塞尔维亚共和国应该从组织和财政方面支持教育领域，在该领域塞尔维亚共和国已经具有了良好的竞争态势。

（8）到2020年，制定并全面实施具体的政策、行动和措施，提高国际竞争力，这个政策有望提高塞尔维亚共和国在国际和本地区的大学的排名。

二、学术研究——学士和硕士

塞尔维亚共和国的学术教育的使命是塑造一批高学历的有创造力的人才，让他们运用掌握的人文价值观和科学知识满足国家发展的需求，增加社会凝聚力并提升社会和文化层次。

(一)学术研究发展前景

提及前景的定义,我们需注意以下几点关键词:质量、相关性、效率、覆盖面、国际化水平、学生流动性以及学术研究组织的现代化。

学术研究为科技发展、国家民主化进程、社会包容度和贫困的改善做出了巨大贡献。此外,由于学术研究提高了人民的文化水平,培育了文化多样性和包容性,得到了多数群体的文化认同,所以它是文化发展的关键。

1. 覆盖面

(1)到 2020 年,塞尔维亚共和国至少有 38.5%(2020 年后至少达到 40%)的高学历人口进入 30 至 34 岁这一年龄层。这一结构与塞尔维亚共和国教育规划的需求是匹配的。

(2)至少 70% 的学生开始参与第一年的硕士学习,选择进行学术研究。

(3)在对塞尔维亚共和国的整体发展有重要意义的学术领域,尤其是科技和自然科学领域,应当完成这一领域学术教育人口增长的计划。

(4)学术研究应向全体符合入学标准的公民开放,以确保全体公民有相同的权利和机会参与研究。对来自社会弱势群体的、有残疾的、有特殊需求的学生提供特殊支持。任何达到录取标准并想要学习的人都应从预算中得到某种形式的经济支持,尤其是低收入群体,但录取人数比社会需求多的领域除外。

(5)在完成学术研究(基础学术研究)的学生中,至少 50% 应进入更高等的学术研究结构(硕士学术研究)学习。

2. 效率

(1)学生平均完成学习的时间会比预定的学制长一年,且 70% 的学生将在这一年完成自己的学习。

(2)辍学率控制在 15% 以下。

(3)效率目标的达成不以牺牲教育质量为前提。

3. 质量

(1)教育的结构和质量应与劳动力市场以及知识社会对接。

(2)毕业生将拥有现代的知识、应用知识的能力、持续学习的意愿、创新解决问题的能力以及企业家的技能和精神。此外,毕业生还将提升国家的文化实力,为塞尔维亚共和国经济竞争力和他们所就职的组织做出贡献。

(3)学术研究的质量由塞尔维亚共和国的质量保障体系来保证,此体系也符合欧洲高等教育区的质量保证体系。

4. 国际化水平与合作

(1)塞尔维亚共和国的学术研究应符合欧洲高等教育区内大学的原则和标准,同时也适用于外国学生,保证至少有 10% 的留学生。

（2）高等教育市场也对国外大学的项目开放，其要求与国内大学相同（如资格评审、工作许可证等）。

（3）塞尔维亚共和国的大学应积极与国外大学，尤其是与欧洲高等教育区内国家的大学开展合作，支持学生和教师出国交换以及按照欧洲研究领域的要求开展联合研究。

5. 学生的流动性

（1）横向和纵向的学生流动，主要指在学术研究系统中（本科生、硕士生、博士生）和学术及工作岗位间（本科生、硕士生）的流动。该流动应符合高等教育机构的规则。

（2）通过交换或其他方式，高等教育机构应努力达到让 20% 的学生参与流动项目的目标，包括让本土学生到国外的大学完成部分学习以及让国际学生到我们的大学来学习。

6. 学术研究组织

（1）学术研究（第一和第二阶段）遵循欧洲高等教育区和欧洲研究区高等教育博洛尼亚进程的原则。

（2）基础研究可持续三到四年（180～240 学分），硕士可持续一年或两年（60～120 学分）。必须确定适用于国家层面的某些职业的学术研究模式，共有以下三种模式：3＋2 模式（180＋120 学分）、4＋1 模式（240＋60 学分）或综合学术研究模式（300～360 学分）。

（3）根据计划进度，有两种类型的学生：以正常速度学习的学生（每年达到 60 学分）和以较慢的速度学习的学生（每年少于 60 学分）。两种类型的学生获得相同的知识、技能，从而获得相同的学位。

（4）除了有 180～240 学分的学士学位课程和 60～120 学分的硕士学位课程外，学生还可以根据欧洲高等教育区大学短周期课程，完成 30～120 学分的学习。

（5）研究制度是根据类型的具体要求和研究的形式而制定的，并给予即将就业的学生特别的关注。

（6）学术研究的一个重要组成部分，在第二阶段还有一项研究活动，在这一活动中培养学生的创造力和好奇心，即研究能力。

7. 相关性

（1）基础学术研究让学生适应工作场所的变化，成功地完成某些任务，同时提升创造力，为升入第二阶段获得必要的理论和方法论奠定基础。

（2）硕士学术研究为学生准备了最复杂的专业任务，同时培养创造力、创业精神、开展研究和解决复杂问题的能力，从而为博士研究和科学工作奠定基础。

（3）研究计划的结果与国家质量框架保持一致。

（4）在终身学习的理念下，学术研究对成人教育开放，其目的是进一步教育或习得新技能。

（5）除了有利于塞尔维亚共和国的教育发展外，学术研究使公民能够获得个人发展（个人致富、促进个人能力提升，并形成具有社会和文化需要的能力）。

(二)学术研究体系的现状

1. 质量

对进入基础研究第一年的学生的知识储备没有要求。为了让尽可能多的学生增加收入,一些高等教育机构的评估标准过低,这对毕业生的素质产生了消极影响。没有标准来监督和衡量毕业生的知识、技能和资格。

2. 相关性

某些研究方案的学习成果与毕业生的结构和塞尔维亚共和国的需要以及劳动力市场的需求之间存在差异(从失业人员的结构可以看出)。没有对受过良好教育的公民的专业需求进行评估,也没有详细分析需求,进而对雇员进行某种教育。缺乏系统地跟踪和可靠地预测塞尔维亚共和国需求的机构。在获得认证时,所有的研究计划都确定了它们的成果,但问题仍然是它们与劳动力市场的要求和国家长期需求不协调。

3. 效率

学习的效率很低。《博洛尼亚宣言》实施前的平均学习时间为 7～8 年。2000 年至 2004 年的辍学率从 43%至 24%不等(呈现下降趋势)。在 2003 年至 2008 年,大学毕业生增长了 28%～53%。2008 年,有 25 931 名学生大学毕业。2009 年共有 13 545 名学生完成了 180 学分的基础学术研究和基础职业研究,27 682 名学生完成了 240 学分的基础学术研究。然而,同样年龄的在校生(不包括现有的学生)的成功率与四年后毕业生的数量,呈下降趋势。

4. 覆盖面

据估计,30 岁至 34 岁的人中,略低于 23%的人拥有高等教育学位。2009 年,共有 56 843 名学生完成了四年制中等教育,基础学术研究第一年入学的学生为 37 417 名(占毕业生总数的 65.8%),其中 80.74%的学生在公立高等教育机构,19.26%的学生在私立高等教育机构。

据统计,在过去的几年中,有 40%～42%的 19 岁学生开始了基础学术研究。学术研究阶段的学生总人数为 42 445 人,这是令人满意的,因为它比需要的人数即 2010 年入学的学生人数提高了约 14%。

在 2009 年和 2010 年,32 个学院共招收了 4 258 名学生,这占基础学术研究第一年学生入学人数的 10.7%,约占私立大学招生人数的 60%。

考生可以根据自己在中学和入学考试的成绩获得免费的学习机会。没有采用社会标准,这使得社会弱势群体的学生无法学习,因为他们所处的环境使他们没能在获得免费教育的基础上完成高中学习。

5. 国际化与合作

《高等教育法》出台后,塞尔维亚共和国实行了博洛尼亚高等教育模式。这使得其能与欧洲高等教育区国家的大学更紧密地合作。研究领域的合作也在 FP7-ERA 方案的框架内。很少有来自国外的学生,因为很少有英语或其他外语的学习课程,但是有来自前南斯拉夫共和国的学生,他们可以参加塞尔维亚共和国语的课程。来自国外的学生有许多障碍(签证、居留许可、保险等),这也阻碍了他们到塞尔维亚共和国学习。与外国大学的联合研究项目也很少。国外文凭很难在国内一些高等教育机构得到认可,因为国内高等教育机构运用自己的标准(例如承认博士学位),要求具有外国大学文凭的学生参加额外的考试。

6. 学生流动

参加学术研究的学生的横向和纵向流动性很强。大部分高等教育机构允许完成基础职业研究和基础学术研究学生流动,要求他们通过某些考试,以消除课程中的差异。拥有基础职业研究学位的学生不能直接参加硕士阶段的学习。学生有组织地从塞尔维亚共和国大学转移到欧洲高等教育区中的大学是非常罕见的,因为到目前为止塞尔维亚共和国并不是"伊拉斯谟计划"的成员国。同时,出国留学变得越来越流行,但这并不是大学间合作的唯一形式,而是学生自主决定的结果。在欧洲高等教育区的一些国家学习,学费低,在这些国家学习已经成为学生的一个可接受的选择,他们获得的奖学金可以支付在国外学习的费用。

7. 学术研究组织

两种高等教育模式(3＋2和4＋1)都适用于塞尔维亚共和国。当学生从3＋2模式转移到4＋1模式时,这阻碍了他们在第二层次(硕士学位)的继续学习,反之亦然。根据国家高等教育委员会的决定,远程(网上)学习最适合他们,并且远程教育学生的人数不应超过高等教育机构学生总数的30％。另一方面,研究制度并非根据学生的就业机会量身定制,因为这类学生在一年内难以取得60学分。除此之外,当他们失败的时候,他们也会失去动力,并产生额外的费用(偿还部分学费)。由于财务原因,大部分高等教育机构(大约80％)已经切换到4＋1模式,即使在3＋2模式完全合适的情况下也是如此。

缺乏主动学习和对知识的实际应用能力。知识的实际应用和学生的研究工作,即使在硕士阶段,在教学中也没有得到充分的应用。在传统的教学方式中,学生是被动的,只需要理解和学习他们所学到的,并在考试中表现出来。虽然《博洛尼亚宣言》的实施有助于学生在学期中完成更多的工作,但在一些院系中,这一规定的实施程度仍然较低。教师的一个重要工作是负责实际教学,与学生一起在考试的前提下工作,教师在课堂上与学生的合作很少,有些院系有腐败问题("购买"分数)。计划、作业和考试的过程中存在问题,学生的考试要求也存在不足。每年有大量的考试打乱了教学的进程。

在2008—2009学年,7 878名教师和5 461名员工在高等教育机构从事全职工作。从2002/2003至2009/2010(2007/2008年度除外)年度,高等教育机构的教师人数增加较多。每名教师指导的平均学生人数约为35人,在拥有大量学生的大学里,每位教师指导的平均学生人数非常之多(超过100人),大约85％的教师是全职的。在一些大学,教师的续聘往往不是依据竞争力进行的,因此选拔的教师并不符合国家高等教育委员会的标准,这些标准包括拥有一定数量的科研论文、研究和工业项目等。在他们的职业生涯中,大量大学教师没有获得有关教学方法、教育学等方面的知识,也没有在这些领域接受过培训。这会对个别教师的教育工作和工作成果产生不利的影响。

(三)SWOT 分析结果

1.内部优势

(1)高等教育的传统和经验。

(2)开发的高等教育网络。

(3)一些学院或部门的质量以及高质量教师的数量。

(4)在一些教育领域中开展了学术研究。

2.内部缺点

(1)一些教师不够努力,研究工作和课外工作时间不充分(在教学时间之外很少参与工作,缺乏有组织的研究等)。

(2)教师坚持传统,不愿意改变,而且长期习惯于"引入变革",而事实上,什么也没有改变。

(3)质量标准(由全球模式确定)缺乏,学术研究的资助水平远低于我们试图遵循的国家水平,这使得高等教育机构陷入了困难的财务状况(如果它们遵循该标准),或导致它们忽视质量标准(例如教学小组的规模、教师的工作量)。

(4)教师的选拔缺乏竞争性,经常忽略一些标准,而标准本身往往不包括教师的教学成果和技能。

(5)一些高等教育机构招收太多的学生,但并没有提供高质量的教育。

3.环境、外部条件的优势

(1)年轻人对获得学位和深造的兴趣很高(因为他们没有更多的就业机会)。

(2)来自前南斯拉夫共和国的学生喜欢来塞尔维亚共和国学习,他们没有语言障碍。

(3)在塞尔维亚共和国留学的非洲和中东学生有着积极的态度。

(4)塞尔维亚共和国的学生和教师加入欧洲高等教育区流动计划。

4.环境、外部条件的缺点

(1)一些欧盟国家的有利条件(特别是在高等教育的第二个阶段和第三个阶段)使部分年轻人离开国家(通常是永久性的)。

(2)外国大学开设分支机构并向塞尔维亚共和国公民提供服务,加上它们的工作不受国内高等教育机构标准的限制,因此它们可以获得更好的条件。

(3)青年毕业生的生活水平下降和就业能力不足,严重影响了年轻人学习研究的积极性。

(四)学术研究发展战略

1. 主要挑战

(1)按照国际和欧洲标准,全面提高学术研究的质量及其统一性。

(2)根据市场需求和塞尔维亚共和国的需求调整研究计划。

(3)提高学术研究的效率:学习的平均时间应比研究计划设想的时间长一年,在此期间至少有 70% 的学生完成了学习;超过学生总数 70% 的人报名参加学术研究。

(4)学术国际化:10% 来自国外的学生。

2. 主要方向

(1)通过引入质量体系和竞争来提高研究的质量。

(2)通过财政奖励鼓励学生进行学术研究,提高研究的有效性。

(3)根据市场需求调整研究方案,并预测塞尔维亚共和国未来的需要。

(4)支持塞尔维亚共和国高等教育机构与世界高等教育机构之间形成战略伙伴关系,以及知识经济中高等教育机构与经济、行政和其他利益相关者之间形成伙伴关系。

3. 实现愿景的战略——政策、行动和措施

为了实现战略目标,已经制定了一系列必要措施,以实现这些目标和可能的业绩指标。战略目标按以下战略方向分组:

(1)质量提升。

(2)协调研究计划与需求。

(3)提高学习效率。

(4)提高学术研究的覆盖面。

(5)学术研究的国际化。

(6)学生流动性增强。

(7)学术研究组织的现代化。

表 2 是实现这些目标所必需的措施,由于某些措施影响多个目标,本文只列在那些产生最大影响的目标内。

表 2

战略目标	行动和措施	性能指标
质量提升		
建立全面的质量保证体系	提高学术研究水平; 限制每位教师指导学生的人数; 实行招生外部控制; 遵守质量标准	新标准对每位教师指导的学生人数进行了限制

（续表）

战略目标	行动和措施	性能指标
鼓励高质量的研究方案	高等教育机构制定特殊的质量认证标准，采用更严格的标准来评估课程的相关性、教学质量、取得的成绩和教师的选择标准	引入"优秀学习计划"证书
评估毕业生的素质	在国家层面开展毕业生就业质量的雇主定期调查，促使学生参加知识竞赛	按学科划分年度知识竞赛次数
协调研究计划与市场需求		
确定经济和社会的需求	建立能够确定市场需求的机构，并对塞尔维亚共和国的未来需求进行专业评估	对塞尔维亚共和国未来市场需求的定期报告（未来5年）
协调研究计划与需要	在认证工作中，所有的研究方案、研究成果，都需要体现协调能力，以评估完成研究方案学生所必需的资格	介绍改进的标准，证明研究方案的相关性
在重点领域建设方案	利用财政奖励，引导学生学习符合优先事项的学习方案	通过财政奖励的相关法律加以保障
更清楚地定位基础学术研究	提供更长期相关的知识学习（学术和普通教育，理论方法学和科学技术学科），同时也使学生能够将所获得的知识应用于特定领域或学科； 高达20％学分的选修课程（专业适用科目），提供专业和适用的知识； 培养适应工作的能力	完成基础学术研究的学生很容易适应工作要求
更清楚地定位硕士学术研究	在专业领域提供更深入和更先进的知识，包括理论知识和应用知识，有高水平分析、关键评估和专业知识应用，以及解决复杂问题的能力，能独立分析推理； 至少有30％学分的选修课程； 为期一年和两年的研究；个性化教学 根据相关规定和标准确认非正式学习和经验知识	已经完成硕士学术研究学业的学生有资格参加最复杂的专业工作； 个性化学习方法的应用； 承认非正规和经验知识的相关规则
成人教育和终身学习	使被雇用的学生能够部分地完成一个学习计划，如果他们想要（逐步学习），可以在以后完成；为成人，特别是在职人员提供培训	使用渐进式研究的方法获得部分学分；针对就业者的培训课程
指导和帮助学生找到专业方向	设立中心以协助学生找到专业方向	建立学生帮助中心
研究计划和高等教育机构对社会的重要性	特别资助对塞尔维亚共和国社会和文化发展以及安全特别重要的研究计划，以及在市场中无法生存，但它们的工作有很强的吸引力的高等教育机构	高等教育机构项目的获得以及塞尔维亚共和国社会和文化发展的计划
提高学习效率		
激发学生更快地完成学业的潜力	从公共资源中学习一种适用于每年获得60学分学生的课程	研究项目的平均持续时间比预期长一年，在此期间，至少有70％的学生完成了学业

战略目标	行动和措施	性能指标
以现代教学促进学习	运用主动学习的方法,遵循以"学生为中心"的原则,不断地培养学生的创造性和个性化学习能力	只有15％的学生退学; 新成立的公司和毕业生人数
更好地准备新学生的学习	最后的毕业考试介绍	有组织的预科班的课程数量;第一年的学生保留率达10％
增加学术研究的覆盖面		
加大基础学术研究的入学率	增加综合学校的学生人数; 加强中学与大学之间的合作(学生竞赛、讲习班、附加班等);有组织地推广中学基础教育课程;根据学生在教育和社会方面的需求,特别是为社会弱势群体提供尽可能多的来自公共来源的财政支持	70％的学生参加了这项研究,参与的学校有50％的中学生去了综合学校; 已完成综合学校教育的学生中,有95％参加了基础学术研究;所有在优先领域学习的学生都有来自公共资源的某种形式的财政支持; 来自社会弱势群体的学生人数增加
学术研究的国际化		
提供外语学术课程	为外国学生制订学习计划; 向公立学校提供特殊的财政支持,帮助那些为外国学生开展学习计划的大学;采用为外国人设计的学习计划	学术研究中至少有10％的学生来自国外
增加联合学习项目的数量,特别是国外大学的硕士研究项目	调整联合研究方案的标准和要求,以达到其标准	增加与外国大学的联合方案和学生人数
增加欧洲高等教育区教师的流动	简化对想在塞尔维亚共和国任教的外国教师临时停留的行政要求; 支持塞尔维亚共和国教师临时到欧洲高等教育区国家进行培训	增加在塞尔维亚共和国工作的外籍教师人数;为了教学和研究的目的,在欧洲高等教育区国家临时工作的教师人数
学生流动性的增强		
增加学生在塞尔维亚共和国的基础学术研究项目之间的流动性	在塞尔维亚共和国的学术研究项目之间,允许学生流动	增加高等教育系统中参与流动项目的学生人数
流向外国高等教育机构或来自外国的高等教育机构	简化外国留学生进入塞尔维亚共和国的行政程序; 支持塞尔维亚共和国学生在欧洲高等教育区国家学习一个学期到一年;根据《里斯本公约》的规定,承认外国文凭	增加塞尔维亚共和国高等教育机构的外国留学生人数;增加外国高等教育机构来自塞尔维亚共和国高等教育机构的学生
学术研究组织的现代化		
为完成三年制基础学术教育的学生提供机会,在第四年学业完成后获得学士学位	形成为期一年和两年的硕士研究(60学分和120学分)的可能性	三年制课程的学生,在硕士学术研究学年结束后,如果第一年的硕士学术研究与基础学术研究相同,可以获得学位

（续表）

战略目标	行动和措施	性能指标
取得 30 学分到 60 学分的证书	完成 30 学分到 60 学分短期计划的可能性	学生获得限定的资格；利用短期计划培训雇员
提高师资队伍素质	提供教育学教师的额外教育和培训；明确教师选拔的条件；鼓励教师在教学中研究和取得成果	教育学的教师人数；有 M20 类作品的教师人数
某些专业学术研究的具体模式	提供给教师教育的 300 学分的综合学术研究；为学生提供的 360 学分的医学和兽医学综合学术研究；专业学术研究模式在规范职业中的应用	按照欧洲高等教育领域国家的惯例，为某些专业学习提供模式
考虑到艺术领域教育的特殊性	审查现有的和引进的特殊认证标准；减少教师的最低工作量；根据专业协调毕业生的学衔；统一以前的艺术教育与高等教育；协调（不同）艺术院系入学考试的条件；根据法律规定，完成艺术基础学术研究的学生可以在学前教育和低年级的初级教育中工作；应用 3＋2 的学术研究模式为艺术学院提供适当的资金和足够的场所；在基础学术研究和硕士学术研究期间允许更多的学生流动	在艺术领域进行研究提供更有利和更充分的条件

（五）学术研究环境的改变

（1）将塞尔维亚共和国的经济发展引向知识经济，在这种经济中可以为受过学术教育的人提供工作。

（2）专门机构将以专业和合格的方式遵循劳动力市场的要求，预估塞尔维亚共和国未来对雇员资质的需求，并根据所提供的教育服务，即研究计划和教育能力，定期发布报告。

（3）准备和实施国家质量框架，调整职业分类、职业命名法、特定职业资格清单等。

（4）有必要调整外国人在塞尔维亚共和国学习和工作的规则（简化签证制度、许可证、健康保险和其他劳动关系）。

（5）应改变劳动用工场所的法律规定，以支持大学的特定需求（博士生工作，即使在获得养老金权利后的工作等）。

（6）贯彻落实立法改革，以满足实施这一战略的需要。

（六）学术研究与其他系统的战略互动

最重要的是学术研究与中等教育、职业研究、研究系统和经济的关系。

1. 学术研究与中等教育

（1）提高中等教育质量，增加四年制中学的学生人数，特别是综合学校的学生人数（因为他们主要为学生的学业做准备）。

（2）为感兴趣的学生提供多种形式的额外课程（课程、工作坊、项目等）。

（3）共同组织知识竞赛。

2.学术研究与职业研究

（1）允许不同层次的学术和职业研究之间横向和纵向流动。

（2）在统一学习计划方面进行合作，明确学术和职业学习的特点，使新生能明确地选择他们的教育路径。

（3）创造和促进学生流动，从职业学习转向学术学习，反之亦然，并开展合作以支持想从一种学习转向另一种学习的学生。

（4）在经济因素和发展项目持有者的参与下进行联合应用和开发研究。

3.学术研究与一个研究系统

（1）博士研究和博士研究项目应充分得到公共资金的支持，并在塞尔维亚共和国的研究体系中发挥重要作用。

（2）促进高等教育机构教师和研究人员的发展和联系，建立联合实验室，获得中心的地位，吸引国内外公司进行各种形式的合作（联合建立和维护中心或实验室，进行长期计划联合研究等）。

4.学术研究与经济

（1）统一学术研究计划与经济发展需求，并在学生培训方面进行合作，使大学学生获得更多与雇主需求相关的知识、技能。

（2）对雇员进行额外的正规和非正规教育，以满足他们所从事或想要从事的工作的需求。

（3）聘请高校杰出专家，不仅担任客座教授，还担任外部大学教师的职位，如果该专家不具备博士资格，可以外聘教授担任此职位，目的是他（她）在产生重大结果的领域教授该主题。

（4）在大学的创新中心实施创新项目的联合工作，让来自商业组织的学生和专家参与，目的是实施过程能够带来创新的想法。

（5）联合应用研究和开发应利用大学资源（额外教育、研究活动、联合实验室、师生参与等）。

（6）确保每一所大学能够建立至少一个商业孵化器，以帮助它们的毕业生创业，从而为建立基于科学知识的新产业做出贡献。

三、博士研究

博士研究的使命是通过发挥大学科学的作用提供新的知识，提高研究潜力，为高等教育和其他领域培养教师，从而促进知识的发展、科技的进步、文化的提升和取得国家认同。

博士研究是对智力潜能的长期投资，其功能是将有天赋的学生转化为训练有素的研究人员，使他们能够胜任高水平知识和技能的工作。

(一)博士研究发展的前景

博士研究的主要包含:覆盖面、质量、相关性和有效性等特征,这些特征使这一层次的教育与博洛尼亚进程中的其他层次不同,具体体现在研究成果、研究环境和国际开放度方面。

知识型社会的发展以及塞尔维亚共和国普通和特殊战略的实施,通过博士研究提高了国家的研究潜力。

1. 覆盖面

(1)根据各高校的研究能力,按照科学技术发展的优先顺序和用人单位的要求,进行学生的招生工作。

(2)完成硕士学业的学生中,至少有10%继续攻读博士学位。

(3)有才能的学生具有研究工作和进步的必要条件。

2. 效率

(1)在规定的时间内完成博士学业的人数至少占居民总数的2%。

(2)攻读博士学位的学生中,至少有60%在规定时间内完成了学业。

3. 质量

(1)提供博士研究的机构应对质量负责。

(2)质量是根据欧洲高等教育领域国家的标准确定的,并改进了博士研究的认证和自我评价标准。

(3)博士研究的质量是以每门学科的发展指标为基础的,通过职业道德教育,提高科学家对人类和自然的责任感。

(4)对学生和机构的整体研究成果进行评估。

(5)对攻读博士学位的学生的进步情况进行系统的监测和鼓励。

(6)博士课程是以完全透明的方式进行的。

4. 研究成果

(1)所有的大学和学院都有自己的研究项目(它们自己的、国家的或国际项目),涉及博士研究领域的课题,学生可以进行研究。

(2)博士学位论文的科学和艺术价值符合国家和国际层面的标准,而每一篇博士论文都是由独立专家(国内或国际)在研究领域做出的贡献。

(3)所有提供博士研究的科研机构,通过出版物、引文、专利数量等方式呈现研究成果。

(4)在艺术领域,一个新的博士研究的理念已经发展为现代社会的趋势。

5. 研究环境

(1)博士研究包括大学和研究所的所有研究和物质资源。

（2）攻读博士学位的大学教师和研究人员在博士的领域取得了国际认可的成果。

（3）每一个学生都有相关的研究环境和一个称职的导师，来自海外的科学家也包括在博士研究中。

（4）有组织的"博士学校"在欧洲的教育体系中是被认可的。

（5）运用特别措施鼓励跨学校进行博士研究，以整合资源，提高博士研究的质量。

6. 国际开放度

（1）博士研究项目中至少有 10% 是与国外大学的联合项目。

（2）外籍教师参与教学和辅导。

（3）留学生在本校学习。

（4）国际研究项目为教师和学生提供流动的可能，每五名学生参加一个流动方案。

（5）攻读博士学位的学生参加每一个国际项目。

（6）至少有 10% 的课程是用英语或其他外语进行的。

7. 相关性

（1）研究计划需要修改，并符合公共部门、工业、贸易和服务行业的工作和需要。

（2）已经制订了跨学科或多学科的研究方案，引导博士生从事不属于研究领域的工作，但需要高水平的创新。

（3）到 2020 年底，大约 40% 的博士毕业生应具备从事非学术领域必需的能力。

（4）对希望继续从事高等教育的候选人进行博士后培训，这意味着年轻的科学博士在某一时间内临时参与研究项目，使博士后培训成为一种新的培训形式。

（二）博士研究的现状

1. 覆盖面和效率

（1）学生入学率不符合大学的研究能力，也不符合科学和技术发展的优先顺序。

（2）每年完成博士研究的人数为 0.65%～0.75%，远远低于当时的平均水平。

（3）完成博士学位论文（根据博洛尼亚进程博士研究规定）历时三年。

2. 研究成果

博士研究计划在 18 所认可的大学中实施，国家和国际项目的研究工作在 70% 认可的大学院系中开展，但在认可大学就读的 5 000 名学生中，有 47% 的学生参与了预算资助的研究项目。

目前，只有部分答辩的博士论文有原创的科学性或艺术性，博士学位论文的质量评估标准，许多大学并没有遵守，没有任何机制能约束这种现象。

近年来，期刊的出版物数量显著增加，在出版物总数中，发表的 70% 的论文来自 25 个机构的研究人员，共 176 篇。目前，专利和创新很少。塞尔维亚共和国的大学没有出现在世界大学排名的名单里，大学的科学能力仍旧不足，每名教师带领的学生数量太大,没有达到排名中的要求。

所有领域都有博士研究,这在欧洲高等教育区的国家的其他教育系统中没有记录。

3. 研究环境

当前的学生并没有足够的研究环境,还常常没有主管的指导,由于个别研究机构的能力较低,因此,在博士研究中,只有在特定情况下才能与研究所合作。

在一些研究计划里,教师没有达到最低标准要求,没有足够数量的出版物。有一定数量(20%~30%)的博士课程是由非常少的导师(三到五人)组织的,或者有更多的导师,他们很难达到认证的最低标准要求,因此博士生就没有足够的研究环境。

塞尔维亚共和国的科学移民由在世界上主要研究机构工作的数千名研究人员组成,但很少有人在这个国家从事博士研究。尽管在某些领域的研究中取得了令人瞩目的成果,但该研究并没有系统地参与到博士研究中,而且一些大学的研究中心也没办法组织高质量的博士研究。

4. 国际开放度

塞尔维亚共和国的高等教育体制闭塞,一些外国大学的联合学习计划和外国学生的数量较少,师生的流动性非常低。

极少数博士研究计划可以用英语实施,而且塞尔维亚共和国的大学和外国著名大学之间没有联合学习方案。目前,塞尔维亚共和国正在实施更多的国际项目,其中有博士生参与其中,但是国际项目的范围和数量仍然不够,教师和学生的流动性并没有得到解决,没有任何决策,也没有必要的财务和行政先决条件来执行上述行动。

5. 相关性

此时,博士项目几乎完全孤立于一个教师和一个学科之中。许多以多学科或多学科成果为基础的研究项目。这些研究计划有助于指导科学工作者在非学术领域工作,而这需要高水平的知识、技能和创新能力,这些都没有任何大学能实施。现在,博士研究还没有具备高等教育教学职位所必需的研究水平和专业技能。博士项目的发展与劳动力市场和雇主的要求无关。

6. 质量保障

在符合认证最低要求的情况下,高等教育机构录取学生,让学生参加课程学习,不考虑是否为他们提供了工作条件和导师,以及毕业生的就业情况。

博士研究的质量是建立在几个基本的认证和自我评价标准之上的,并且每个学科的专业指标都没有被开发出来,在人文和艺术领域存在一些问题。研究机构的评估结果仅针对科学研究机构,在没有精确的认证标准的基础上进行的,因为博士研究最近才被引入,博士生完成工作的评价方法和标准尚未出台。

博士研究项目要求在三年内达到180学分,人们普遍认为这个时间很短。在大多数大学,博士研究没有透明度,没有发表论文的数据要求,等等。

(三)SWOT 分析结果

1. 内部优势

塞尔维亚共和国学术界在科学博士教育方面有着丰富的经验。随着博洛尼亚进程第三个周期的博士研究的引入,学生对继续攻读博士学位的兴趣显著增加。塞尔维亚共和国的研究成果不断增多,表现在 SCI、SSCI、AHCI 和引用文献的数量上。近年来,研究基础设施得到改善,重要的现代化设备购置和各大学中心的主要基础设施建设正在进行中。

2. 内部劣势

(1)塞尔维亚共和国是世界上"人才外流"最多的国家之一。

(2)研究与设施分离。

(3)研究范围很小,影响创新和专利的发明。

(4)应用研究的代表性很小。

(5)教师的能力不符合现有的标准,通过实施更严格的标准来提升质量的方式得不到认可。

(6)博士研究没有针对非学术领域和劳动力市场的要求。

3. 外部优势

(1)通过 FP7 计划,进一步发展和强化国际合作,在 2020 年横向和双边项目中,将有助于提高研究质量、国际竞争力并改进博士研究。

(2)在基础设施和科技园区投资,通过基金进行创新活动的资金,将为从事研究和技术发展的博士生和青年博士奠定更好的基础。

(3)利用"伊斯拉谟"等项目。

4. 外部劣势、风险、危害

(1)在生活和工作的各个领域中需要最高层次的教育专家。

(2)劳动力市场不承认博士研究是最高水平。

(3)在其他部门,对科学博士的需求还没有得到满足。

(4)欧盟国家制定了一项吸引最有才能的学生参加博士研究的战略,它们引进了 SCI 签证,为研究提供了极好的条件,这将进一步扼制塞尔维亚共和国学生的"流失"。

(四)博士研究发展战略

战略的主要挑战和方向:

(1)将博士研究纳入国内外研究项目中,纳入高校战略文件、评审标准和内部质量评价中。

(2)开展高等教育和研究,实现大学的功能整合,与科研院所建立联系,并与大学之间的某些领域建立网络联系。

（五）实现愿景的战略 ——政策、行动和措施

表 4

战略目标	性能指标
研究成果	
所有大学都组织科学研究； 艺术大学组织艺术研究和艺术工作； 不断加强高校的科研能力和水平	大学科学研究发展的策略和行动计划； 大学工作的报告； 国际和国家大学的排名
博士研究是有组织的科学研究的一部分； 每一篇博士论文都是在自己的国家或国际研究项目中进行的	大学战略； 出版物、专利和创新的数量； 国内和国际项目的数量
通过资助，获得新的研究设备，在申请新项目时具有优势。 对成功的科研机构和个人进行奖励	出版物数量的增加；创新和专利数量增加； 增加了科学博士的数量； 评选年度最佳大学论文奖和最成功的研究者
利用其他来源的资金改善研究条件（新设备、工作空间等），在国外进行培训，提高博士生的个人素质等	国际项目的数量、游学团、外国大学的访问教师； 研究基础设施
重新定义艺术领域的博士研究，加强和协调他们与世界的关系，满足高等教育机构、艺术机构和文化机构的需要	在大众和雇主的参与下进行全面的讨论； 在艺术领域明确博士研究的目标和成果
研究环境	
通过各种形式的高校和政府机构的功能整合，提高研究资源的质量； 在大学之间建立一个研究网络； 在一些大学设立国立研究所	教师和研究人员的流动； 联合研究项目和研究方案的数目； 附属于政府机构的大学数量； 国立的机构
建立一个系统，允许和促进大学内部和大学之间的跨学科、多学科和联合研究项目	跨学科和多学科研究方案的认可标准； 跨学科和多学科联合研究项目的数量
不断创新科研设备	基础设施的状况
在区域和国际创立"博士学校"； 使大学内的国家研究机构能够在具有良好研究环境的领域的"博士学校"进行研究； 直接面向外国学生开设"博士学校"，并组织英语课程	高等教育和科学研究的法律； "博士学校"数量及其国际知名度； 在这个领域有更多合格的导师
在所有州立大学的参与下，在国家"博士学校"中，对教育和教育政策进行研究，并提供足够的资金支持	高等教育和科学研究的法律。 标准的认证
能够使大学或学院中没有被博士研究领域认可的教师能够通过联合研究项目参与研究	高等教育和科学研究的法律； 大学的认证标准； 联合研究项目
在网络上的某些领域进行博士研究，并允许其在教授和学生之间流动	联合研究计划； 研究设备的使用； 教学人员资格认证标准
相关性	
通过介绍并创造新的方案；需从领导力、创造性、创新和创业导向等方面，修改现有的方案	从事非学术领域的科学博士人数； 新的和修改的学习计划的数量； 满足劳动力市场需求的程度

战略目标	性能指标
相关性	
加强与商业和公共部门的合作，为发展新研究计划而成立顾问小组； 小组成员包括非学术领域的杰出专家，尤其是在形成"专业博士"的情况下； 参与工业博士的行动，如欧洲工业博士——玛丽·希里行动	研究项目的数量； 学生的数量
对科学博士进行强制性博士后培训； 建立融资体系（国家和国际基金、项目等）； 让每一位学生在教学过程中至少有一个学期的时间参加至少四个小时的培训	高等教育和科学研究的法律
让年轻博士开始他们自己的独立研究项目，在科技园、创新中心和发展中心工作	专利的数量和创新的解决方案； 设立最佳专利和创新奖
在高等教育、科研和文化机构、企业界及其他领域中的科学博士应该发挥主导作用	科学博士的就业程度； 国家质量框架网络
博士研究期间应获得最高水平的知识和技能	明确要求在博士研究期间获得最高水平知识和技能的工作
国际开放度	
采用国家战略，促进国内外大学教师和学生的流动； 建立机制支持塞尔维亚共和国优秀学生的流动和吸引来塞尔维亚共和国留学的优秀学生	高等教育流动战略； 高校师生流动策略； 获得奖学金和其他形式支持的简单而透明的程序
为大学教师和学生参与国际研究项目建立支持体系，学生的流动直接与学位论文联系在一起，而教师的流动则取决于晋升制度； 加强与欧洲倡议相关的活动，如：伊拉斯谟计划等	国际项目的数量； 促进教学人员交流； 国际合作基金； 塞尔维亚共和国移民的学生和外国留学生的数量
创造外国大学教师和研究人员参与的机制和条件	外国大学教师和研究人员的数量
开展西部巴尔干国家之间的区域合作，作为区域流动良好实践的范例； 解决与外国人居住和工作状况有关的问题，以确保他们在高等教育机构、学习和就业	双边合作协议； 两国的研究项目； 修改法律法规
制订与国际大学的联合研究计划； 设置联合学位或双学位； 引进英语和其他外语的学习课程	联合研究计划的数目； 联合研究计划的博士人数； 英语学习课程的数量
覆盖面	
将招生政策与国内高等教育机构的实际研究能力相结合； 为每个学生提供必要的工作条件（包括在一个研究项目中，一个称职的导师，一个工作场所，一个实验室），所有的学生都通过认证	大学的科学发展战略； 博士论文评审标准； 一项管理博士研究和博士生的法案
协调学生的数量，特别是在有战略重点的领域学习的学生，同时鼓励学生追求自然和技术，这对国家的科学和技术发展具有重要意义	执行有关战略文件的行动计划

（续表）

战略目标	性能指标
覆盖面	
建立一个综合性融资系统，用来资助那些取得非凡学术成就、通过接受先前教育表现出巨大研究天赋的学生，在获得国际认可的同时激励其在国内个人和专业的发展	一项管理博士研究和博士生的法案； 预算资助的博士生人数； 博士研究成果年度报告
将青年研究人员的地位给予博士生； 明确博士生和高等教育机构的权利和义务	一项管理博士研究和博士生的法案； 博士生和高等教育机构之间的权利和义务协议
用完善的资金系统增加覆盖面，到2020年，至少有10%的学生完成了硕士或综合研究	资助博士研究生和博士生的法案
招收外国留学生，在一定程度上有助于增强大学的物质基础	塞尔维亚共和国高等教育的流动策略
效率	
鼓励每一个博士研究生取得进步	高等教育与科学研究法； 在预定时间内完成博士研究的人数
重新定义博士研究的时间，在必要的情况下，将博士研究延长四五年； 进行结构的调整； 进行扩展研究	大学章程； 高等教育与科学研究法
质量	
采用欧洲标准和指南（ESG）； 加强内部质量控制； 制定系统监测、评价以及促进科研机构、博士生和所有从事教育、研究工作人员的标准和机制	按照欧洲标准和指南出版大学刊物； 高等教育机构排名和分类法案
高等教育和研究中的道德规范； 完善质量保证体系； 对每个教育科学和教育艺术领域以及学科研究提出具体的质量指标（研究结果、完成博士研究的数量、有关的注册学生数等）	在所有高等教育机构中接受并建立道德准则； 改进博士研究生资格认证的标准和程序； 制定教育艺术领域和学科的质量指标
增加有研究能力和国际公认成绩的教师人数； 除了大学教师和研究人员的相关专业外，导师也可能是SASA组织和退休研究活动组织的成员； 使用统一的标准和程序，在国家一级对导师进行任命； 通过使用欧洲科研人员网络（EURAXESS）对教师和研究人员的任命进行公布	高等教育和科学研究的法律、大学教师聘任标准的应用、教师注册、导师的标准、导师的登记、塞尔维亚共和国欧洲科研人员的网络
博士论文：博士学位论文成果的通过标准； 介绍博士论文的国际综述和博士学位论文的注册	博士学位论文的统一规则； 博士论文的注册； 塞尔维亚共和国博士学位论文数据库

（六）博士研究环境的必要改变

（1）建立足够的和可持续的资金体系包括：研究经费（研究设备和研究费用），教育资助，通过奖学金或工资为博士生提供帮助，为在高等教育机构工作的博士生提供资金。

（2）为博士生提供基本权利：工资、健康和养老保险，他们的研究所产生的著作权和专利权，因为他们是研究人员，他们是从事研究工作的基本劳动力；有选择地分配给专门委员会在优先领域的公共资源；通过专门的激励措施刺激经济部门投资于博士研究；通过大学和其他机构的合作，建立其他形式的融资渠道。

（3）通过对整个大学前教育的改革，增加学生创造力，提供批判性思维和研究的方向，在各级教育中为实验教学和教师培训创造条件。

（4）不断发展和促进人才培养，大学可以为有才能的学生设立特别的课程，加强与综合学校、研究和科技推广中心的合作，以及对天才学生的资助工作。

（5）为硕士研究生提供机会，通过独立的项目来了解研究；在大学层面，设立一个基金，为优秀本科生的科研工作提供支持。

（6）在教师层面，通过公开邀请（包括学生）确定研究项目，肯定、鼓励和奖励学生的研究工作，使他们能够参加国家和国际会议。

（七）博士研究与其他系统的战略互动

1. 博士研究与其他系统的相互关系

应鼓励高等院校与经济、文化和其他部门合作，不断促进学生和工作人员的交流。应建立更广泛的社区参与到各种与博士研究有关的活动的结构和程序中，其中包括设计各模块和研究方案，进行审计和认证。科学博士必须在劳动力市场和可接受的工作中得到认可，因为这些工作需要最高水平的知识和技能。

2. 博士研究与经济

提高国家竞争力和创新发展水平与博士生研究有着直接联系。通过商业公司、政府和学术领域的合作：未来工厂，在能源效率和可再生能源方面可以发挥重大作用；农业发展，即生产食品的技术平台，应该培养新一代的科学博士。世界卫生组织还为新技术的发展和技术的有效转让，将其纳入塞尔维亚共和国的生产系统进行了培训。博士研究是塞尔维亚共和国国家技术平台建设的基地之一。在有利的条件下，中小企业和其他经济实体应被免除税收，如果它们雇用研究人员，并通过博士研究来进行投资的话。强制性的措施是，与产品和服务的发展直接相关的项目，以及由基金（如创新活动基金）资助的项目必须有博士生的参与。

3. 博士研究与健康

在医学科学领域，应该引入一种全新的组织体系，它将教育、研究和保健结合起来，从而在不同部门的不同机构和系统之间提供一种联系。特别法规和标准应该通过引入适用于欧盟国家的立法来规范临床医学博士的研究。

4. 博士研究与文化

艺术、人文和社会科学的研究对于社会的发展、文化和民族认同有着重要的意义。在艺术、人文和社会科学方面研究对社会和经济产生影响的例子可以从对表演艺术、创意产业、金融服务和旅游业的直接影响中看到。

5.博士研究与环境保护

在环境保护领域,最突出的是对多学科知识的需求。国家应该尽可能地支持这一领域的博士研究,因为随着控制标准的不断发展和环境知识的不断更新,开发新的回收技术,对不危害环境的生产工艺和产品提出了更高的要求。负责环境活动的国家机构将直接提出对这一领域的研究需要,指导它们的工作人员,通过博士研究,获得博士学位,并要求大学也要进行专门的研究。

6.博士研究与公共行政

现代公共行政将要求所有专业职位都由具有最高水平的专业人士担任。这是必须实现的,因为公共公司行政和管理的发展以及其他业务都需要受过现代教育的专业人员。为了满足这些需要,应建立一个国家机构,和大学之间形成战略伙伴关系,在法律、经济、政治科学、管理、道德、信息技术等领域形成跨学科研究的大学。公共管理的改进和现代化应通过调整现代化的博士研究理念,提高人力资源管理来实现。

四、职业研究

职业研究的任务是通过促进、转让和交换知识,向个人和社会提供机会,从而让企业和劳动力市场受益。

(一)职业研究发展的愿景

高等职业教育发展的重点是为了实现总体战略的特点:覆盖率、质量、效率和相关性及实现具体的战略特征:社会认可、环境合作、研究活动和教师的发展。到 2020 年,高等职业教育的发展将实现以下愿景:

1.覆盖面

(1)进入基础研究一年级的学生中,至少有 30% 参加了职业研究。

(2)覆盖范围根据高等职业学校网络的地理范围,与经济结构、区域和地方相结合,以研究方案的多样化和灵活性为基础。

2.效率

(1)研究的平均期限将比计划的时间长一年,在这段时间内,至少有 70% 的学生最终将完成学业。

(2)退学的学生不超过 15%。

(3)越来越多的高等职业学校被纳入职业研究院。

3.质量

(1)在国家质量框架下,明确定义职业研究毕业生的竞争力。

(2)职业研究项目在学习成果、与潜在用户长期合作的基础上,提高毕业生的竞争力,教学方法是以实践知识和专业技能为基础,以实践训练为主的课程。

（3）显著提高教师的竞争力，所有的教师拥有与研究领域相关的良好的实践知识、技能和成果。

（4）教育过程的组织是建立在明确的教导方式和方法论基础上的。

（5）建立了一个基于欧洲指标的测量系统。

（6）改进资源，使学生获得必要的知识和实践，并在硕士研究中进行应用性研究。

4. 相关性

（1）这些研究与地区和地方政府的经济和公共部门的联系更加密切，职业研究的相关性得到了提高。

（2）通过平衡的结构和由预算资助的学生来支持职业研究参与到高等教育中。

5. 合作

（1）职业教育已被纳入欧洲高等教育协会、欧洲应用科学大学网络及哥本哈根进程中，并在职业教育和培训方面开展了国际合作。

（2）在教育和教育援助领域参加国家合作项目。

（3）与商业界建立了长期合作关系。

（4）在高等教育领域，已经通过学术研究与教育同研究领域达成了合作意向。

6. 社会认可

（1）与海外高等教育机构开展了大量的联合项目。

（2）与博洛尼亚进程相协调的两个阶段——基础学术研究和硕士职业研究，已经建立了完整的结构，且学生与职业研究之间的横向流动和纵向流动成为可能，并由高等教育机构重新设定附加条件。

（3）立法中规定的劳动关系已经统一。

（4）职业技术大会已经成为组织、代表、推广和宣传的中坚力量。

（5）职业学院学生会议对职业学习的现状和发展产生了重大影响。

（6）教学人员的职称与国际惯例和标准相一致。

7. 研究和创新活动

（1）研究活动在应用研究中进行，主要与经济组织合作。

（2）研究活动已成为高等职业学校中的一个结构性元素，并与专业和职业硕士的研究项目相关。

（3）增加科学和专业服务人员的数量和活跃研究人员的数量。

8. 教师

（1）重新定义了选举、就业、评估和连任教师的条件，以及这些条件与学术研究中的区别。

（2）50％的教师都有博士学位，在其教学领域拥有相关的科学研究成果，其他教师在与学习计划相关的领域工作至少3年以上，具有良好的实践知识、技能和成果。

（3）根据共同框架内的指导方针，对这些具有"决定性作用"的大学教师进行评价、选举和改选，并提供选举的标准。

（4）由来自经济和公共部门的专业人员参与学习，一方面，进一步对教职工进行教育和培训；另一方面，允许教师与高质量职业教育机构进行合作。

（5）建立了教师培训和教师职业发展体系。

（二）当前职业教育的现状

1. 覆盖面

职业研究依赖于一个规模相对较大的职业教育基地。中等职业教育的学生人数为285 596人，占中等学校学生人数的80.1%。与综合学校的学生不同，中等职业教育的学生不能继续接受更高等级的教育，因此在29岁以下的失业者中，有68.6%的人只接受过中等职业教育。

国家规定的研究计划招生名额是18 684名，学术研究的名额大约是32 500名，占总招生名额的57.5%。2008年的毕业生人数达到40 330人，其中36.1%的人为职业研究毕业生。在预算资助的学生总数（2009—2010）中，职业研究的学生被忽略了。大学有183 065人，职业学校有43 707人。在这些大学中，有83 528名学生（45.6%）得到资助，而职业学校只有15 081名学生（34.5%）得到资助。造成这种情况的一个原因是，对预算资助学生的人数和结构没有明确的政策。这种做法根据原有的情况来确定学生的数量，并根据高等教育机构的建议每年进行调整。

高等职业教育在大多数城市和直辖市建立了65所学校，包括47个公立学校和18个私立学校。在许多城市，只有高等教育机构，没有高等职业教育机构，但却有学术研究机构。学校的数目和地域分布与公众和经济部门的需要相一致。

2. 质量

基础职业计划包括5个科学领域、职业领域和艺术领域，在劳动力市场中，需要受过高等教育的专业人员。

职业教育主要通过两种方式进行：在四年教育后，完成基础职业教育（180学分）和专业职业教育（至少60学分）；目前，学术研究没有横向或纵向转移的可能性。

高等学校的职业研究是独立自主的，自主制订学习方案，颁发毕业证书，选择教师，这反映在教学过程中。

过去，高等职业教育学校并没有利用这种可能性形成职业研究学院。

3. 效率

效率下降的原因之一是这些教育机构相对分散：65%都是相对较小的机构，导致教学和管理人员、图书馆和实验室资源等的使用效率低下。

4. 相关性

高等职业教育是教育的一个相关子系统，因为在15岁及以上塞尔维亚共和国总人口结构中，有 5.6％ 的人有高等教育学历，7.5％ 的人有大学、学院或大专学历，55.9％ 的人有中等教育学历，22.6％ 的人完成了小学教育，15.9％ 的人没有完成小学教育或没有接受过小学教育。

这样的劳动力结构不符合市场的需求。从欧洲平均水平而言，30％ 的学生在高等职业学校学习，而在塞尔维亚共和国，只有 19.3％ 的学生参加职业教育。

5. 合作

高等教育研究机构纷纷建立，在很大程度上与经济发展有关，但由于众多企业倒闭，合作尚未实现。以前与学术研究的合作非常有限，个别的教学人员参与研究项目，共同使用空间和实验室资源，不足以完成高等教育的整体使命。

职业研究没有充分参与国际合作或欧盟为教育领域提供援助的项目。在促进教师和学生的流动性方面取得了一定的成绩，在艺术工作和教学工作的研究和发展方面，提高了国家和国际的吸引力和认可度，改善了物质条件。

6. 社会认可

大量的高等职业教育机构被认为是拥有半个世纪的职业高等教育传统的大学的继承者，并且通过认证和许可进入了塞尔维亚共和国的高等教育领域。在高等教育改革的初级阶段，对制度的多元化进行了初步研究。但是并没有在欧洲高等教育方面取得进展，没有实现项目多样化并借鉴良好的经验。在国家高等教育理事会以及认证委员会和质量保证委员会的指导下，根据学术研究的模式来开展职业研究。有几个原因可以解释这种状况。首先，高等教育改革是以学术的主导开始实施的。其次，职业教育体系在自身的组织、表征、推广和认可方面是无效的。职业研究学院的学生会议在 2010 年举行。职业研究机构的制度的连贯性正处于初步发展阶段。职业研究学院的学生会议并没有为国家和欧洲层级的一体化、代表和合作采取必要的措施。因此，受过高等教育的年轻人的数量增加；与劳动力市场需求相协调的更加灵活的教育系统，更高效、更经济的高等教育，在职业界应用研究的普及率等相关目标均未实现。

高等教育的二元体系导致了政治、社会和学术环境，就业领域和年轻人对职业的认知等问题。劳动力市场低估了毕业生的资格和职称，尤其是在职业研究方面。新职业的分类是不充分的，就业服务中使用的职业分类已经是十多年前的。国家雇用服务机构使用了 1996 年的职业分类中，关于工作、职业和教育水平等方面的信息，使用了 1990 年的专有名词术语和 1998 年职业资格证书。

7. 研究活动

在研究工作的代表性和组织结构方面，职业研究体系与欧洲和全球非大学领域的实践是相违背的。研究活动的规模较小，其内容主要包括出版科学刊物、召开会议并发表科学研究论文进行应用发展研究。此活动的精确数据没有统计，一个极其重要的问题是，研究活动并没有被确立为机构组织内的一个因素，因此，以下方面是缺失的：与专业领域的合作，使知识和技能在教学过程中得以整合；与世界职业研究建立联系，职业研究机构会成为创新和科学研究工作的重要伙伴;提高教师队伍素质,培养年轻一代教师。没有科学研究活动,会降低职业研究在市场上的竞争力。

8. 教师

职业研究中教师的问题包括以下三个:①是否足够认识职业研究教师所需能力的特点? ②在哪里以及是否有足够数量的教师接受培训? ③招聘教师时,有哪些方法和手段? 教师的职称竞争导致教师科学研究能力下降,正如现有标准和规范性所定义的那样。专业能力在某一领域是非常重要的,是解决专业领域问题的关键。组织有效的学习所需的教师能力与教学方法有关。在这一领域,只有很少的机构实施了教师培训。

教学人员的更新与发展是这些研究面临的主要挑战之一。到目前为止,教师的来源主要是科研机构、经济体制的发展部门、高校。由于塞尔维亚共和国经济结构发生剧烈变化,对新的教学人员的选择对有相关领域的要求显著降低。在未来,对招聘人员的唯一要求是科学研究人员应参加博士研究。目前,有 50% 的教师是理科硕士,新的大学教育体系中不存在教育学位。

在高等职业研究学校,没有有组织的科学研究工作,教师也不参与预算资助的研究项目。招聘高素质的教师队伍遇到了瓶颈,因为专家们更喜欢研究经济领域而不是高等职业教育的问题。扩大师资队伍的可能性有限,因为遴选的职位很少(讲师和职业研究教授)。这样的职称与科学硕士或科学博士的科学职称直接相关。高级讲师的职称,一直存在于实践范围内,在法律术语中并不存在。

(三)SWOT 分析结果

1. 内部优势

(1)子系统在认证能力、学校网络以及学生和毕业生数量方面存在相关性。

(2)在塞尔维亚共和国已拥有半个世纪的高等职业教育史。

(3)与经济和公共部门在教学上有良好的合作。

(4)有国际可比较的学习计划。

2. 内部缺点

(1)缺乏具有实践知识和能力的高素质教师队伍。

(2)高等职业学校和教学人员不参与有组织的研究工作。

(3)缺乏对设施、基础设施和教具的维护和开发。

(4)中学生进入高等职业教育的知识水平低下。

3. 外部机会、优势

(1)欧盟教育政策的认可和支持,并鼓励国际合作与交流。

(2)依托广泛的中等职业学校基地。

(3)教育和科学部关于塞尔维亚共和国公民居住地区登记人口的政策。

4. 外部劣势、危害

(1)塞尔维亚共和国的经济欠发达。

(2)年轻人口的数量下降。

(3)高等职业研究机构的体系、法律研究和艺术活动未明确界定。

(4)在学生的纵向和横向流动方面没有遵守欧洲高等教育的相关规定,而第二阶段的教育(专业化职业研究)在欧洲教育区没有得到承认。

(5)高等教育领域缺乏有效的监测系统。

(四)职业发展策略研究

1. 主要挑战和战略方向

与前一个阶段一样,职业研究发展所面临的挑战,主要是来自外部环境的变化,以及高等教育机构之间的利益。

对于职业研究来说,达成一个普遍接受的观点是很重要的。首先,该子系统必须符合统一的欧洲教育的原则,并基于国际上可识别和可比较的高等教育二元体系基础之上。其次,必须在学术和职业研究之间建立明确的组织以及在制度上实现多元化。

职业研究的成果必须服务于它们的使命,与劳动力市场和职业需求相协调,并与经济和公共部门紧密联系。职业研究的质量是以学生的学习成果和必要能力为基础的。

2. 实现愿景的战略——政策、行动和措施

高等职业教育的愿景将通过贯彻下列战略来实现:

(1)与环境的合作。

(2)把科学研究和艺术活动作为进一步发展的基础。

(3)监管环境。

(4)高等教育具有吸引力和竞争力的子系统。

表5

战略目标	关键问题	性能指标
与环境的合作		
参与教育和入世前援助领域的国际合作项目	国家政策的透明度; 及时了解信息; 高质量的培训; 与国外机构联合方案的开发	项目的数量; 涉及的机构数量; 联合方案的数量。
参与欧洲协会	在欧洲科研机构的成员	在协会的地位
与教育领域的国家机构建立联系和合作	全国高等教育委员会; 全国职业教育委员会; 教育提升机构; 中等职业学校	发起和处理的倡议数目

（续表）

战略目标	关键问题	性能指标
与环境的合作		
扩大与商界的合作	学习方案的内容和结构； 研究生的能力、学习成果； 劳动力市场的需求； 在科研和艺术活动方面的合作	修订课程的数量和百分比； 颁发的专业标准或特定能力的数量； 劳动力市场的需求分析； 创新活动的法律范围
加强与教育和科学部的沟通	高等职业研究的论文,目的在于提出和解决问题；立法倡议	提出和解决问题的数目
与学术子系统建立合作关系	教育活动； 科学研究和艺术活动	识别合作领域,意向备忘录
科学研究和艺术活动作为进一步发展的基础		
系统引入科学研究活动领域	法律限制	创新活动的法律修正案
作为一种科研活动,嵌入高职院校组织中的要素	组织机构的活动	创新活动的注册学校数量
建立以虚拟为导向的硕士研究课程	立法； 研究项目的发展	获得认可的硕士职业课程数目
增加了科学和职业服务的数量和活跃的科研人员的数量	加强子系统的科研能力	科学研究和艺术作品的数量； 聘任教师的人数
监管环境		
两个阶段学习的联结机构——硕士职业研究	硕士职业研究的横向流动和纵向流动	高等教育法的修正案
以国际惯例评定教学人员职称以及进行教学人员的选拔	扩大教学目录	高等教育法的修正案
定义特定的能力(专业标准)作为国家资格框架的一部分	劳动力市场需要的毕业生的具体能力	具有特定能力的职业领域的数量
建立教师专业培训和教师专业发展体系	定义系统(教学能力的发展中心,个人发展的机会,教学中卓越的激励,循序渐进的教学能力)	实施培训计划的数目； 实施方案的学校数目
改善招聘优质师资队伍的条件	定义和改善了促进教师发展的条件； 教学目录	高等教育法的修正案
现代高等职业教育体系		
基于对欧洲高等教育领域的评价,提高了国家和区域的吸引力和竞争力	子系统的所有战略特征	注册学生人数； 毕业生人数； 辍学比例
注册学生和毕业生人数的增加	学生的信息、咨询和职业指导； 勤工助学模式； 制订减少辍学率的方案	注册学生人数； 毕业生人数； 辍学比例
职业会议； 研究子系统的相关内容	加强会议的作用,以制定共同政策,实现共同利益	会议活动的范围和内容(分析和报告)

战略目标	关键问题	性能指标
现代高等职业教育体系		
作为学生权利组织的最高层次，职业研究的学生会议是一个重要因素	加强学校与学生之间的沟通与合作	会议活动的范围和内容（分析和报告）
建立了基于欧洲指标的子系统性能监测系统	现状指标；建立子系统作为职业研究会议的一部分	采用子系统的指标；定期进行评估
高等职业院校与高职院校的整合	定义职业研究学院的法律框架；扩大认证程序和标准；构建一种可行的高职院校功能模式	高等教育法的修正案；对认可程序和标准进行修正

（五）高职教育的必要变革

教育环境

为了实现战略目标，建立一个有效的控制系统是至关重要的。在塞尔维亚共和国，一个相对明确的教育体系将会促进教育持续的发展，但也会从一些偏差和错误的实践中得以改正。同时，战略目标和行动计划的执行必须得到监测和评价系统的支持，必须根据塞尔维亚共和国统计局的数据进行调整。

从职业教育的角度来看，该立法在劳动就业领域的重组是关键。在国家雇用服务、劳动力市场和公众中需要解决职称的接受度和承认度问题，因此，应协调劳动关系领域的规范（领域的分类、职业的专有名词和教育水平等）。有必要对其他专业协会组织中人员的职业职称进行规范。为了使这一领域的人员参与进来，需要在科学和研究活动系统中增加一些内容。

（六）与其他系统的战略互动

必须建立或改进两种最重要的战略关系，即职业教育与教育、雇主和职业界的关系。

这些活动的性质和现状表明，职业研究与职业教育培训和学术研究有着密切的联系。与中等教育合作的基础必须是提高个别领域和专业教育的质量，联合开发和合理使用教学和实验室设施。在这方面，质量和现代化可能需要相当大的改善，正如合理利用已经有限的财政资源一样。战略关系的发起者和倡导者，一方面可以是职业研究学院的会议，另一方面可以是职业学校所在的社区。

研究学术共同领域课程的相互协调是重要的，应利用实验室的设施和资源来支持教学的发展。此外，重要的合作活动还包括：教师交流、水平和垂直流动系统的相互协调、科学家与科研工作的合作、国际项目的共同参与等。发起和建立战略关系的倡导者应是职业研究院会议和塞尔维亚共和国大学会议。

建立高等职业领域的职业研究是必要的。在这方面，经济、卫生、文化、公共行政、军队、警察和其他社会阶层同等重要。合作应侧重于根据市场需要制订和改进学习方案,提高毕业生的能力。可能的合作领域包括:应用研究、技术和教学资源的使用、教学人员的参与、教师培训。在这种合作中,有必要积极地参加国家雇用机构、塞尔维亚共和国商会和专业商会的活动。

对于职业研究而言,特别是在区域和地方层面,要实现劳动力市场的合作。这将会协调在区域发展政策框架下与劳动力市场相关的教育政策和基础设施之间的关系。

五、教师教育

教师教育的使命是建立一个全国性的教师专业发展体系,在各级教育体系中进行培训。

教师教育系统的功能:教学领域(教学科目)、教学与学习方法及学生成绩评估体系,这将为那些正在学习的人提供高水平的教育,以客观的方式进行衡量,然后,与其他教师和当地政府合作,在理解所处环境的基础上理解教育体系的性质。

(一)教师教育发展的愿景

2020 年之前,所有的学龄前儿童、初等和中等学校学生、大学生和所有非正规教育体系中的学生都将接受合格、现代化教师的指导。合格意味着教师将了解、理解自己的专业,并拥有相关的教学能力。培养高素质教师意味着提高教育工作的能力。现代化意味着教学、学习理念是科学的(根据最新的科学成就和专业知识、学习心理学、发展和动机以及教学方法)和灵活的;教师能够适应教育的新趋势,并根据未来需要的进行改进。教师可以与规定的选修课建立一个重要的关系,选择相关的材料,联系不同的学科。教师将成功地将内容与现实生活联系起来,在工作中具有一定的自主性;将对学生成绩的提高全面责任。

教师职业拥有崇高的尊严,应在国家质量框架中得到明确认可,其能力得到高度尊重。这创造了一种氛围,在这种氛围下,有能力和高质量的人将会被教学行业所吸引。

学生的选择使未来教师的选拔变得更好,这是由于建立了一个好的系统,能够让教师更加积极地参与到教学工作中来,与候选人的需求达成一致。

在本科阶段进行的职前教师学习计划,基于实践的基础,为专业能力的提高奠定了基础。这是通过改革现有的职业教育体系来实现的,其结果是教师专业的职业化。

在职前教师教育中,从学前教育到初等和中等教育一直到大学,都要注意各教育阶段的特殊需求。除了丰厚的理论知识外,也通过高质量的学校实践获得足够的实践知识。

国家博士学校的教学方法是主要的,它成功地为研究中心和项目提供了合格的人才,以确保初步的、高质量的教育和教师的专业发展,主要是基于塞尔维亚共和国教育的需要。高学术和专业标准设计方法论的研究,是各级教育发展的关键,它是高质量教师教育的基础,是影响教育政策发展的重要因素。未来学生的选择、教师教育的高质量方案以及对市场需求,都产生了明显的效果;完成学业的学生比例超过 80%。

毕业后，在招聘过程中，教师通过了由法律规定的阶段：从实习岗位到获得教师资格证。获得资格证的考试是在学院组织的。

在整个过程中，塞尔维亚共和国全境的质量标准是统一的，防止产生地方差异。

在职教师培训是在高质量的认可和批准的方案的基础上进行的，通过这些方案，塞尔维亚共和国的教育政策得以实施。教师在这些课程中选择最有助于提高其教学实践的课程。

教师专业的晋升和评价是对教师工作全面、系统的质量控制的结果（教学检查、专业教学监督、咨询服务、教师在教学实践中引入的客观指标，学生在论文等方面取得的成绩），根据教师的专业能力标准和专业发展的标准开展工作。教师晋升的标准是明确的，其实施的程序是透明的。

（二）教师教育体系的现状

所有教师的教育工作都是在高等教育阶段（职业或学术研究中）进行的，除了护士、教育工作者（在托儿所和其他实施早期课程的机构）和在职业学校的硕士以外。

在一些学科（数学、物理、英语）中，教师数量过多或教师短缺，这主要是由于他们进入了要求更高（收入更高）的行业。由于立法不足，教学专业缺乏标准，现行的教师教育制度并没有提供高质量的解决方案，一方面，强调了未来教师的教学能力，同时也意味着缺乏专业能力；另一方面，特定学科教师的能力主要是为了发展专业能力，而忽视了教学-心理-方法方面的能力。

（三）目前的形势：主要特点

在塞尔维亚共和国，教师教育学院和高等学校的网络，供教育工作者使用，该网络能够满足塞尔维亚共和国的需要，甚至在某些方面应用范围更广泛。七所州立大学设有院系。其特殊性在于，小学低年级教师教育即使在小社区也存在，而教师教育的师资则几乎全部在各大城市和大学的总部。

大学没有或者刚刚开始为那些发展教育政策和其他重要教育领域的专业人士（教师除外）开设专门的跨学科硕士课程。

目前，中学毕业生的质量参差不齐。由于整个教育系统被严重低估，在学校里进行教师培训的课程非常少。教师的教学计划和方法，不关注教育领域的现代化教育趋势。经批准的预算拨款名额和教师的需要之间没有关系。没有对工作人员的需要做出有效的预测，没有适当的计划。

在实施《高等教育法》和《博洛尼亚宣言》后出现的情况，一般来说，最初的教师教育有三种基本模式：

模式 1——同时模式，教师在教学领域获得学术研究的硕士学位，同时，与所选择的领域密切相关，他们获得职业很重要的教学和其他能力；

模型 2——连续模式，在专业和教学能力方面具有相同的要求，但允许在不同的时间获得能力；

模型 3——过渡模式(适用于已就业的教师),在某一研究领域拥有硕士学位的人,经过研究性学习必须在教育学、心理学、技术学获得 36 学分(其中有 6 学分来自校内实践)。

这些模式至今尚未在实践中得到应用(偶尔除外)。在 2006 年初开始的认证过程,虽然所有的教师都通过了认证,但对教师教育没有得到正确的认识。这主要体现在缺乏跨学科性上,也就是说,教师教育大多与教育和科学领域的标准有关。事实上,国家质量框架没有在认证过程中做好准备,对学习方案不利,因此迄今为止还没有正式的教学专业。现行的教师职业制度是,那些被聘为教师的人,在他们的学习过程中,不具备教师职业所需的基本能力。在人力资源稀缺的情况下,本科生往往被聘为学科教师,他们对该领域的知识非常熟悉,但是对教育学-心理学-方法论的内容缺乏了解。在职业学校,职业课程的教学通常是由受过高等教育的人或有资格的人(硕士)来完成的。大学教育也是如此,教学角色的培训既不是既定的,也不是系统定义的。

学习职业(内容)的基本知识比知识如何传达给其他人更为重要。在大学选拔教师时,没有真正的指标来评估教师的工作质量(除了在专业领域内,通过科学技术论文的数量来显示)。最低选择标准还包括明确的科学和艺术工作指标,而教育工作则没有评估标准。现在是通过诸如学生调查之类的指标进行评估,或者完全缺乏对教学质量评价的客观指标。

博洛尼亚进程已经开始,但因为塞尔维亚共和国的大学不能作为一个整体来运作,使这一活动也受到阻碍,而且不能依靠个人的能力来发展。在塞尔维亚共和国,任何特定领域的教学方法通常都不被视为科学领域的一部分,而只是教育领域的一部分,因此它们并不是在相关的科学领域中发展起来的。教学方法方面的研究只是零星地进行,并且并没有提高塞尔维亚共和国的教学质量。

在各级教师专业发展的体制内,大学之前的教育中没有促进教师发展的制度,也没有评价教师专业工作的制度(专业和教学监督、教师评价)。虽然存在在职培训,但很多都是没有选择性,而且都无助于提高教学质量和实施教育政策。目前的规定并没有对在职教师培训过程中获得的知识提供帮助。因此,教学质量(教师)只能根据小学生在全国和国际学生考试中取得的成绩来间接推断。《教育法》的一些规定为提高教育质量提供了可能性,因此有零星旨在提高教育质量的措施:学校外部评价教育机构的质量标准(试行)、教师专业能力和教师专业发展标准、教材质量标准。这些最近采用的标准只是刚刚开始,所以需要时间来评估它们的作用。

在从小学到大学的教育机构中,没有一个内部力量能够实施相关的自我评价程序,在此基础上制订发展计划,提高教学质量。而它的实现还没有达到预期的效果。

(四)SWOT 分析结果

1. 内部力量、潜力

(1)教师教育具有较长的传统。

(2)在实施的教师研究方案中,公立高等学校和学院的网络普遍存在,这样就为提高教育质量提供了一个可以产生重大影响的机会。

(3)由大学教授和学校教师组成的专家协会数量众多。

2.内部弱点、缺点

(1)教师职业失去了社会地位,教师的社会经济地位不高。其后果是,没有足够的合格考生对教学岗位感兴趣,在某一领域缺乏教师的同时另一个领域的教师人数过剩。

(2)大学不整合,缺乏与教育和教师有关的教师教育和研究的高质量的跨学科研究方案。

(3)这一职业的核心并不是在任何领域都独一无二的,因此,每一项工作都单独和独立地形成研究方案,通常是根据现有的教学人员进行的。

(4)2007—2011年实施的学习计划认证标准并没有考虑到教师教育的具体特点。

(5)专业协会不够活跃,它们的工作主要取决于教师和教授的积极性;在教育领域,没有专业的教师协会。

(6)国家质量框架没有被采纳,因此,每一种资格都没有确定的学习标准,而这正是为教师专业提供特殊知识、技能的必要条件(基础)。

3.外部机遇

(1)教育系统建立法案介绍了一种必要条件:在教育-心理-方法论学科至少取得30学分,在校内实践方面至少取得6学分,以上四种是教师职业发展的前提。

(2)欧洲教育机构最新出台的政策文件(经合组织、欧盟、教科文组织)强调教师和教师素质是教育质量的关键;为了提高教师教育的质量,正在实施塞尔维亚共和国的国际项目。

4.外部缺点

(1)一个关键的障碍是教师的社会地位。

(2)仍然没有界定教学专业的国家文件。

(3)在认可机构和研究方案的过程中,研究方案的标准并没有公开,显然是有缺陷的。

(4)在基础和硕士研究方面,对学生的资助存在很大差距。

(5)专业资格考试没有被适当的组织接管,而是被教育部门接管下来。

(6)没有足够的数据说明教师职业的需要,也没有统计在教育方面学习的学生人数。因为没有足够的信息系统,没有明确的方法来收集与教师教育有关的数据。

(7)从事学术研究的教师与职业研究人员可同时接受教育。

(8)教师学院招收大量的学生(这明显超出要求),此外教师的师资力量主要集中在小城镇,这将危及教师的教学质量。

(五)教师教育制度发展战略

1.主要挑战和战略方向

学生在 PISA 和 TIMMS 国际测试中的表现不佳,在国家评估中提出了塞尔维亚共和国教师的质量问题,因为每个人都清楚,他们是学生取得成就的关键因素。

教育领域的最高权威没有意识到教师职业是一种特殊的职业。在国家高等教育委员会通过的专业、学术和科学的职称列表中，几乎不存在教师、教授的职位。另一方面，因为他们通常不指定教学能力（根据这些规定，语言教学可以由毕业的语言学者进行，由毕业的生物学者教授生物学等），目前有关教师和专业人员在学校工作中所需要的资格的规定带来了一些的问题。

在学习计划认证期间，有明确愿景的教师教育方案没有得到认可，而且，在基础教育或硕士研究中教师面临极大的两难困境（这一困境后来被《教育法》所解决）。高等教育教师对高等学校教学过程实施的教育工作和培训从来没有获得过任何支持。教师教育发展战略的重点，教师专业生活的各个阶段对教师职业专业化的要求，将通过以下几点体现：

（1）对所有教师进行良好的初期教育和教师专业能力的持续教育，使教师具有高度的自主性和高度的责任感。

（2）在教学方法领域进行高质量的科学和专家研究。

（3）跨学科大学中心的形成。

2. 战略政策、措施和行动

基本的政策是在各级教育中建立国家教师专业发展体系，并建立教师的质量评价体系，这应该是一个教师被认可的基础。

战略方针将使系统全面解决：

（1）招收教师教育进修课程的学生。

（2）职前教育。

（3）引入新教师工作。

（4）教师专业发展。

（5）评价教师工作的质量。

（6）教师的专业进修。

如果能确保对高质量教师进行奖励，并通过各级教育的改选制度逐步淘汰差的教师，这项制度将是有效的。对质量保证、采用、预防和纠正政策的实施将确保教育过程在任何时刻都只包括最优秀的教师。为了达到最佳效果，教师的地位将会不断提高，规范和资格考试、选择标准、自我评价和外部质量控制将会得到改善。实现最佳解决方案的先决条件是将所有教育机构非政治化，每个雇员都应具备一定的专业能力。

战略政策将在相应的行动计划中进一步细化，并将通过以下措施加以实施：

（1）尽快在国家质量框架中定义不同教育阶段的教学职业（不同层次，如幼儿园教育者、学前教育者、教师、中小学教师和各种高等教育中的教学职位），这些文件将定义不同层次的教师资格和相关的专业能力。

（2）在修订认证制度（特别是认证标准）的过程中，学生在教师教育的每一个学习计划中需要获得一定的专业能力。除了《高等教育法》所界定的五个科学和教育领域外，教育领域也将被界定,并将界定教师教育学术方案的认可标准。认可委员会将成立一个适当的委员会,负责执行新标准。

(3)国家教育委员会通过了大学预科教师专业能力和专业发展标准;在对初始申请进行分析后,将对其进行修订和升级。教师的专业能力包括以下内容:教师的学科技术能力、教育竞争力(教学方法、学习成就评估方法、个人发展的支持、交流与合作、教育资源知识以及如何使用、信息技术的知识及其在教育中的使用、教育知识以及教学中所形成的文化背景)。

(4)将采取措施,以吸引最适合教师教育方案的候选人,包括:

①教育和科学部将对各个教育阶段的教师招聘需求做出预测,以及在教学岗位上学习的学生的素质(用于学前教育、小学和中学的课程和学科教育),根据大学教师教育科研方案中资助的经费数目,调整教师的数量,并将其作为一个选择的因素(就像卫生部门根据需要规定所需医生数量的制度一样)。

②加大招生力度,保证就业,提高学生素质。

③为准备入学的学生提供奖学金,进一步提高入学学生的素质。

(5)法律和细则将精确定义三种基本的职前教师培训模式(本文前面已经列出)。

对小学和综合学校的普通教育科目教师,以及中等职业学校和艺术教育的普通教育科目教师来讲最有效的模式是模式 1,即最初的教育系统与教学科目和教学能力的获得有关。通过五年对模式的改进和扩展,将会提供最好的教师所必需的能力,科学、职业学科与为教师提供其他教学能力的科目的最佳比例用学分来表示为 180:120。

在最初的课堂教育(1~4 年级)中,应特别注意培训教师,包括少数群体的工作(考虑到塞尔维亚共和国的大量小学校)和少数民族语言教育,以及全纳教育。在塞尔维亚共和国的部分地区,同样适用于学科教学(4~8 年级),有必要仔细地解决在各学科中进行双学科研究的问题。按照这种方式,将塞尔维亚共和国语作为少数民族的第二语言的教师的教育问题,以及以塞尔维亚共和国语为母语的学生的少数民族语言问题可能会得到解决。

为解决最初教育的概念及其实施的问题,必须与塞尔维亚共和国的大学密切合作,并与全国高等教育委员会和教育、科学部合作。除了其他事项外,在这些问题的解决过程中,高等教育方案的认证标准应依赖于对每一项方案的任务和目标做出非常精确的解释(给定的项目准备了什么样的工作和任务),也就是说,应该制定课程的认证标准,以获取教学能力。

应根据教师教育机构的需要制定有关学校教师素质的指标。基于对学校的反馈,大学将制订和纠正他们的学习计划。这样,就可以在毕业生教育和机构之间建立反馈机制;

(6)工作介绍(实习的概念、取得许可证的要求)将按法定条文进行。获得资格证是一个改进教师专业发展体系的额外机会。教师必须通过职业和方法考试,组织工作由主管学校负责,即教师最初接受教育的学校。

（7）教师在工作过程中的专业发展是通过认可和高质量的专业发展方案进行的，目的是在特定教育机构和教师专业发展中能有效地履行教学职能。

这些方案的选择和核准制度已经升级，并符合教育系统的需要。在其他方面，认证方案应该消除缺陷，即将其作为实现高质量教育的一项纠正措施。应特别注意目前的在职培训，在职教师中，大量的教师将被雇用几十年。这种训练必须在教学、学习过程中引入创新手段，从而提高学生的教育成就。教育部和科学部确定的在职培训优先方案的选择必须为建立国家教育制度和教师专业发展服务。

（8）大学前教育教师的专业发展是在法律规定的基础上对晋升的级别和类型进行调整，并相应地增加工资。为了促进所有教师对职业专业评价的实施，要建立全面的控制系统，提高教师的晋升标准。对获得的专业发展能力的评估应以客观标准为基础（参加专业发展方案、获得实际知识和能力的应用指标、教学实践中的创新、教师评价系统的应用、发表的论文等）。

非常重要的是，从下一个财政年度开始，将实行中小学教师推广的法定制度。推广应基于将创新引入实践和改进教学、学习过程，以产生更好的教育成果（将创新应用引入到教育系统中，寻找新的方法来解决问题，开展有意义的学习过程，以成就标准评估学生，为学生提供更好的社会和文化背景的解决方案，真正引入全纳教育等）。

教育和科学部将开始发展专业的教学督导服务。这一发展将包括专业教育督导专家的培训。

（9）在中学阶段，教育工作者的教育仍将是一种特殊的教育形式，有可能实现专门化，适当的职业晋升制度也适用于这类人员。打算在学前教育中工作的教师，应在高等学校接受180学分的职业研究教育，并有可能随后进行专业化教育。

（10）将采取措施吸引最优秀的人到高等教育机构工作。选择某高等教育机构毕业的学生在同一所学校工作的做法将被终止。如果只允许在塞尔维亚共和国最好的大学进行博士研究，这将使塞尔维亚共和国的所有教师都有最低限度的保证。在可能的情况下（学院的数量和类型），该学生在一所大学获得博士学位，可以在另外一所大学担任职务。另一种方式是建立联合博士课程，例如与国立大学进行教学方法的博士联合研究。

（11）为促进高等教育（学术和职业研究）教师的进步，应设立大学教育发展中心。在这些中心制定和实施大学教师的能力和专业发展标准，同时也要对具体的指标进行分析。高等教育教师应在其聘任后取得教学资格，这将受到高等教育法律的约束。高校章程应包括上述规定的内容，还应说明教师的任命和晋升应以何种标准来判定其教学能力。

（12）该系统应要求高等教育领域的教师继续在教育学-心理学-方法论领域教学，同时将教师的晋升与专业教师的能力联系起来。在综合性大学和学生人数更多的大学中设立大学教育和教学发展中心，应该代替学生人数较少的（和私立）大学和高等职业学校履行这一职能。

（13）教育和科学部应要求主管机构开发一个教师质量评价的系统。应该将建设全国各级教师质量评价体系作为一项长期的工作。国际合作的可能性也应用于这一目的。

（14）教师发展的每一阶段都应制定一套相应的指标。为了提高教育质量，有必要为独立项目提供资金。有必要在这个领域建立一个数据库，以便能够借鉴到国外的经验。

（六）教师教育环境的必要变化

为了克服师资力量不足及其持续发展所带来的问题，有必要在个别学科的教学中进行高质量的博士研究。在所有感兴趣的大学或国家进行博士研究生的联合研究是最有效和最好的解决方案。需要建立一个大学中心网络，在所有三个层次（基本、硕士和博士研究）中制订联合研究方案。

应采取适当的措施提高教育领域的科学研究水平。塞尔维亚共和国应该坚持在这一领域进行更多的项目，并与该地区和欧盟的机构建立联系。这类项目的跨学科性很重要，该研究的核心应停留在专业领域，并得到教育学和心理学领域研究人员的专业支持。有必要加强现有的研究方案评审标准，或引入与专业和教育学-心理学-方法论成就相关的标准。这些研究方案的评估必须由专家进行，因此，所有大学的教师教育研究方案的内容必须加以调整。有必要停止根据学院现有教员的情况布置研究方案的做法。

大学应该允许教师在教育的方法上有灵活性，并且有一些选择：

（1）为教师教育引进综合的学习方案，提高教学质量，避免出现经费问题，在本科和硕士研究生的人数上存在较大差异。

（2）介绍一种可能性，即高水平的小学教育由双学科教师教授，他们在这两个学科中都同样能胜任。

（3）中等职业学校的教师中要引入双师型或双学位的。

大学应该承担起提高教师质量的责任。

这将通过引进与教师工作有关的标准来衡量大学教师的教学指标。只有这样，我们才能在大学中取得进步，改变大学教师专业发展的现状。

地方社区应承担发展初等教育的责任，部分是为中等教育服务。每个地方社区的发展计划必须把教育投资作为首要任务。有必要将专业协会与教育和科学部联系起来。社区应该对监测其领域内的教学现状和进一步发展负有一定的责任。

教师的立法工作应与劳动法相一致。教师因为没有达到最低水平的绩效指标或缺乏能力，会有失去教育职位的可能性。

（七）教师教育与其他制度的战略互动

1. 与学校

（1）为获得实践知识，应在所有的学校中开展高质量的教学实践（学校实践）活动，学校应为学生提供实习基地,以便开展实习工作,商讨论文、小课题、研究项目和期末论文等,选择优秀的教师为学生提供指导服务。

(2)对普通和职业教育的毕业生进行高质量的控制,毕业时进行期末考试,为大学提供高质量的人才。

(3)确保教师职业指导发展的连续性。

(4)协调完成中学教育的标准,以及师资、整个研究课程的标准。

(5)大力加强高校与综合学校的关系,作为吸引未来学生的最大基地,高校应影响综合学校优质教育的发展。

(6)提高学校的监督质量,考虑到以专业化的形式进行额外教育的可能性。

(7)建立一种机制,以获取有关机构或毕业生的质量信息,主要通过对雇主(董事)和研究生的调查来获取。

2. 与文化机构和媒体

(1)使促进学习、获取知识和技能成为所有教育工作者的首要目标。

(2)确保各级各类教师都提高对高质量教育重要性的认识(目前,最强大的媒体主要用于呈现负面的例子——低工资、学校打架、腐败等),媒体应该把重点放在积极的事情上。

第四部分　教育发展的主要策略

一、成人教育

成人教育的使命是为成年公民提供接受教育和终身学习的机会,从而为他们的个人专业成长及就业做出贡献。

作为整个教育系统的一个组成部分,成人教育这一子系统具有以下功能:满足劳动力市场需求和个人对新知识和技能的需求;改善就业机会;增强劳动人口的流动性和灵活性;增加人力资源的价值以及塞尔维亚共和国可持续的社会和经济发展及其融入全球经济的可能性;为减贫做出贡献,增加包容性,为提高生活质量与促进民主发展做出贡献。

(一)成人教育发展的愿景

成人教育子系统的关键战略特点:覆盖面、质量、相关性、效率、对先前学习的认识以及成人的职业指导和咨询。

1. 覆盖面

到2020年,塞尔维亚共和国至少有7%的成年人口被成人教育计划覆盖。无论其社会、经济、身体、年龄、智力、地域、民族、语言、宗教及其他特征如何,所有公民均可使用成人教育系统。

2.质量

成人教育子系统提供了高质量的环境、项目、教学过程和学习成果。按照国际标准制定和实施了成人教育计划的认证制度。在成人教育系统质量的监测和评估方面建立了国际合作。

3.相关性

成人教育不仅成为个人发展的重要力量,而且成为社会各方面——经济、社会、公民和政治发展的重要力量。成人教育有助于按照劳动力市场的需求改善劳动年龄人口的知识和技能,从而对国家的经济和社会发展以及公民的生活质量产生积极的影响。成人教育面临"老龄化"的挑战。

4.效率

通过提高所有教育成果的质量和合理使用资源,教育的效率得到提高。各种形式的正规和非正规成人教育都应符合个人的需要,并依赖于合理使用不同的资金来源。个人、雇主和政府对终身学习计划的投资被视为对人力资源开发的长期投资。

5.先前学习识别系统

先前学习的独特识别系统已经制定并得到充分实施,承认通过非正规和非正式教育获得的先前的学习能力和资格,接受根据国家资格框架和欧洲质量认证网发布的证书。无论获得的方式如何,该系统都应根据个人的能力和资格认可欧洲学分转换系统的分数。

6.成人的职业指导和咨询

职业指导和咨询系统已经制定并得到充分实施,为成年人在生活和工作领域提出建议,提供更好的就业机会,并获得做出正确决定所需的知识、技术和能力。

(二)成人教育体系的现状

1.覆盖面

在缺乏可靠数据的情况下,塞尔维亚共和国使用 2008 年欧盟统计局的数据,通过数据发现,塞尔维亚共和国仅有 3% 的成人(25 至 64 岁)参加了成人教育计划。通过一系列立法行为(《教育基金法》《禁止歧视残疾人法》《减贫战略》和《改进罗马教育战略》),组织机构为塞尔维亚共和国所有公民提供了接受教育的通道,他们均可获得无歧视和高质量的教育,无论其身体、智力、年龄、宗教、文化、民族和其他特征如何。然而,将所有人都纳入更多的教育和学习计划的问题依然存在,特别是在最贫穷和最脆弱的群体中。其中一个问题是老年人参加教育的比例很低。成人教育设施的地域分布不均衡,尤其是对农村地区的人口而言,因为大多数机构都位于城市——成人教育 90% 的学校位于塞尔维亚共和国的伏伊伏丁那自治省中部,而塞尔维亚共和国的其他地区则未能得到覆盖。从 1990 年开始,参与成人正规教育的机构数量有所减少。预计除现有的正规教育机构将开展成人教育课程外,非正规的成人教育有增加的趋势,通过非政府组织和私人提供的教育和学习计划来实现。目前非正式的成人教育提供者有:职业发展中心;国家、劳工和开放大学;塞尔维亚共和国商会;促进区域和经济发展和创业的机构;专业组织和协会;民间社会组织;私立教育机构和公司(培训中心、咨询机构等);基金会和慈善组织;博物馆、图书馆、阅览室、剧院、电影院和餐厅;科学和专业机构、惩教机构;老年人社会护理机构和第三方非政府组织。最突出的是国家就业服务局的作用,它提供各种培训,包括:针对劳动力市场需求的和特定雇主以及职业成人教育的额外培训和再培训。

2. 质量

塞尔维亚共和国没有适当的监督、评估和改进成人教育质量的制度,也没有国家质量标准体系。尽管有很多提供者,但仍然没有明确的标准评估教育服务的质量。缺乏足够的设备、教学资源和设施。根据成人教育的需求和目标,没有对现有课程进行修改。在成人教育领域存在实用性、教学和其他人员的数量和质量问题。没有为监测和评估成人教育制定具体的方法,适用于儿童和青少年教育的法律和标准也适用于成人。评估教育质量的主要机构是教育质量和评估研究所,它不承认成人是正式系统中的特殊目标群体。

3. 相关性

目前的体系,不能为成人提供符合潜在用户、劳动力市场和社区需求的知识和技能。成人教育计划供应不足,老年人口(65 岁以上)的比例处于上升趋势,到 2050 年增长到 23.2%。此外,就业人口和总人口受教育程度和年龄结构不协调的影响,需要提供更多的再培训和专业培训方案。对弱势群体特别是最贫困群体的成人教育极为需要,因为有 71% 的人没有完成小学教育或仅完成小学教育。缺乏系统的方法来开展成人学习和教育,并提供正规和非正规学习方式。

4. 效率

目前的制度并没有在适当的时间内满足个人或雇主的需求,并且没有适当的方案和培训。效率低下是个人整个生命周期资源分配不均衡的结果,因为教育投资大部分在 25 岁之前。通过创新,额外进行培训和再培训来不断提高劳动力的必要性和重要性尚未得到承认。成人教育不被视为一项可行的投资,目前还没有确定塞尔维亚共和国有多少资金用于所有形式的成人教育和终身学习,其中首先是基于各部委活动的直接预算拨款,其次是地方政府和公共企业拨款、雇主的拨款、个人资助和国外捐款。

5. 对先前学习的认识

目前还没有明确界定先前学习的法律框架。欧洲质量框架和国家质量框架建立了非正规和非正式学习认证体系的基础。目前,塞尔维亚共和国仍在制定和采用国家资格框架,通过认可非正规和非正式学习中获得的知识和技能,尊重个人的权利,同时为个人、社区和国家带来经济和社会效益。

6.成人职业指导和咨询

同 2010 年一样,职业指导和咨询体系一部分得到了发展,国家通过职业指导和咨询战略(《塞尔维亚共和国的官方公报》第 16/10 号)制订施行计划。它旨在为国家就业服务局进一步发展现有的和新的为所有用户提供信息和专业意见的中心,以更好地覆盖属于弱势群体的失业者。自 2005 年以来,国家就业服务局一直在为难以就业的人员、长期失业、重返劳动力市场和过剩的人员,通过举办研讨会、参加俱乐部等方式积极寻找工作。服务使用者主要是失业的成人或想换工作的人。在过去的十年里,高等院校学生的职业发展和咨询中心已经建立起来。但这些中心主要专注于为学生提供服务,而不是针对普通成人。

(三)SWOT 分析结果

1.内在优势

与东南欧其他国家相比,过早离开教育系统的人比例较低(10%)。教育和培训者的数量有所增加。因 2006 年塞尔维亚共和国职业指导和咨询战略的通过和实施,成人教育的体系已经迈出了重要的一步。

2.内在劣势

正规教育体系的灵活性不强,教育内容不足以满足劳动力的需求。教育机构数量不足,技术设备落后,成人教育领域缺乏专家,教育计划与劳动力市场的需求不匹配,没有国家资格框架可以承认先前的学习。没有明确的内部和外部质量检查体系或成人教育模式。

3.选择

认识到终身学习和成人教育对国家社会和经济发展的重要性。协调教育计划与劳动力市场对新知识、技能的需求。将国家规范行为与欧盟和其他国际组织的框架保持一致。通过终身学习方案参与国际项目,并与跨国机构合作。

4.威胁

缺乏进一步教育和培训的财务资源。学习文化的推力不足,不同社会群体成员之间的教育差距增大。正规教育机构内实施必要的改革和重组进程中存在诸多阻碍。缺乏通过正规教育或非正规学习获得能力和资格的认可体系。

(四)成人教育子系统发展战略

终身学习背景下的成人教育战略是指所有形式和层次的教育,涵盖不同目标群体的年龄段。这一战略包括:

(1)未纳入正规教育的成人初级教育。

(2)已经离开正规教育体系——小学、中等普通或职业、高等教育的成人,他们需要获得第二次机会。

（3）为了提高他们的知识和技能，进行再培训和额外的培训，继续对各种专业的成人进行教育。

（4）先前从某些高等教育中分离出来的正规教育体系的成人教育。

（5）为失业者提供更好的就业机会的教育。

（6）农村人口专业教育，以提高农业活动（如有机农业生产培训、乡村旅游发展、地方工艺美术、旧工艺复苏等）水平。

（7）获得欧洲终身学习资格框架的成人教育。

（8）成人教育对于活跃公民的必要性。

（9）"第三年龄"公民的教育。

战略的主要挑战与方向

成人教育子系统的发展战略基于终身学习的概念，该概念涵盖所有的教育子系统，并允许从学前教育到高等教育的任何人在相同条件下获得融入经济和社会所需的关键能力。

在科学加速发展和全球化进程的情况下，在人口老龄化的情况下，成人教育的质量直接决定了一个国家人力资源的利用程度。成人教育必须对劳动力市场的需求和个人需求做出反应，改革教育体系，成为适应新技术和可持续发展要求的灵活而创新的子系统。

终身学习概念的应用需要所有社会伙伴和利益相关方的协作。在发展战略的同时，尊重塞尔维亚共和国的文化和民族特征，借鉴其他成员国的良好做法。正如欧盟委员会文件《教育与培训2020》中所报告的那样，该战略是基于终身学习领域的欧盟政策，即"新职位新技能议程"计划。

实现愿景的战略——政策、行动和措施

1. 覆盖面

必须允许每个人在相同的条件下，以最适合他们的能力和需求的方式，进行各种教育学习。因此，有必要为成人提供多样化的体制和方案以及教育机会，使成人可以选择获得才能的不同途径和方式。在正规教育体系下，从小学到高等教育机构，有必要提供成人教育课程。非正规教育体系必须成为整个教育体系的一部分。

操作：

建立一个广泛的成人教育网络，对于某些教育计划，这些提供者将在相同的条件和标准下运作。应形成以下几类服务提供者：

（1）正规教育体系——从小学到高等教育的机构。

（2）非正规教育体系——专门从事成人教育的机构和组织，教育领域的非政府组织。

(3)非正规教育体系——商会、行业协会、公司及其协会。

(4)非正规教育体系——其他机构,如文化机构、体育机构、地方政府、政治组织等。

正式和非正式的成人教育机构和组织都遵循与认证过程相同的标准。

终身学习背景下成人教育计划的完整议案必须包括:

(1)经济导向的教育方案(失业者、没有资格的人、过剩的雇员、企业家和创业者、农村人口)。

(2)社会导向的教育方案(文盲和未受过初等教育的人、残疾人和特殊需要者、少数民族、妇女和老年人)。

(3)个人发展教育方案,即根据个人意愿和兴趣的个性需求方案。

措施:

(1)取消成人教育专门小学,并在现有教育机构中设立学习中心,根据成人教育的需要调整课程内容,以便利用现有的网络(下午和周末)节约经费,实现良好的地域分布。

(2)制订和实施成人小学教育计划。

(3)根据劳动力市场需求为成人制订职业培训计划。

(4)通过短期课程和高等教育机构培训为成人提供职业培训课程,提供欧洲学分转换系统和灵活的学习方式。

(5)开发远程学习课程和电子学习课程。

(6)为"第三年龄"的人建立大学。

考核指标:

(1)正规和非正规成人教育机构的数量。

(2)正规和非正规成人教育系统参与者的数量和结构。

(3)成人教育计划的数量和多样性。

(4)成人教育机构的地理分配。

2. 质量

各种各样的成人教育计划和提供者,以及对教学计划和过程的灵活性的需求,都需要通过定义质量标准来提供保证,需要对应用这些标准的程序进行改进。成人教育的质量最好通过质量成就标准的结果进行评估。欧洲终身学习资格认证框架是在普通教育、技术教育和学术教育以及初期和继续教育中共同参照的框架。

操作:

(1)建立成人教育环境、条件、教学过程和教育成果(主要才干)的监测和评估制度。

(2)为教育方案制定标准,为成人教育和教学过程中的教职工进行在职培训。

(3)提供高质量的课程,把国家和欧洲终身学习资格框架与教育成果挂钩。

(4)塞尔维亚共和国加入成人能力评估国际方案——PIACC,加强成人教育和终身学习体系质量监测和评估领域的国际合作。

措施：

(1)为正规和非正规成人教育机构建立认证制度。

(2)建立一个独立的机构,负责按照成人教育研究、监测和评估国际标准,界定和引进质量体系,对非正规成人教育进行认证。

(3)通过实施重建和翻新现有设施的方案并为其配备现代视听设备,创造一个良好的学习环境。

(4)通过成人教育法和附则,以便建立机构在国家、地区和地方执行法律。

指标：

(1)衡量发展水平和体系认证机构的实际运作情况。

(2)成立独立的成人教育质量认证评估机构。

(3)对现有设施进行重建和翻新的方案的实施程度,并为其配备现代化的视听设备。

(4)"成人教育法"规范成人教育问题,并在此基础上制定章程。

2. 相关性

通过对劳动力市场的监测和研究以及根据确定的需求调整教育计划,来提高成人教育的相关性。有必要确保所有的利益相关方(社会伙伴)对成人教育系统,即教育政策的确定和实施以及获得的技能和资格产生积极的影响。

操作：

系统的相关性是通过组织和机构调整成人教育的灵活性,以及时和适当的方式满足新知识和技能的需求来实现的：

(1)教育的灵活性——要求建立非正规教育体系,承认非正规课程获得的能力和资质。

(2)课程的灵活性——课程的模块化和国家资格框架模式的确立。这在欧洲职业教育领域尤其突出,它促进了工人的流动和教育的获得。

(3)内容的灵活性——不以大块知识的传播、获取为导向,关注技能的获取是十分有必要的,如学习能力、创造力、创业技能、解决问题的能力。

(4)方法论、教学法层面的灵活性——强调自我组织和独立学习。

措施：

(1)监测和研究劳动力市场并协调教育计划。

(2)发展灵活的教育体系,提供灵活的学习方式。

(3)可选模块必须允许进一步开发或随职业变更。

指标：

(1)社会伙伴参与确定课程。

(2)有监督劳动力市场需求的制度。

(3)灵活的各级教育学习方式。

3.效率

有必要提高成人教育的质量要求,以确保最大限度地利用资源。标准的实施将提供(财务、物质、体制和人力)的切实使用。该系统的有效性将通过最大限度地利用现有的正规教育机构——小学、中学和高等教育的主流学校以及非正规教育系统的成人教育机构来实现。咨询和就业指导服务将有助于更好地了解终身学习、计划类型、专业和个人发展的要求。成人教育可持续融资模式将根据所有的利益相关者的需求进行定制,并将使用不同的资金来源:雇主和个人直接投资到国际捐助项目。

操作:

(1)制定成人教育领域的环境、过程和成绩的质量控制标准。

(2)从全国到地方对所有正规和非正规教育机构进行统一登记,并评估其能力。

(3)在现有的正规和非正规教育机构中,在国家就业服务机构、社会机构和公司内,在学习中心提供就业辅导服务。

(4)建立成人教育融资制度。

措施:

(1)确立成人教育领域的质量控制标准。

(2)有专门用于弱势群体需求的预算资金。

(3)应引入特别税收减免措施,刺激雇主投资员工的在职培训。

(4)建立个人使用成人教育服务的财政激励措施。

(5)鼓励教育机构和部委申请国际捐赠。

指标:

(1)通过成人教育领域的认证和质量保证标准。

(2)用于发展成人教育子系统的预算拨款。

(3)雇主为职业教育和培训提供资金。

(4)立法。

(5)捐助项目的数量。

4.对先前学习的认识

到2020年,有必要建立一个统一的认知先前学习体系,根据国家资格框架,认可和认证通过额外培训获得的能力和资质,确保它们在国家层面的有效性。先前知识的识别系统必须基于以下原则:

(1)每个人的独特权利——识别和承认非正式和非正规的学习。有必要在承认过程中为每个人提供平等的机会,同时应尊重个人的隐私和权利。

(2)利益相关者的义务——根据其权利、责任和能力,利益相关者必须建立一个识别和认可非正规和非正式学习的系统。

(3)可靠性——识别和认可非正规和非正式学习的过程、程序和标准必须公平、透明并以质量控制机制为基础。

(4)可信度和合法性——系统必须在国家层面得到认可,并以国际标准为基础。

操作:

(1)定义国家资格框架和国家职业资格框架。

(2)采用 ecvet 系统(欧洲信贷系统)进行审核,为先前获得的专业能力提供信贷支持。

(3)终身学习体系(短周期课程和培训、员工特殊课程、远程学习课程、电子学习课程等)需要引入欧洲学分转换系统并对获得的能力进行认证。

(4)承认先前的学习需要参加联合国际计划,以便借鉴欧盟国家的先进经验,并根据塞尔维亚共和国教育体系的具体特点制定适当的模式。

指标:

(1)2012 年通过国家质量框架和国家职业资格框架。

(2)通过短周期课程包括各种形式的大学终身学习——高达 30 欧洲学分转换系统的学费——模块化来改变高等教育的法律,为雇主的需要引入专业硕士和硕士。

(3)制定一个适合塞尔维亚共和国教育系统的先前学习认证方案。

(4)对将实施承认先前学习的机构进行认证。

指数:

(1)国家质量框架和国家职业资格框架的采用。

(2)新的高等教育法。

(3)先前学习的识别模型。

(4)承认先前学习的机构数量。

(5)开始承认之前的学习过程和发放欧洲认可的资格证。

5.成人的职业指导和咨询

根据终身学习的概念,为了改善劳动力市场所需的技能和知识的结构,有必要进一步发展和完善成人教育和就业的职业指导和咨询制度。成人的指导和咨询过程有助于个人对获得知识、技术和能力的可能性和方法做出正确的决定,从而为个人和职业发展服务。该体系对于年龄、性别、阶级、种族、宗教、就业状况和文盲等因处于不利地位的人尤其重要。

操作:

(1)在理解和解释信息方面提供信息和协助,在选择职业时满足愿望和需求。

(2)指导和建议在专业发展方面做出重要决定所需的技能。

(3)收集关于用户满意程度的信息以及社会伙伴、主要雇主的信息。

措施:

(1)有必要在正规和非正规教育机构设立成人就业指导和咨询中心。

(2)辅导成人的额外教育和就业。

(3)创建一个有兴趣进行额外职业培训(重新培训和额外培训)的成人数据库。

指标：

（1）职业指导和咨询中心的数量。

（2）中心的服务用户的数量。

（3）根据需要为成人进行研讨会、培训、研习会和其他形式的教育。

（五）环境中的必要改变

（1）制定一个制度框架，以支持成人教育子系统的建立和发展，因为迄今为止，在制定现行立法方面速度比较缓慢，而且在实施的过程中效率低下。因此，在实践中，各部委的一系列行动和政策是分散的，这些政策不够协调，对成人教育的需求影响可以忽略不计。

（2）建立相关社会伙伴（雇主、工会、政府）和利益相关者（商会、专业协会、职业学校社区）之间的对话，以确定教育需求，确立方案并评估结果。合作关系应该在各个层面上发展，从区域到本国再到国际。

（3）在国家和地方层面，依法建立人力资源开发委员会。开发委员会需要包括相同数量的雇主、雇员和公民以及正规和非正规部门教育机构的代表。通过这种方式，商界、工会和公民的代表将对成人教育的形成产生影响。在地方层面，为了根据当地劳动力市场的需要调整报价，有必要在潜在的学生和教育机构、国家就业服务机构、成人指导和咨询中心、研究中心、企业、地方政府、非政府组织之间建立合作关系。

（4）与国际组织（欧盟、经合组织、教科文组织）开展合作，通过机构和中心网络参与制定联合方案和项目。对塞尔维亚共和国来说最重要的是与欧盟协调立法，以获得专门用于发展成人教育和终身学习子系统的资金。这种类型的伙伴关系，有必要加入国际质量控制体系，例如国际成人能力评估计划——PIAAC。

（5）使资金来源多样化，让私营部门、企业界和个人参与资助终身学习计划。如果他们投资于成人教育计划，财政应该为个人和雇主提供财政激励政策。通过发展国际合作，应为各种与教育有关的基金提供准入机会，例如欧盟教育结构基金——坦普斯·达芬奇终身学习方案等。

（6）改变媒体对教育的态度，有必要制订一个国家支持和推广终身学习的计划，推行和强调成人教育必要性的专业课程。

（六）成人教育子系统与其他子系统的战略互动

1.成人教育与经济

（1）根据劳动力市场和经济的需要以及个人的愿望和需要，制定各级教育的培训方案。

（2）在各级教育领域开展职业指导和咨询方面的合作，特别是在咨询成人方面需选择适当的方案以提高知识和技能。

2.成人教育专业协会

（1）参与不同学科间的合作研究，参与立法活动。

（2）参与国际项目。

（3）确定所需的技能和知识。

（4）合作界定教育概况。

（5）发展先前学习认定系统。

（6）在各级规划中沟通和合作，实施和发展成人教育。

3. 成人教育与财政制度

（1）对雇主用于进一步教育和培训雇员的投资进行税收减免。

（2）为自我投资教育的个人提供财政奖励。

4. 成人教育与文化

（1）成人教育计划有助于提高整体人口的国家的人口素质，并尊重他们的个人发展。

（2）课程必须由教育和科学部以及文化信息和社会部资助。

二、教育经费

教育经费的使命是根据教育战略有效地引导预算和其他资源，以达到预期的效果。融资职能分别与各级教育相关，而各级之间则按照既定的普通教育战略进行管理。教育经费是实施教育战略和改进教育体系的最重要工具之一。

（一）公共经费制度的构想

从教育是一种公共开支这一事实出发，教育的愿景是在 2020 年前，与教育相关的支出占公共支出总额的比例增加到 6%。这个增加必须是连续的，并作为国家的战略方向。

公共教育支出的增加必须达到四个关键目的：

（1）提高教育质量。

（2）提高普及性，即教育覆盖面。

（3）提高教育系统的效率。

（4）增加教育的相关性，即为那些为社会和经济提供最大贡献的层次、形式和教育计划提供支持。

提高质量是教育最重要的目标，各级教育经费制度必须成为有助于提高教育质量的、强有力的支持战略。

改善学前教育和初等教育的普及性意味着增大学前儿童的覆盖面，确保全面覆盖学前教育计划和初等教育，防止小学生辍学并增加进入中学的学生人数。在中等和高等教育中，资助体系必须通过为底层社会和经济背景的学生提供额外的资助和奖学金以及学生贷款制度来确保这部分学生有平等的待遇。学术和博士研究的融资体系必须涵盖科学和教育过程的所有费用，以便在最高级别的正规教育中实现卓越教育的普及性和应用性。终身学习必须成为每个工作年龄工作过程和进步的组成部分，因此必须特别给予激励。

提高效率必须通过减少非合理使用资金和缩短平均学习时间来提供更好的教育体系管理。但是，提高经济效益不能损害教育质量，也不能减少教育的普及性。

增加教育的相关性是通过将财政资源最大程度地投向那些塞尔维亚共和国优先发展地区的教育,尤其是高等教育。

文本具体阐述了上述原则,包括两部分:第一部分专门用于大学预科教育;第二部分用于高等教育。由于高等教育和科学研究有望成为全社会发展的真正发源地,实现这一目标的最重要手段之一就是资助高等教育和科学研究。因此,通过制订行动计划以及持续的经费政策至关重要。

(二)大学预科教育经费

1. 按教育程度划分的现行制度简述

目前的融资体系,在大学预科教育资金体系中可以观察到的三个层面上,没有明确的关系和优先事项,它们是:

(1)宏观层面——国内生产总值中分配给教育的资金比率。

(2)中观水平——某些教育水平的投资比率。

(3)微观层面——某些教育水平之间的投资比率。

在宏观层面有必要通过规定限制持有人权力的财政规则来防止减少公共投资,并防止经济扩张,以确保公共教育投资在国内生产总值中的比率,并在中长期计划中提供稳定的教育经费。

在中观层面上,有必要消除系统性缺陷,将节省的资金用于某些层面,以用到被认为需要额外投资的方面。改善中观层面管理的一个例子是减少中等职业学校的数量,改造一些中等职业学校并开设一些综合学校。节约的资金可以转向改善教育的实施环境,购买现代设备和教具等。

在微观层面上,有必要在一定的教育水平内确定优先事项,并改变节省下来的资金用途以实现既定目标。因此,以小学教育为例,就可以投资减少班级数量而产生的资金,并且合并学校,来改善与需要额外教育支持的儿童的工作。

上述三个层面的财务管理必须通过下面两种方式实施:

(1)所通过的决定必须具有长期性,并在特定的教育领域实施国家的战略决策。

(2)财务管理成为实施发展教育战略的工具。

目前的学前教育资助制度是分散的,并以共同筹资方的模式为基础。根据目前的模式,地方政府提供资金支付 80% 的费用,父母提供 20% 的费用(平均水平,而具体水平取决于父母的社会和经济地位)。此外,还将制定公私伙伴关系模式,旨在涵盖更多的学前儿童。

预科学前教育计划的资金由国家预算提供,并根据儿童群体的数量划拨给地方政府。这一制度显现出不同的效果,取决于地方层级的资金管理方法。效率低下的一个例子是在当地社区建立新的托儿所,但那里的学校还有足够的空间可以容纳更多的学生,学校空间的重组和学前教育的分配将会大大节省费用:

(1)不建新设施。

(2)管理学校的工作人员同样可以管理学前教育机构。

上一阶段没有规划和协调国家和地方各级机构,使学前教育机构网络发展不足,尤其是在农村地区和不发达的社区。因此,在现有体系中,对于社会和经济背景低于平均水平弱势群体的儿童来说没有普及性和公平性,导致提前退学的可能性越来越大。

中小学教育经费制度取决于若干变量,其中最重要的变量是班级数量。由于人口趋势是下降的,学校校长正在努力争取批准维持现有的班级数量。因此,由于班级数量减少,初等教育出现了低效率问题。1990—1991 年度至 2008—2009 年度期间,小学学生人数减少了约 215 000 人(塞尔维亚共和国统计局)。在同一时期,班级数量只减少了大约 2 300 个,学校(主校区及分校区)数量减少了 86 个。可以得出这样的结论:每个学生的实际投资已经大幅增加,但是这些资金没有投入教育发展上,而是用在现有的雇员上。减少学生人数并没有遵循小学网络优化的原则。在中等教育中,我们可以看到职业中等教育的优势,它比普通中等教育贵得多。大多数学生从职业中等教育毕业后进入高等教育,因为中等职业学校的课程设置较为昂贵,并且是为劳动力市场做准备的,而不是为高等教育机构招生。因此有必要优化中学网络并增加综合学校的学生人数,这可以消除检测到的不足并节省一些资金。此外,目前的资助体系尚未规范在职教师培训,其培训由地方政府负责。在实践中,差异很大,这与地方政府的发展密切相关,因为较贫穷的地方政府没有足够的资源满足要求。

2. 现行制度的主要缺陷

除了上述问题之外,在现行制度中,超过 95% 的国家教育预算用于学前教育、小学和中学教育的人员薪金,既不可能确定国家的战略方向,也不可能进行财务管理。现有的大学预科教育资金来源的双重体系中,由国家负责薪酬,地方政府提供资本投资,包括材料成本和其他费用,显现出重大缺陷。现有政策的负面影响反映在地方政府层面没有足够的资源用于发展项目(建造新托儿所,资助教师专业发展,购买现代设备和教具)这在收入较低的、较贫穷的地方政府中尤为明显。因此,特定地方政府教育设施的现状比全国平均水平差,随着时间的推移,最发达和最不发达的地方政府之间的差异只会增大。因此,设备、教师以及现代设备和教具的差异导致当地社区的学生学习成绩产生差异,并且在小学和中学教育中辍学。此外,现有筹资体系的基础还包括维持现有的教育机构网络。

3. 新的资金模式

所描述的现有系统的缺点是引入大学预科教育资金新模式,它的使命是着重于促进从现有的静态维度(保持相同的机构网络和新员工数量)转变为新的动态维度,旨在规划教育发展措施,提高质量和效率。实现这些目标只有通过引入人均资助系统才能实现,这意味着资金水平将取决于学生的教育需求以及学生参与教学、学习过程的社会和经济特征。

大学预科教育资金的主要工具是引入基于儿童和学生人数的基金制度。

在此过程中,大学预科教育体系被视为一个独特的体系(而不是三个独立的体系——学前教育、小学和中学教育的总和),该体系确定了中央和地方层面的教育原则、主要特征和责任。

引入新的筹资体系的先决条件是具有一个信息系统,这个信息系统从当地社区和每个学校的层面收集数据。

在大学教育经费的新模式中,应该包含三个关键要素:

(1)中央模式——根据课程设定的差异区分每名儿童,即每名学生的费用。

(2)成本分摊制度——确定中央和地方各级参与儿童或学生的融资数量。

(3)当地模式——确定地方层级资金水平。

中央模式的作用主要是计算每个典型儿童和学生的教育过程成本,而成本分摊制度和当地模式的目的是在特定的环境中,根据儿童和学生的具体的教育需求提供足够的资金。成本分摊制度必须确保中央和地方各级参与的公平程度和差异(或相等)程度。整个体系必须考虑到当地社区经济实力的差异,从而确保中央层次更多地参与经济实力较弱的当地社区学校,对学生进行助学融资。在实施了成本分摊模式以平衡资金水平之后,地方政府必须制定地方模式,在这些模式中,它们将量化教育过程的所有具体特征,同时考虑到不同的当地情况(子校区班级的数量、人口密度、各种形式的额外教育需求)。实现教育战略的目标必须通过协调新的筹资模式,新模式的三个要素缺一不可。

在中央模式中,雇员工资的制度是集中统一的。鉴于财政分权有必要确立地方政府在确定工资方面的自主权。可以肯定的是,完全放松管理可能会导致大量消极的、不希望产生的影响(发达和不发达城市的薪酬差距很大,教师离开较低工资水平的城市等),因此,市镇应具有某种形式的、有限的自主权来确定工资。根据这种解决办法,地方政府按照分担费用制度可以将学校工作人员的工资增加一定比例,这使得他们的工资超过了共和国特定职位的规定。

确定中央层面模式的过程需要基于教育计划的具体情况来确定,同时考虑到特定类别学生的指标和影响成本的标准:

(1)教育周期和概况(预备学前教育计划、1至4年级的基础教育、5至8年级的初等教育、初级音乐学校、普通综合学校——语文和数学或其他专业学校——职业中学的不同概况等)。

(2)少数民族语言教育。

(3)有特殊需要的儿童人数。

(4)当地社区的人口密度。

(5)道路质量。

(6)与全国平均水平相比,地方社区社会经济指标的状况。

新的供资体系必须包括本战略和立法提供的为教师专业发展所需的经常性支出和开支。尽管在财政方面,教师工资的增加是当前支出的一部分,获得更高职位的教师将增加一定比例的工资,将基本上成为一种明确的国家教育战略,由此鼓励教师不断努力掌握新的知识和技能。

以上指标是定义和计算中央模式中商数的指导原则,用于根据学生单价(小学1～4年级的学生)确定额外资助水平。这实际上意味着,在中央模式范围内,当地社区获得大学预科教育的资金将通过将学生单位价格乘以学生人数和所有商数的总和来计算,这些商数反映了学校在当地社区的教育过程的特殊性。因此,同一教育水平的学生成本在每一个当地社区中都不会相同,但会反映实施教育过程中存在的真实差异。

中央模式的规则依赖于地方政府制定地方模式的特定模型并进行额外调整的可能性,包括额外指标和计算额外商数的可能性,并且通过其应用将资金划拨到每个学校。

新模式的筹资重点需要从现有机构网络的资助,转向资助法规定义的教育计划以及资助教育发展。通过新的供资体系为资助提供资金:

(1)目前与教育过程有关的支出。

(2)资本支出。

(3)教育发展资金。

4.当期支出融资

新的资助模式的原则是:

(1)财政分权。

(2)效率。

(3)有效性。

(4)股权。

这些原则是相互关联的,并形成一个连贯的实体。虽然财政分权的原则意味着有必要将中央和地方两级教育经费的管辖权分开,但其他三项原则构成了教育战略的筹资模式和目标之间的关系。财政分权的原则需要两种基本类型的中央层级的管辖权:

(1)确定中央模式并规定筹资模式结构的约束性规则,以及不同类别的输入变量的值——儿童和学生。

(2)控制从地方政府到学校的资金转移,并根据教育战略原则的明确规定,对所分配资金的结构进行控制。

通过微观层面的资源管理增加了地方政府的作用,其中包括:学前机构网络;中小学校;根据学校和班级的类型,按照规定的最高学生人数建立班级,开发学生交通系统,为来自社会弱势家庭的学生提供奖学金等。

为了提高效率、有效性和公平性,减少每名儿童即学生的当前成本,并增加对教育系统设备和发展的投资,可采取以下措施:

(1)优化中小学校网络。

(2)增加学校教师的工作量。

(3)减少职业中学和大学生的数量。

（4）增加综合学校的学生人数。

（5）减少中学课时数。

效率和效益是主导基金的基本标准，可以在一定教育水平上节省资金，在相同教育水平内实现其他水平或其他目标。

平等原则的目的在于根据个人需要和能力或学生、儿童的社会经济背景带来的额外教育需求，为儿童和学生提供额外的教育支持。在实践中，必须遵循这一原则，以便引入不同的纠正因素。

效率、有效性和公平性之间的关系有一个因果关系序列：更有效地利用资金和资源（效率），为制定和实施措施以达到预期效果（有效性）创造条件，最终减少社会和其他由社会和经济背景造成儿童的差异。有助于减少最脆弱群体与平均人口之间的社会差异，并减少未来对各种形式社会援助的需求。

5. 教育发展经费

教育发展的资金是教育和科学部预算的一部分，并被视为项目预算的一部分。项目预算作为相互连接的运作系统，其中一部分预算用作教育过程的运行成本。这需要保证大学在国内生产总值中教育经费水平的可持续性，甚至在与上一年相比减少了学生人数的情况下，或者在减少了确定当前支出水平的某些变量的情况下依然有效。因此，在相同的总预算内（不包括调整），拨出的当期费用将减少，拨给教育发展的资金将增加。

用于教育发展的资金将为学校发展计划提供条件，其中包括与改善教学过程的作用和质量有关的各种活动（在职教师培训、举办研讨会、研习会、学生俱乐部，提供设备和现代教具等）。地方政府及其管辖区域内的学校将提出学校发展计划的建议，并提出它们计划用于参与实施与发展的资金计划。根据确定的优先事项，教育和科学部将决定个别学校发展计划的接受程度和资助水平。

作为教育发展资金的另一种形式，教育和科学部将在项目预算内分配一些资金，用于实施对国家有重大意义的优先发展项目。在这种情况下，教育和科学部将要求提交发展优先资助的申请，符合条件的学校将获得实施某一项目的资金。

6. 由于学生人数而造成的资助模式的例外情况

当我们考虑到人口迁移到较大的中心时，为一些儿童和学生提供资助的系统不能在一些地方社区中应用。事实上，在一些当地社区（尤其是小学教育系统），由于儿童人数少，新的教育经费制度不能拨出足够的资金顺利而有效地实施教学。为解决这种情况，提供了以下办法：

（1）根据儿童和学生人数，将某些当地社区和学校类型（四年制、八年制具有子校区和联合班的乡村学校）排除在资助系统之外。

（2）除了基于招生的儿童和学生人数的可变部分融资之外，新的融资体制应该进行调整——机构赠款，其数额将取决于子校区班级数量、联合班级的数量和其他因素。

新的筹资措施将成为一项制度,其他解决方案仅仅是一个选择,即没有任何筹资制度是完美的,并且有必要考虑例外的情况。只有我们确保达到既定目标,即提高效率不得损害有效性、质量和公平,才有可能实现供资体系的可持续性。

7. 实施新资等模式的要求

引入新的筹资模式原则上已经由教育基金会法律做出规定,并且今后有必要通过对该法律的修正,进一步确定采用中央查勘式、成本分摊制度和地方模式的方式。此外,法律修正之后,也将采用新的规则,此规则将促进新的筹资模式的完成,从而为其在实践中的成功实施创造条件。

(三)高等教育经费

1. 现行制度简述

目前的资助模式受到关于教师和大学活动的预算资助标准和规范的法令的约束(《塞尔维亚共和国政府公报》第 15/02 号、第 100/04 号、第 26/05 号、第 38 / 07 和 110/07),其要素与旧的学习体系(非博洛尼亚)有关,因此有必要将法令与新的学习体系相匹配,或者用另一种融资模式取而代之。此外,《高等教育法》预测教育和科学部与各个独立的高等教育机构签订专项资助协议,这些协议在实践中尚未得以实施。所以,重新审视和改进资助体系是非常有必要的。

该法令大多按照首次预算编制的学生人数比例分配资金,同时考虑到其他因素,例如:教学小组的规模、小组数量、小组教师人数、高等教育机构场地的大小、特定非教学职位的数量等。这样就确定了资源的总体水平(通过所需的雇员数量来表示),然后根据高等教育机构的实际雇员人数进行调整。根据年度资产负债表,每个员工在财务上都应受到保障,每个月都会向高等教育机构支付一定的资金以支付薪水。每个高等教育机构根据数额确定其雇员的工资水平。

材料成本资金是根据既定的高等教育机构规范和年度资产负债表确定的,在目前的成本中,它们代表了在高等教育机构的总资产中预算资金的利用,这适用于任何现实的账户。尽管法令要求(该部门仅在紧急情况下使用资金),但由于缺乏资金、设备和资本维护成本,实际上这部分费用并未从预算中支付。

几年来,有的州一直没有按照法令的规定支付材料成本。这对州立高等教育机构提供资金来弥补供暖和其他运营成本造成了重大影响,其结果是影响了教学质量和进度。

目前的系统为国家高等教育机构中的一部分学生从国家预算中提供教育经费(约50%的入学学生)。虽然其中一些人的生活费用已涵盖在其中,但这些费用不包括在其他的费用中,这使得不住在宿舍的学生的情况复杂化。其中一部分州立高等教育机构的学生(不属于预算中的学生类别)和私立高等教育机构的所有学生缴纳自己的学费。

大学的科学研究工作不是该法令的组成部分,而是在 2010 年至 2015 年期间,基于塞尔维亚共和国科学和技术发展战略,通过项目融资的方式实施的。因此说,研究和高等教育的筹资之间存在差距,与两个领域密不可分的学术教育使命的本质不符。

2006 年开始在一些大学实施将教育和研究活动结合起来的博士研究，目前仍没有明确的融资体系。大部分博士生自费支付大学的学费。略多于 50% 的博士生通过参与项目，获得这些项目资助研究费用，学生可以作为学者（仅提供健康保险）或作为年轻研究人员从事研究所或大学研究生助理的工作，或大学的研究生助理（提供健康和养老保险）。

大学在一些学院设立的各级奖学金非常高，而且没有透明地计算实际教育成本。

2. 现有系统的主要缺陷

现有的塞尔维亚共和国高等教育资助模式存在以下问题：

（1）高等教育机构有时以短期经济利益为导向，允许过度招生和在全国范围内无限地开设分支机构，从而影响研究的质量和有效性。

（2）之前的州立入学策略以及部分资助方式导致在国家发展需求方面，各种专业和科学领域的学生人数不足。少数学生进入自然科学和技术科学学院，其中许多学生进入社会科学学院学习。因此有必要实施适合于经济和社会发展重点的新的大学招生计划。

（3）目前的资助体系对公费和自费的学生产生了很大影响。部分公费学生在满足适当的要求后，以非常便利的食宿以及其他学生福利的形式获得额外的资助。而自费学生支付学费，并且无权使用这些福利。

（4）研究表明，经济状况较好的学生会在中学取得好的成绩，因此通过成绩进行资助排序，会减少财务状况较差的学生的学习机会。

（5）融资体系不透明——公众不知道在大学教育阶段学生需要多少费用。学生也不知道州政府为他们的教育分配了多少资金。

（6）没有有效的博士研究综合资助体系。博士生资助研究项目的系统不够透明。参与项目的相关信息不对学生公开。

（7）从总体而言，目前的高等教育资助体系并没有解决任何教育的公平性，学习效率或研究质量的问题，也不支持在这些对于塞尔维亚共和国经济和社会的发展十分重要的领域进行研究。

这些缺点表明，高等教育经费管理不善，引起学生和教师之间以及高等教育的社会各阶层之间不满。

3. 制定新融资模式的社会、经济、教育和其他因素

由于上述目前供资体系存在的缺陷，而应采用新的供资体系。

每种良好资助模式的一个重要且始终存在的参数是提高教育质量。目前的资助体系鼓励所有高等教育机构尽可能多地招生，并且让它们尽可能多地通过考试。这些都不是应反对的目标，因此新的系统也应该实现它们。然而，目前的制度还没有提供新的机制来阻止以牺牲高质量教育为代价来实现这些目标。新系统应该提供这样的纠正机制，因为教育质量是首要目标，它产生了两个次要目标——增加学生人数和提高学习效率。

4. 改进高校高等教育经费筹资模式

新的筹资模式必须包括独特的各种级别和类型的研究(学术和职业)机构,并建立统一的规则。其战略目标是通过将公共基金的高等教育支出提高到国民生产总值的1.25%,以达到欧洲的平均水平。根据以下变化,既定目标可以逐步实现:到2014年,增长至0.9%;到2016年,增长至1.05%;到2018年,增长至1.15%;到2020年,增长至1.25%。这包括各种形式的分配资源——学费、补贴贷款和奖学金、学生食宿以及预算中的其他资金,这些资金都用于高等教育,以资助其目前的开支和发展。

新资助模式的基本思想是建立掌管某些领域学习费用的公共机构,并规定国家和学生缴纳部分学费的义务。这是为了终止那些不支付学费的学生和支付学费的学生之间不公正的待遇。资助体系仍以学生人数为基础,但其创始人是塞尔维亚共和国的高等教育机构,包括:

(1)预算资助的学生(只有成绩优异且财务紧张的学生知道他们的学费是多少,而国家会完全支付他们的学费)。

(2)共同出资的学生(其中一部分学费由国家承担,另一部分学费则使用国家补助贷款,由个人支付)。

(3)自费的学生(独立支付全额学费,也可以使用州政府的补贴贷款)。

根据国家定义的预算资助和共同资助学生的配额,以及各领域和高等教育机构的配额,学生的排名清单将统一在一个机构,并且在第一年的研究中,排名不仅基于成绩(这是目前的情况),而且还取决于学生的社会和经济状况。每个学年,国家将确定上述配额,并按照条款严格控制申请。

根据对优先项目的评估,国家每年将根据资金水平和这些资金的分配情况做出决定。因此,根据高等教育机构的质量和相关性以及学习计划,必须认真规划预算和共同出资的学生在某些领域的录取名额。名额必须符合既定的战略重点和公共、私营部门的需求。该战略最初规定,预算资助学生与共同出资学生的比例如下:在科学院系招收的学生中占15%,技术类占35%,医学类占15%,社会科学和人文学院占35%。此外,有必要在新的科学技术学院的招生模式中采用直接奖励的模式。

新的筹资模式以现行法令为基础,其中确定教学和非教学人员人数的方式以及大学自身收入的存在和分配原则尤为重要。除了遵守博洛尼亚原则(基础职业研究、基础学术研究、硕士研究和博士研究的融资模式)所需的创新外,该法令还有待进一步修改,具体如下:

(1)根据法令规范,以及该部门根据认证要求批准的学生的名额,确定某些领域和机构的学费。确定影响支出的因素,进行必要的调整,并确定共同出资的学生所需缴纳的学费。一些高等教育机构甚至可以指定某些学费高于学习成本,包括未涵盖在法令规范中的其他公开的费用。

(2)通过为每个共同出资学生引入联合资助学费的模式,来终止预算资助和自费学生之间的不公平差异,即完全不缴学费和支付全额费用的情况。因此,对于给定的高等教育机构,应该形成一个按成绩排名的学生的表,并且只有在第一年的研究中才应该将其与社会地位结合起来。根据排名表,确定预算资助的学生,而其他学生则会参与争取奖学金。参与的数量将根据学生在排名表中的位置确定。名单上的学生较少获得学费资助,而底层的学生较多。学生将提供资金,以现金或国家开发银行和其他有意向的银行提供的贷款(将在毕业后偿还)共同资助奖学金,这些贷款将由国家补贴。那些住得远并且无法在宿舍住的学生,贷款金额可以包含生活成本。为此,国家将重组可用的预算资金并为此创建一个专门的预算账户。行动计划将通过合同和贷款定义不同的出资和自费方式。

(3)新的筹资体系将继续刺激高等教育机构通过经济合作和参与不同类型的项目获取部分资金。从这个意义上讲,严格遵守教学质量和研究标准,高等教育机构将被允许:

——独立地(在高等教育机构理事会的积极参与下,在国家代表的影响和控制下)管理自己购买的资产,管理自己的独立收入,包括投资以从中获利,并在没有现有限制的情况下独立决定工作人员薪金收入等。

——通过实施现有法令,按照收入百分比,覆盖所有固定材料成本(如供暖等)和部分其他成本(水电费、电话费等)。根据博洛尼亚进程的要求,增加现有资本维护成本、图书馆、实验室等成本的筹资也是很有必要的。

(4)逐步根据工作的复杂程度,按照1:7的比例提高薪资水平,并根据预算的可能性增加融资。

(5)在筹资模式中开发并纳入教育质量的指标,并对表现出色的教师队伍进行鼓励。在这种情况下,选拔教师的条件变得更加严格,并对他们的教育工作实施真正的评估。

(6)如果新的筹资模式影响了一些对国家特别重要或对民族文化特别重要的高等教育机构的工作,国家应该为实施机构提供融资。这样,所有学生都可能获得预算资助。

(7)对于某些学科,教育和科学部可以为任何州立或私立高等教育机构制订一个特殊教育课程,并单独提供资助。

(8)博士研究的资助模式必须包括:学费(教学费、辅导费、管理费);研究费用(材料和管理费用、研究设备、差旅费、参加科学会议、出版费);博士生的工作——年轻的刚开始的研究人员(个人收入、健康或养老金保险)。学生的地位与基础研究和硕士研究的地位类似,有必要界定学生和高等教育机构的权利和义务。博士生的数量以及预算和联合资助学生的名额应基于大学发展必要的学科和科学、技术、经济、社会和文化发展的优先领域的需求。预算资助和合作资助的博士生数量需要增长,2020年使完成硕士学位的学生达到10%。

此外,有必要通过使用公共来源的部分资金建立博士研究的其他模式,由私营部门和基金会参与建立,必须确保每名博士生参与有组织的科学研究工作。只有在高等教育机构向学生保证研究工作包含在学费中的情况下,学生才能获得博士研究的全部资金。一项特殊法令需要确定博士研究的融资规则,其条款将公开发布。此举应提供资金鼓励学生和教授的流动性,特别是鼓励来自国外的学生和教授的到来。如果可能的话,应该对那些派遣年轻员工参加博士研究的公司,提供税收优惠。

(9)为资本维护(设施、基础设施)划拨资金以及为高等教育发展提供资金——采购教学设备(视听设备、教学用计算机设备、高等院校教学实验设备);添置学习资源(书籍、杂志和数据库订阅);支持建立教学改进和评估中心;为教学过程的独立审核者提供资金等制定规则。

(10)有必要对现有高等教育机构网络的有效性进行专业的分析,并明确界定关闭一些机构和开设新机构的标准。尤其要考虑个别机构和整个网络的可持续性,明确将高质量的科研机构纳入学术网络的思路。

(11)加强对高等院校的专业和财务的监督,外部评估人员参与,严格监督工作以及财务和认证标准的合规性。

(12)认证要求和质量标准应与计算教育价格的方法一致,以便确定最佳质量、成本比率,其中成本较高的会受到融资选择的限制,而较低的则提供最低可接受的教育质量的成本(通常由认证标准定义)。

(13)使新的筹资方式与科研工作的资金一致,并引入以下方面的内容:设备;教师的在职培训;鼓励青年教师、研究和艺术工作者的发展;与资优学生一起工作;国际合作和流动性;为研究提供信息支持,为残疾学生的设备和条件提供资金等。

引入新的筹资模式的影响如下:

(1)获得更加平等的学习机会。

(2)透明度:每个学生都知道他(她)的教育成本以及国家投资的数额。

(3)根据他们的财务状况、学习成绩和学习领域,学生有相同的权利,即有资格获得公共援助。

(4)改善研究生结构(按领域、学科),通过财务激励来引导学生的选择。

(5)实现更高的学习效率(及时地完成学习),增强在学习成绩不佳的情况下失去预算(合作)资助的权利和紧迫感,增强已接受资助的学生的责任心,如果他们没有完成学业,他们有义务偿还这些资金。

(6)学生(和他们的父母)的满意度,因为(在某些条件下)任何人都可以获得预算(共同)资助和优惠的学生贷款,这些资助可以支付全部学费,并且必须在工作后偿还贷款。

最敏感的问题是迄今为止已经享受完全免费学习的学生的反应以及无法从新系统中受益的学生的反应。估计会有更多的学生在被批准的情况下,接受新的资助体系,因为它在一定程度上向所有人提供免费教育,并有可能通过使用优惠的贷款来支付部分预算未涵盖的学费。学生将在毕业后偿还贷款,因此在学习期间,学生不会因为需要偿还贷款而有沉重的负担。

5.实施新资助模式的必要条件

塞尔维亚共和国有必要组建国家开发银行,用于提供资金资助学生贷款。国家开发银行和感兴趣的商业银行,会就学费支付的条款与学生达成一致。通过对银行的补贴,该资助将提供十分有利的信贷条件(长限期、低利率)。

塞尔维亚共和国政府必须指导高等教育机构更好地利用可获得的资源,而不是让其降低教育质量。

为了实现和监督高素质人员的必要结构,我们应该考虑建立一个新的或有资格的现存的国家机构,由合格和独立的专家来编制一份提案,以便政府能根据该提案对优先事项以及不同等级资助的学生人数(各个领域)做出决定。该机构可以成为国家就业局或其他现有机构的一部分,该机构有能力及时持续地监测社会需求和塞尔维亚共和国需求的趋势,基于此可以对必要的人员及其能力进行真实的评价。

(四)成人教育经费

终身学习资助模式,特别是成人教育,并没有存在于体系中。额外的教育和培训并不符合社会和市场的需要,因此,来自公共或私人的资金来源不是连续的,而是基于个别情况下零星的资金来源。

由于预算资金的缺乏,成人教育没有专项公共资金。这给少儿和成人的教育拨款以及成人教育战略部分所需的其他拨款增加了难度。另一方面,由于少量(因为投资不是很大)的补偿,以私人公司和个人的资金为主。

因此,此时需要立即采取以下措施:

(1)根据预算可能性,国家(在国家或地方层面)有意愿资助其需要的各类成人教育(各种额外的资格认证、知识创新、获得新能力的需求等),尤其是公共部门应采用高等教育经费说明中描述的模式进行资助。因此,公共和个人资金应该结合起来,受过培训的成年人应该能够获得补贴贷款。

(2)采取措施显然会导致这类教育的财政投资增加,特别是来自私营部门的教育,例如采取某些形式的税收激励措施。也就是说,当有税收激励政策时,企业会将资金用于给员工的专业发展和培训,而不是将资金用于预算。这会产生积极的作用,因为这些企业会考虑直接投资对员工的积极影响并改善他们的业务素质。还为希望继续接受教育的个人提供奖励,并建立市场供求关系。

最佳的实践案例表明,可以通过使用各种资金来源——预算、雇主和个人的私人投资以及国际捐助项目,逐步建立成人教育和终身学习的可持续供资体系。

(五)儿童和学生食宿的融资

目前的儿童和学生标准资助模式非常好,但还存在不足。资金的分配以及获得利益的规则已经制定了多年。考虑到总体经济状况,分配水平使得获得福利的学生的范围相对广泛。因此,必须通过提高教育的能力和接受教育来延续这种做法。

维持现有的资助水平以及可能的筹资水平的重要性将体现在新的奖学金资助模式中。因此,大量学生不得不支付他们的学费,将会增加他们的(对学生而言更便宜,对国家而言更贵)资助标准(住宿、食物、交通、零用钱等)的需求。与目前的系统相比,必然会发生一些变化,这意味着优惠将分别发送(不是一部分人有所有的优惠,而一部分人什么都没有),还有一部分费用将通过学生贷款偿还。正如国家参与奖学金的制定一样,学生标准也是如此。

(六)教育经费的其他来源

与公共资金来源(主要的资金)相比,教育资助必须越来越多地包括私人(个人、家庭、企业和其他非政府)和国际资助(捐助者和其他项目)等。在大学预科和高等教育体系中,都提出了私人投资的方法,主要体现在自筹和联合资助方面。如果仅仅为了高等教育,我们发现私立大学的新生入学人数约占总人数的 20%,而州立大学的预算和自费生的比例约各占一半,这意味着高等教育体系除了公共资金的收入外,还会从私人资金中获得 40%~50% 的资金。

公共资金的投资水平应当以占国内生产总值的百分比来衡量,这是该战略的一个明确目标,即实现发达国家和发展中国家的平均水平,而较大的激励措施(其中一些已在前面描述)应该提高私人的投资水平。另外,到 2020 年,从国际项目中获得的资金总额并不小,各级教育机构的任务是参与这些项目。这在财务方面很重要,但在教育方面更显得重要,这样管理财务的人可以通过这些项目更好地接受培训,并在各地积极地寻求更多的资金支持。

三、某些类别学生的教育与培养

(一)少数民族的教育与培养

少数民族教育是塞尔维亚共和国教育体系的一个组成部分。由此产生的结果是,塞尔维亚共和国战略方向也适用于少数民族教育,同时在宪法和法律规定上尊重少数民族的权利。

从这个意义上说,少数民族教育的使命是,一方面,确保享有与塞尔维亚共和国所有公民一样的高质量教育的权利,从而帮助少数民族融入社会;另一方面,确保维护和发展所有少数民族的民族和文化特征的权利。

实现少数民族教育这一使命的具体战略措施:

(1)额外资助少数民族教育的具体费用(例如印制少数民族语言的限量版教科书)。

(2)在那些对保存和发展民族和文化特征具有特别重要意义的科目(学科)中开展教育。

(3)重视每个少数民族母语的特殊权利、以母语进行教学的权利,并在有可能的情况下,为教师提供母语教学培训,以母语的方式获得教育资源。

(4)在教育机构的管理和领导机构中有充分的代表性。

（5）在与少数民族受教育权有关的政策方面，有参与教育机构网络决策的权利。

（6）采取特别措施增加获得教育和其他帮助的机会，特别是那些受教育程度低的少数民族（罗马人、瓦拉几人）。

（7）少数民族的教育应尽可能地在双语机构和项目中进行，其中包括少数民族和多数民族的成员，以便发展良好的族裔间关系和社会凝聚力，促进社会融合。

（二）有天赋的学生的教育

具有天赋、特殊才能的学生以及取得非常高的教育成果的学生，代表着有潜力成为创造不同领域新价值的领先人才的儿童和青少年的一部分。应为这些类别的学生提供教育，鼓励他们全方位地发展，同时考虑到他们的全面发展。为了满足所有教育子系统的需求和能力，将提供以下支持这些学生发展的措施：

（1）不论他们居住的环境如何，建立一个识别有天赋儿童的系统。找出那些处于不发达、贫穷和社会贫困地区的儿童尤其重要，当地社区、教育和科学部的农村教师和助理有可能发挥关键作用。弱势群体的儿童更多地参与学前教育，也将有助于更好地识别有天赋的儿童。

（2）在大学预科和大学教育中运用现代教学方法，为学生提供个性化教学，不断扩大教育机会，以满足不同类型儿童和青少年的需求。

（3）选修科目和学校丰富的课外活动为学生的兴趣、能力和才能的发挥创造了空间。学校与科学、文化、体育、技术和其他机构之间合作的课外活动为有天赋和才华的学生提供了特殊的空间。

（4）学校良好的工作条件（设备、书籍、学习和工作材料）使得学校设施和设备可以多用途使用，为小组工作、员工教育、小型研究和教学项目中的相关专家与机构的交流和合作创造了条件，所有这些都为有特殊兴趣、技能和天赋的人们提供机会，并让他们以多种方式参与其中。

（5）教学模块化的可能性以及学生通过普通中等教育的不同路径为选择不同课程和更具挑战性的教学、学习方法（教学研究、项目指导系统、包括研究机构项目、个人项目）提供了机会。

（6）制定的绩效标准也定义了最高级别的成绩，这些策略中所计划的措施和行动旨在提高获得最高成绩的学生人数。

（7）学校和高等教育机构中建立发达的职业指导和咨询系统。

（8）在学校活动（研究、艺术、体育和其他暑期学校、营地、短途旅行、自然课程等）中提供了关联、设计和实践应用和学术知识的可能性，这对学校和学习优异的学生来说是一个额外的挑战。

（9）除了促进儿童智力发展和具有特殊天赋的儿童发展外，对这类学生的其他方面也应同样重视。在培养有天赋的儿童和年轻人时，将特别注意培养以下方面：鼓励他们与他人合作；使他们同自己的社区相联系；提高相互依存的意识；了解权利和义务；为该学生群体提供心理和社会支持,培养他们自己的生活和职业生涯所需的自我形象、自我评估技能、元认知知识和技能,以高效地管理自己。

(10)发展学校和高等教育机构必须创造一种氛围,在这样的氛围下,以下方面得到支持和重视:努力和坚持不懈地工作,积极主动地与他人进行建设性合作,在日常生活中连接和应用各种知识和技能,追求卓越和最高成就,意识到自己的责任,关心自己的社区福利和可持续发展,人道主义工作和社区工作。这样一个支持和展示一切高品质活动和成果的环境,提高了学校工作的整体水平和质量,为达到最高成就打下了良好的基础。

(11)对有天赋、有才能的人进行教育应该避免奖励方面的竞争,特别是侧重于片面和简单化的绩效指标的竞赛,这些指标压制了以知识、技能、创造性表现和内在动机的深度和广度为特征的学习模式。有必要设计真正支持学习和创造性学习的最高成就的新的竞争形式,以及适合青年创造性工作的真正产品。

(12)在对专业性和主流性学校进行评估时,关键的因素不是学生的能力和才能、良好的家庭、社会和文化经济环境,或是与私人教师的合作,而是评估教学附加值,即对学生的发展、培养和教育的具体贡献。

(13)为有天赋和有才华的学生建立一套完整的支持和激励机制。该系统的主要任务是培养顶尖的专家,通过其成果来证明自己,为教育体系引入高标准,在最高教育水平(硕士项目和博士项目、博士后项目)中,创造新价值。

(14)对具有卓越学习成果的有天赋、才华的学生的激励机制应包括:各种奖项、特殊奖学金、科学艺术青年资金和基金会、卓越中心、人才中心、专门学校和计划、研究站、天才区域中心、艺术中心、夏季学校等。所有这些由公共资源资助的激励形式都应该根据其职能进行协调,应该与社会优先事项相联系,并根据提供财务支持的原则进行协调。所有的支持系统必须属于教育和科学部,因为它们是教育系统的重要组成部分,应承担整个教育的使命。

(15)国家应该鼓励(通过减免税收,强调那些在这个领域有社会责任的人)为企业、地方政府、个人创始人创建一个有天赋、有才华的学生支持系统,这些人应该有充分的自由来界定何为优秀成果和奖励方法。

(三)残疾人和特殊需求者、学习困难人士和贫困人士的教育

残疾人和特殊需求者、有学习困难的人以及来自贫困背景和社会群体的人(儿童、青少年和成人)有权获得高质量的教育并尊重他们的特殊性(经合组织分类)。

这些人教育的主要战略方向是使用确保他们的权利并确保其社会融合的包容性教育方法。

考虑到这些人的特点,将采取以下两种教育模式:

(1)全纳教育。

(2)特殊教育(特殊教育机构和项目中的教育)。

通常情况下,全纳教育模式是最好的解决方案,其适用于所有有贫困背景的人群(社会群体)、所有有学习困难的人以及残疾人和特殊需要人群。

决定采取哪种模式应基于专家评估哪种解决方案符合残疾人和特殊需求者、有学习困难的人和有贫困背景的人的最佳利益,而且还包括对包容性群体中其他人的评估。

根据专家(医生、儿科医生、儿童精神病医生、心理学家、治疗师和教育家)的意见,做出关于哪种教育模式最适合残疾人和特殊需求者、有学习困难的人以及贫困背景的人的决定。引入全纳教育模式和将某些类别的特殊教育模式逐步转化为全纳教育模式,特别是有特殊需求的人,应根据专家的意见并在提供转换的所有要求后决定:提供额外的融资;为这些人数较多的机构准备设施和提供特别援助;培训工作人员;提供适应的空间和其他条件;制订适当的方案(包括个人教育计划);提供学习资源和技术工具;提供特殊支持系统(包括个人、教育助理)。

通过引入全纳教育模式,特殊教育机构必然会改变它们的特点(就其所包含的人员和工作模式而言,它们会在特定的资源中心发挥新的作用)。

全纳教育系统人员的学习进度应由专业团队定期监测,并根据监测结果确定在未来工作中应向这些人提供哪些特定类型的支持。

为了确保残疾人接受教育,除了一般要求外,还必须提供特殊条件,例如:当教育机构距离较远时应提供交通工具;教育空间的实际可用性;提供技术援助;使用适当的信息和通信资源以及远程学习的可能性;个人的帮助等。

在残疾人和特殊教育需求者的教育成就标准方面,有必要考虑以下几种选择:实施为主流学校适当的教育水平而制定的基本标准,或确定特殊的标准(依赖于残疾的类别和程度)。必须从确定的成就标准出发,为这些人制订教育计划。

全纳教育的优点不仅体现在实现全民教育,而且体现在显著的培养效果上。学校和高等教育机构的包容方式为建立和发展合作、团结和相互尊重、对多样性的包容、对其他事物和不同事物的开放以及阻挡思想和行为中的偏见奠定了基础。

第五部分　实施

一、行动计划

关于制定塞尔维亚共和国教育发展战略文件的行动应包括制定行动计划并确定具体措施、实施者、完成计划的时间表和所需资源。

本文件设定的目标将通过实施行动计划来实现。

根据塞尔维亚共和国预算分配的资源,行动计划将规划并实施使用塞尔维亚共和国教育发展战略的资金。

二、塞尔维亚共和国教育发展战略参考以前采用的文件

塞尔维亚共和国职业教育发展战略(《塞尔维亚共和国官方公报》,第 1/07 号)和塞

尔维亚共和国成人教育发展战略(《塞尔维亚共和国官方公报》,第 1/07 号)应沿用到通过的时限到期为止,2009—2015 年期间的塞尔维亚共和国职业教育发展战略行动计划(《塞尔维亚共和国官方公报》,第 21/09 号),应在 2013/2014 年学年开始之前适用,届时将通过实施塞尔维亚共和国教育发展战略的行动计划,将包括与塞尔维亚共和国和成人职业教育发展战略有关的措施和活动。

三、附录

该战略包括:

附件 1:塞尔维亚共和国教育系统的发展愿景和需求

附件 2:教育统计和信息系统的开发和使用。

四、出版

本战略将出版在《塞尔维亚共和国公报》上。

附件1 塞尔维亚共和国教育系统的发展愿景和需求

塞尔维亚共和国的环境中呈现出公共事务、科学技术、文化和生活方式长期结构变化的一般趋势。

考虑到环境中长期结构变化的总体趋势,塞尔维亚共和国的主要发展目标是提高塞尔维亚共和国经济的竞争力。一般趋势表明,如果没有结构变化,塞尔维亚共和国的经济动态发展是不可能的,其结果主要取决于三个因素:(1)增加投资;(2)改革教育体系;(3)改善商业环境。只有新的投资能够在新的工作场所开放的基础上创造有竞争力的产品和可持续发展的经济。在这里,在投资项目下,我们高度依赖商业环境的私人投资和公共投资,尤其是在基础设施方面。如果公共部门的效率得到改善,公共基础设施的投资可以在不严重增加该国债务的情况下实现,这意味着制定项目预算,打击腐败和重组公共企业。

除了负增长的人口趋势、技术和产业停滞以及区域差异较大之外,对发展差距的比较分析表明了教育差异:

2020年塞尔维亚共和国教育体系的愿景基于塞尔维亚共和国2020年经济增长新模式的战略基础上,即在2020年塞尔维亚共和国的发展中,假设环境发生了一些重要变化:宏观经济风险更加明显;国家和国际层面的监管更加严格;世界上大多数国家公共支出的增长暂时阻止了需求的急剧减少。除了这些外部因素外,塞尔维亚共和国在这十年的经济增长将取决于当地和延续下来的问题以及未来的挑战。塞尔维亚共和国过去十年的经济发展的关键是劳动生产率的提高,但主要是在减少雇员人数的基础上。从结构意义上说,工业特别是制造业和农业的参与度迅速下降,服务业和非贸易品生产迅速增长。全球发展趋势表明,这种增长是不可持续的,必须扭转这种趋势,才能增加就业和工业化。

塞尔维亚共和国的再工业化将通过两个过程进行:

(1)制造业和相关服务业的振兴和现代化。

(2)发展一系列知识型产业,特别是创意产业。

教育系统必须为这些过程提供强有力的支持。教育改革的实质在于使整个教育体系适应塞尔维亚共和国整体发展的需要,尤其是在满足雇主未来十年需求的情况下,尤其是对未来劳动力市场的需求。通过认识到长期结构变化的全球趋势,塞尔维亚共和国在这十年的愿景应该包括成长为一个社会,在这个社会中受过教育和有创造力的人创造高质量的创新产品和服务。我们必须把重点放在提高竞争力上,即提高生产力和更好地利用可用的资源,从而支持塞尔维亚共和国经济创造力的增长。只有这样,与其他国家相比,发展的绝对差距和相对差距才会减小。作为经济增长和社会进步的杠杆,塞尔维亚共和国的教育作用是发展理解和批判性思维的能力,并鼓励团队合作和积极的社会价值观,鼓励创造力和创业精神。免费、开放和高质量的教育,作为一项基本民主权利,所有人都可以享有,它涵盖了整个人的一生,包括与世界的伦理和美学的关系,应该成为一个发展的潜力和推动社会的能力,积极参与全球市场的框架。创造一个年轻、受过良好教育、富有创造力、充满活力的新阶层,使其具有个人自由和社会责任价值,以健康的方式参与竞争、储蓄和投资,是未来经济增长的决定因素。我们还应该做出巨大的努力,通过为新的经济结构提供所需的知识和技能来重新培训和改变现有的劳动力队伍。

"欧洲2020战略"对欧洲劳动力市场需求的预期变化

"欧洲2020战略"的基本假设是,欧洲未来的劳动力市场需要更具教育性,更具创新性和更具创业精神,才能在全球范围内提高竞争力。鉴于该国的劳动力价格正在上涨,结论是,塞尔维亚共和国应该采取同样的举措,旨在培养受过良好教育的劳动力队伍,这将吸引更多的高附加值制造业投资,同时也将成为鼓励创新企业的创造和发展的基础。

加强知识和创新是推动未来"智能"增长的动力,意味着提高各级教育质量,增加人员的自由流动,鼓励学习外语,通过在国外学习和生活获得经验,鼓励建立网络,提高研究基础设施和调研的质量,促进创新和知识转让,最大限度地发挥中小企业研究的实际效益,加强公私合作伙伴关系,鼓励研究人员职业发展,为创新产品提供廉价贷款,鼓励高质量的互联网接入等。

欧盟已经设定了要获得的欧洲资格框架中描述的关键能力:

(1)用母语进行交流。

(2)用外语进行交流。

(3)数学知识和基础科技知识。

(4)电脑技能。

(5)学习方法。

(6)社会和公民能力。

(7)主动性和创业精神。

(8)文化意识和文化表达。

为了提高欧洲高等教育区内各大学的工作质量,制定了以下标准:质量问责;社会对高标准的兴趣;学术课程的质量;有效的组织;以透明度和外部专业知识来保证质量;向私人和公共投资问责;开放多样性、创造力和创新标准。

塞尔维亚共和国已经开始适应欧洲变化,与博洛尼亚大学合作开展改革,但也存在不一致性。特别值得关注的是,即使在今天,也有这样的情况:每位教师都有大量的学生;许多学生不按时毕业;课堂互动率低;教师在没有发表论文的情况下继续晋升职称;等等。尽管许多欧盟TEMPUS计划项目和其他欧盟大学计划旨在使塞尔维亚共和国大学更好地融入欧盟的改革,包括改进课程和教学标准,但大学对新人和新思想的沉默被认为是实现改革的主要障碍。塞尔维亚共和国还通过参与框架计划7(以下简称

"FP7"）等研究项目，适应欧洲变化的进程，而西巴尔干地区比平均水平高一些。这一点特别重要，因为大约一半的塞尔维亚共和国"EP7"旨在提高研究能力。然而，科研机构的改革和科研机构的工作评估并没有实现，合格率仅为 90％ 左右，并且由于不鼓励最好的而鼓励实现平均，所有研究人员的收入都相似（仅部分受到出版成功的影响），因此资金仅以项目为基础。通过获得欧盟成员国的正式候选人的地位，塞尔维亚共和国将为欧洲科学和教育融合提供更多的机会，并获得欧盟的大力支持。

人口趋势预测

塞尔维亚共和国的人口转变，特别是过去二十年的特点是人口数量减少：2002 年至 2011 年期间总人口减少了 377 335 人，超过 5％。从各地区的调查来看，有 146 个城市的人口减少，只有 22 个城市增加。自 1992 年以来，自然人口一直在稳步下降，导致人口绝对数量下降。塞尔维亚共和国的生育率下降。

塞尔维亚共和国的老龄化指数在过去的 50 年里翻了一番。在 2010 年塞尔维亚共和国人口结构中，14 岁以下的人口仅占 15％，这比 65 岁以上人口（占 17％）还少。劳动年龄人口仅占总人口的 67.6％，低于大多数国家。2010 年塞尔维亚共和国男性人口的平均寿命为 71.4 岁，女性为 76.6 岁。在过去的 60 年里，塞尔维亚共和国妇女的平均寿命延长了近 20 岁（从 56.9 岁增加到 76.6 岁）。

欠发达地区和边境地区人口减少的趋势导致人口锐减甚至消亡。在空间上，以少数人口和居民达 300 人的定居点为主。内部迁徙仍在稳步增加，即从欠发达的孤立地区迁移到生活条件更好、生活水平更高的经济发达地区。

人口预测表明，塞尔维亚共和国 2020 年的总人口在任何情况下都应低于 2011 年。根据悲观的预测，塞尔维亚共和国人口在 2052 年将比 2002 年低约 200 万。在 2010—2050 年期间，年轻人口（15～24 岁）在总人口中的比例将从 12.1％ 下降到 11.2％。

人口统计预测的所有指数都表明，老年人（65 岁以上）在总人口中的比例将会从 2010 年的 16.9％ 上升到 2050 年的 23.2％。正如欧盟委员会的预测，塞尔维亚共和国的老龄化比例将逐渐上升。

平均年龄和预期寿命的增加以及老年人口的比例将导致劳动力年龄结构的变化。预计老年劳动者（55 岁以上）在劳动力总量中的比例会有一定的增长，即从 2010 年的 13％ 增加到 2040 年的 14％。但是，如果工作年龄较大的男性和女性的比例增加，尤其是女性，那么在 2010 年至 2050 年期间，老年工人的比例可能会增加 3％。

2010 年 30～34 岁的年龄组的工人最多，到 2020 年，35～39 岁年龄段的潜在就业人数最多。预计 20 年内，世界各地一些组织中有一半员工将以兼职的方式被雇用。这些趋势将意味着移民的增长，而对塞尔维亚共和国来说，如果生产体系、社会氛围和文化没有改变，就意味面临着更大的人才流失以及无法吸引国外专业人员的风险。如上所述，劳动力市场的变化，特别是年轻一代的人员比例下降，将导致出现一种新的就业结构，吸引和留住年长的人就业。这些变化的强度将直接取决于所获教育的水平和质量，也取决于更大的性别平等和更大的社会包容性。

因此，特别重要的是发展终身学习和更大规模的成人教育，建立作为新劳动力对市场需求进行结构调整的机制。这些过程可以通过知识创新、再培训、额外培训等方式来激励。

塞尔维亚共和国未来劳动力市场需求结构的变化

工业和教育系统是相互关联和功能互补的系统，它们在稳定的社会环境中发展始终是一个共同发展的过程。因此，教育战略的一个重要组成部分是必须与工业发展战略保持一致，并为实现工业政策的目标做出积极贡献。

塞尔维亚共和国的工业体系正处于严重的危机中。20世纪90年代初期发展中断的现象一直维持至今，2000年底开始转型后兴起的新投资只得到部分补偿。此外，2008年的全球经济危机在削弱竞争的同时通过限制投资加剧了这个的局面。这一过程对劳动力市场状况和经济活跃部分的技术形态产生了重大影响。今天，塞尔维亚共和国技术集中在中低端技术领域，这些领域雇用了80%以上的工人，并在工业活动总量中所占份额相当大。工业生产和出口结构大部分以低附加值产品为主。

"塞尔维亚共和国2020年发展纲要"认识到了这种情况，并指出"根据现有模式持续的经济增长不仅是不可取的"，而且"不再有可能"，它明确指出必须建立"基于工业品生产，促进出口，节约资源和能源效率的新的工业政策"（2010）。在此背景下，2011至2020年期间塞尔维亚共和国工业发展的战略和政策的框架将进一步细化和量化。

以服务业为基础的经济体如果在其结构中发展了制造业，则是成功的。因此，塞尔维亚共和国需要做到以下几点：

（1）以竞争力和出口为导向，振兴和再造与产业集群发展密切相关的制造业，开放与大学和科研机构的合作。

（2）开发与此生产相关的各种服务。

按照当前的产业政策，到2030年塞尔维亚共和国未来生产体系的基础将取决于传统领域的重建和改造的进程以及初中级技术（LMT）行业。一项新的工业战略决定了这一过程将通过使用三种转换手段（3R组合）来实现：复兴（2011—2015年），重新设计（2015—2020年）和发展扩张（2020—2030年），其中一些措施会在实施的时间上重合。

在这种情况下，塞尔维亚共和国未来生产系统的技术变化和类型将取决于与在全球框架中制造技术发展的总体趋势和全球社会大趋势相关的三个关键因素：

（1）新的个性化生产模式，即多元化生产。

（2）能源效率标准，可再生能源和自然资源利用效率。

（3）环境保护和气候变化标准。

新生产模式的技术基础是工业通信技术，通过集成到生产设备中的认知功能进行授权：智能机器人、智能数控机器、智能自动化、智能制造系统。从未来几十年的工程设计角度来看，欧盟委员会确定的名为"未来工厂"的战略计划非常重要，其中包括三个关键的组成部分：

（1）智能工厂。敏捷制造和个性化的技术平台，包括生产过程的自动控制、生产规划、仿真和优化、机器人技术和可持续发展的复杂工具。

（2）虚拟工厂。在全球网络运营中创造新价值的技术平台，包括全球供应链的管理。

（3）数字工厂。设计制造工艺和系统的技术平台以有效、完整地管理整个产品生命周期，包括模拟、建模和其他通信技术、计算机辅助技术和工程技术。

无论国内工业的现状和与这些生产体系的距离如何，塞尔维亚共和国通过教育系统在工程和研究领域创造必要的资源，在不久的将来具有重要意义，它将为这种生产技术的有效转移以及融入塞尔维亚共和国的工业体系打下了坚实而充分的基础。

能源效率和可再生能源将通过影响初、中级工业部门并实现新产品的技术变革，使其拥有更高的制造能力。这将需要新的职业能力、技能，而这在塞尔维亚共和国尚不存在。例如，在可再生能源领域开辟一个非常大的空间：风能、太阳能和生物能源，这是新工业部门发展的一个全新领域，并为专业劳动力配置提出了新需求。能源效率也具有巨大的潜力，特别是通过各种私营和公共伙伴关系（PPP）计划可以建设在跨部门工业高附加值产品集合方面获得巨大发展动力的建筑业。在这里，特别重要的是应用节能和不污染环境的建筑物，包括智能建筑，这些建筑物将以机电一体化为基础，新材料和新的生产工艺（建筑物的工业制造）来开发新的高价值建筑。在交通行业，特别是汽车行业，未来几十年的能源效率和环境影响将对技术发展产生重要影响。

为了应对全球大趋势，环境保护和气候变化对于技术发展具有巨大潜力，在整个初、中级技术领域具有非常广泛的前景，包括具体和未知的个体发展技术和工业部门。塞尔维亚共和国的这个行业将不得不在欧洲一体化进程中适应这些标准，这一进程必须立即开始，因为这些标准必须适用于出口产品。回收行业在未来十年将获得巨大的发展空间，在技术方面，回收概念发生重大变化，例如通过大量开发拆解技术（最低材料的降解），在这些任务中大规模应用工业机器人。同时，这一领域的标准将通过引入一个新的概念框架（现称为可持续、环境设计）来大幅改变工业产品，应将重点放在应用环保中性材料、功能性质量和耐用性、可用性、回收利用、低碳节能、仿生学等方面。这些技术的应广泛应用于各级教育中，同时提高技术对环境影响的认识，从而提高人们对生活质量的认识。

在通信技术迅速发展的背景下，农业和食品工业尤为重要。塞尔维亚共和国农业发展具有巨大的潜力，但这不能没有以下前提：①技术基础发生根本变化（机械工程、自动化过程和通过在组织语料库中广泛使用信息通信技术来实现数字化）；②生物技术的广泛开发和应用；③建设一个强大的食品工业部门，主要有两个目标，即生产健康食品和高附加值产品。因此，在这种背景下，塞尔维亚共和国教育发展战略必须以这样一种方式为导向，即在更广泛的食品生产技术平台上而不是作为一个孤立的行业来看，农业发展应该被视为必不可少的。如果外国投资面向农业出口部门，对塞尔维亚共和国将是有益的。

从上述说明可以看出，生产系统现状与塞尔维亚共和国工业之间存在明显的重大技术和计划落差，到 2020 年该系统将进行改革。在这方面，教育系统正面临非常广泛和复杂的任务。尽管人们的刻板印象是，塞尔维亚共和国的比较优势是高质量的劳动力,由于行业的状况,不连续性的发展和产业工人的缺失,客观地讲塞尔维亚共和国目前并没有资格在未来数十年在技术生产基地的振兴和再造过程中,设立符合计划工业发展要求的雇员结构。生产技术和工业生产领域高素质人才的流失是非常严重的,这个过程有一个稳步下降的趋势。教育体系也是这样,特别是体现在普通和艺术中等教育,以及完全高等教育的层面上。目前能力、知识和技能的供应与低、中技术行业中工业企业的预期实际需求不一致是很明显的。

生产技术的集约化发展不可避免地导致劳动力市场在转向高等教育资格方面发生变化。从这个意义上讲,欧盟的承诺是象征性的,因为其主要目标是在生产技术领域中。到 2030 年,至少 40% 的工人必须拥有高等教育水平证书(预计 2020 年的结构:欧盟(27)+挪威+瑞士:高等教育占 34.9%,中等教育占 50.1%,初等教育占 15%)。从这些事实出发,塞尔维亚共和国必须调整工业和教育体系,这不仅是因为处于加入欧盟的进程中,而且主要是因为提高了全球市场经济体系的竞争力。从这个意义上说,振兴工程是必不可少的。如果没有强大的工程实体、技术转让、技术知识转让和逐渐加强自身发展是无法实现的。对于工业发展而言,作为民族特色的企业家精神至关重要,这也是生产和生产技术的导向。从初等教育开始的年轻一代必须朝这个方向发展,并重点关注以下特征的开发:创新、灵活、冒险精神、抵抗挫折的能力以及商业想法中的创意,这些因素可以商业化并带来利润。在创造企业家精神和技能的过程中,应该采用多学科的方法。技术、经济和法学对创业发展尤为重要。除了教育计划外,还有必要在社会上营造一种气氛,促进和鼓励这种创业精神。

通过劳动力市场中的相互作用实现产业和教育系统的协调发展。这一过程的起点是产业与教育体系之间的相互理解,即通过建立统一的技术、能力、资格和职业分类体系来达成共识。这样的分类体系为更深入地了解劳动力市场需求奠定了基础,从而让课程将教育过程的结果与工业岗位所从事的工作有效地联系起来。在这方面,塞尔维亚共和国应该使用欧盟 2020 倡议"新工作新技能议程"的框架,并通过必要的调整,采用 ESCO 欧洲标准(欧洲技术、能力、资格和职业标准——ESCO)。

塞尔维亚共和国国际竞争力政策

自 2000 年以来,塞尔维亚共和国的发展伴随着结构性变化,它改变了塞尔维亚共和国经济的基本特征,在国内生产总值和附加值的结构中,减少了农业和工业的份额。获得的增长是基于使用相对廉价和技术熟练的劳动力以及外国投资的流入,这主要集中在购买国内市场方面。外资流入的影响并未反映在就业和出口增长上,这必然影响了经济增长和发展的程度。

2010 年塞尔维亚共和国国内生产总值达 365 亿美元(276 亿欧元),2008 年经济危机前为 477 亿美元(327 亿欧元)。世界国内生产总值约为 63 000 亿美元,所以塞尔维亚共和国国内生产总值水平位居世界第 82 位,世界经济参与率约为 0.058%。以同等购买力表示的人均国内生产总值水平被认为与其他各国相比是比较好的,2010 年,总计约为 10 500 美元,而在 2008 年,总计超过 11 000 美元。根据这一指标,塞尔维亚共和国在世界上排名第 75 位,相当于全球平均水平。2011 年实现的 160 亿美元的商品和服务出口额占世界总出口额(12 650 亿美元)的比例为 0.126%。根据世界经济论坛和世界银行的数据表明的竞争力水平,塞尔维亚共和国在 2011 年排在第 95 位,而 2008 年则排在第 85 位,竞争力排名略有上升;但速度远远低于主要竞争对手。与此同时,竞争对手超过了塞尔维亚共和国,这使塞尔维亚共和国的排名下降了 10 名。为了提高塞尔维亚共和国公民的经济增长和生活水平,有必要实现每年 4.5%～5.0% 的中期增长,在当前的情况下,除了教育改革之外,还需要来自国外的大量资金以及商业环境和公共部门更有效的改革。宏观经济不稳定使我们警醒到塞尔维亚共和国的实际增长不足。微观经济劣势,特别是与法治运作和商业环境质量有关的微观经济表明,竞争力有很大的提升空间。根据基于购买力平均(第 75 位)以及人均国民生产总值的竞争力水平(第 95 位),塞尔维亚共和国仍存在很大差距,这表明现有可用资源(人力、资本、金融)处于低水平,而目前消费太高。

塞尔维亚共和国竞争地位的主要弱点是反垄断政策效率低下,缺乏地方竞争,存在产权问题和建筑许可问题,劳资关系不佳,等等。人口教育结构也令人担忧。失业率最高的是那些中学(尤其是职业学校)毕业的人,他们的能力或者有可能是他们的行业存在问题。与此同时,多年来一直冗余的职位并未减少。

在竞争力理论中,国家竞争力发展分为三个阶段:要素驱动型经济、投资驱动型经济和创新驱动型经济。塞尔维亚共和国处于第二阶段,发展的主要手段是:提高人力资本质量,主要通过提高教育质量,特别是高等教育质量;促进当地的竞争;市场开放;先进的基础设施;促进生产力和集群形成强有力的激励措施。这一阶段的实质是提高商品和服务的生产力水平。塞尔维亚共和国竞争力的主要特点是它已进入基础阶段,但基础设施(道路、铁路、机场、港口等)和行政基础设施(法治、公共行政、反腐败等)不完善,这在很大程度上造成了其在世界上的低水平竞争。因此,塞尔维亚共和国必须认真处理解决未完成的事务与上一阶段的问题,同时为具有良好地位,并在未来可能成为向更高的竞争力创造条件,向创新阶段过渡。在这个过程中,为创新发展创造最佳条件非常重要。国家应为之提供强有力的激励措施,促进形成学习文化、创造力、创新和创业精神的体制环境,这是知识经济的决定因素。

新工业政策的实质,即重新工业化,完全不同于以往成功的旧工业政策。这种垂直资源定位模式在 20 多年前就已在世界范围内被放弃了。

新的工业政策与横向提高竞争力措施有关,即所有生产者采取的措施。这些措施的目的是减轻市场的不完善性,同时避免管理资源的风险。

新的产业政策不应被纳入针对特定子行业或公司的资源垂直政策。相反,有必要消除妨碍可持续发展的任何市场和规章制度的缺陷。鼓励消费者购买"绿色"汽车比鼓励"绿色"汽车的生产商更好,不同之处在于,这增强了竞争力,鼓励所有生产者,而不仅仅是创新他们的产品。因此,政府应该鼓励"绿色"技术。通过引入措施,支持这些技术的研究和开发。

在分析塞尔维亚共和国的竞争力时,美国国际开发署 USAID,除食品工业外,还建立了以下 12 项经济活动：旅游、教育、服装业、建筑服务、电影和制作、医疗材料和设备、物流和运输、可再生能源、建筑材料、信息和通信技术、汽车零部件、木制品和家具。

培养学习型文化，有创造力、创新和创业精神的体制环境是知识经济的决定因素。创新知识密集型行业应该不但在高科技领域（如计算机编程、工程、研究和经济发展、医学和生物技术、化学工业、能源、大学教育和研究等），而且在微型企业、项目，如艺术、建筑、工艺、平面艺术、计算机和工业设计、市场营销、时尚、视觉和表演艺术、电影、互联网、音乐、体育、旅游、健康食品生产、文化遗产、服务（金融、健康、教育、公共行政）等领域发挥越来越大的作用。创意产业需要有知识、个人理念和有经验的人才。

塞尔维亚共和国目前没有具体措施来鼓励创意产业的发展，在某一阶段，鼓励外国投资和就业朝这个方向发展是必要的。但是，这个措施还没有付诸实施，因为它也鼓励雇用技术含量低的劳动力，而支持出口的措施有限。正如"行动计划"所定义的 2010 年加强塞尔维亚共和国竞争力的竞争政策主要是为了改善商业环境，而基础设施和教育投资被列为中期优先事项。不幸的是，大多数措施，即使是那些不需要新投资，只需要修改规定的措施，也没有得到执行。

如果经济结构没有改变，以知识为基础的新兴产业将变得重要起来，塞尔维亚共和国从长期来说仍将是中等发展中国家，而不能进入更高的发展阶段。

社会凝聚力与和谐区域发展政策，包括地方分权与农村发展

创造一个富有创造性和创新的市场经济应该伴随着对社会领域的关注。减少贫困和消除社会排斥是欧盟成员国和塞尔维亚共和国政策的重要组成部分。社会包容政策是消除贫困的原因，确保适当的生活水平，为全体人民积极参与经济、社会和文化生活创造条件。在欧洲社会模式中，社会凝聚力是实现经济发展的手段。

强大的经济衰退浪潮，使塞尔维亚共和国经济转型未完成或延迟，导致塞尔维亚共和国社会不平等现象加剧。所有主要经济和社会参数都指出了这一点：塞尔维亚共和国劳动年龄人口参与率最低，就业率最低，农业就业比例高，是欧洲失业率最高的国家之一，尤其是青年失业率和长期失业率非常高。在受教育程度的失业率统计中，塞尔维亚共和国与欧盟国家相比，中等教育失业率最高（2011 年为 15.9%，保加利亚为 9.6%），而在 2011 年，受过高等教育的失业率比欧盟平均水平低了 3.3%（欧盟为 5.7%），是该地区最低的国家之一（克罗地亚为 9.3%，罗马尼亚为 5.9% 等）。

贫困与劳动力市场状况和教育水平密切相关。经济依赖程度日益增加的趋势是：每两个人中就有一个人属于社会弱势群体（失业人员、养老金领取者和 15 岁以下的青少年），而且这个比例在逐年上升：

（1）贫困人口 67 万（占 9.2%）。

（2）67 万失业人员（根据劳动力调查）。

（3）12 万名儿童缺乏正常生活所需的必需品。

（4）受过高等教育的人中有 1.7% 处于贫穷状态。

（5）容易陷入贫困的农村人口是城市人口的两倍。

（6）罗马地区是最容易陷入贫困的人口群体区域。

区域差距的规模进一步扩大表现为以下过程：

（1）农村、边境地区、非发达地区和工业破坏的地区人口出现密集下降的趋势。根据人口资源指数，多达110个城市受到人口下降的影响：73个属于高度破坏的地区，37个属于已经破坏的地区。

（2）在145个直辖市中，有85个直辖市人口处于人口老龄化程度较高的阶段，51个直辖市人口老龄化程度最为严重。

（3）在多瑙河和萨瓦地区以及贝尔格莱德和诺维萨德等城市出现经济活动集中化过渡的趋势。

（4）根据官方统计，欠发达地区包括46个市，居民超过813 000人，占总人口的11%。

在全球经济衰退对就业和制造业造成破坏性影响之后，区域畸变问题达到高潮。在过去的20年里，除了30个长期不发达的地区之外，由于新的过渡性贫困，城市失去了超过70%的收入（"工厂城镇"），15个新的城市变为不发达的地区。

区域经济两极分化正在加剧。一方面，多瑙河和萨瓦地区以及贝尔格莱德和诺维萨德的经济活动集中度更高（超过所有经济活动的2/3）；另一方面，不发达地区（居民超过80万）数量依然在增长。

鉴于上述情况，有必要调整高等教育机构的地区分布和中等职业学校的地区分布，并制定一系列向贫困人口提供财政援助的措施，以确保社会和谐。

区域化与分权化进程

在2012年，塞尔维亚共和国是高度集权、经济封闭且基础设施薄弱的。已建立的统计宏观区域是非功能性、经济区域化的，作为国家资源（自然、文化、经济、教育、人口）的系统管理工具，作为区域间分配资源的工具也才刚刚开始实施。所以向地方权力下放和责任移交的进程已经停止。除此之外，政府需要充分联系群众，来做出更合理的决定。塞尔维亚共和国目前没有中间层次的发展规划。

截至2020年，权力下放的过程可以按照以下模式进行：经济活动的监管职能属于中央一级，私营部门负责生产和分配公共产品和服务。一般来说，监管职能属于上级（州和地区），而执行职能则由下级政府机构（地区和市级）和私营部门负责。

如果没有解决教育经费问题，即减少教育需求和国家财政能力之间的差距，就不可能有一个高质量的教育体系。鉴于教育是公共必需品，教育系统的所有可能都应启动教育经费市场机制（高等教育经费的市场机会无疑高于中小学教育经费），一项关键任务是建立教育经费的有效模式。有必要建立绩效指标，监测国家教育机构的资助情况，如毕业生的就业情况、就业所需的时间和其他指标，这些指标将导致研究计划与劳动力市场的需求协调一致，并促进教育改革。

塞尔维亚共和国教育发展战略应考虑到塞尔维亚共和国地区的具体情况，并根据其能力，在关键领域的改革措施应涉及区域和社会层面。

塞尔维亚共和国其他地区劳动力市场需求的预期变化

许多社会服务、卫生、教育、文化和公共行政改革意味着分权化、非政治化、专业化、合理化和现代化。在塞尔维亚共和国有必要建立一个民主、尊重规则和法律的监管制度。这一要求意味着会有效地打击腐败。比较分析表明,塞尔维亚共和国的公共行政规模不算太大,但有些工作岗位的员工数量过多,有的则没有足够多的专家。公共部门劳动力市场的预期需求将主要体现在欧洲一体化(特别是欧盟立法知识、技术标准)和现代商业技能,如有效沟通(包括外语、计算机技能、演讲)、人力资源管理和其他方面。

利用信息技术管理法院案件或电子会议等,加强对公众工作的管理,提高了生产率,但也规定了对雇员进行额外培训的必要性。

除了吸引在欧洲法律和外语方面受过教育的人才,或者掌握了欧洲一体化所需的技术领域的人员之外,还需要培训现有员工掌握额外的知识和技能。自 2001 年以来,塞尔维亚共和国的许多机构已经提供了大量的培训,但缺乏系统的组织和协调。2011 年 7 月通过的 2011 年至 2013 年塞尔维亚共和国公务员培训新战略(《塞尔维亚共和国官方公报》,第 56/11 号)着重改进这一过程,并假定修改法律(《塞尔维亚共和国官方公报》,第 79/05 号、第 81/05 号——更正、第 83/05 号——更正、第 64/07 号、第 67/07 号——更正、第 116/08 号和第 104/09 号),加强人力资源管理和建立一个独立的中央政府机构来组织培训。

应鼓励一些社会服务部门的员工获得学术上的进步。例如,在塞尔维亚共和国公共行政应在法学院、经济学院和政治学院学习,但不是跨学科课程。为了研究公共行政,必修课程必须包括法律、经济和管理方面的课程。

一个重要的部分是初级卫生保健和预防,因为它们提供更健康的生活,降低患病费用,并提高生产力。在美容外科、牙科或温泉旅游领域向国外提供服务,卫生系统还可以支持更高水平的发展。今天,在塞尔维亚共和国的医疗保健方面,劳动力市场需求与国家教育之间的差距尤其明显。多年来,尽管专业数量有限,但仍有大量的医学学生。同时,医学院在事先博洛尼亚教学标准方面还没有取得足够的进展。

社会进步的一个重要组成部分是对自身和其他文化的理解,这意味着:对文化的了解以及不同文化之间相互作用的基本原则以及感知和解释具体情况的意识;以及在许多不同情况下,使我们的行为适当和成功所必需的技能。文化需求是社会发展不可或缺的组成部分,因为它们有助于塑造人的个性,形成创造新的精神。这些是语言表达和交流、认知、创造性、艺术和审美的需要。教育机构在采用文化价值观培养方面处于第一位。这意味着提高认知和创造潜力,促进学校文化推广活动(组织活动、表演、艺术工作室和展览、文艺晚会和音乐表演),定期去剧院、电影院、博物馆、艺术展览、纪念碑、文学晚会、展览会等。这样做,将创意作品与其他作品联系起来的多学科方法非常重要,因此在小学的艺术课上,学生可以绘画或雕刻他们了解的历史或某一种自然现象,后来的电影被用作教学的补充,具有高度的交互性。

结论:改革的假设

塞尔维亚共和国的发展将以重新工业化为目标,并将朝着以下方向发展:

首先是将制造业的振兴和技术现代化作为产生高附加值有形产品的主要经济活动,其中包括大量的相关服务,特别是食品工业(保健食品和有机生产)、金属加工工业、消费品(家具工业和木材加工、纺织工业和时尚产品)、农业机械工业、汽车工业。

其次,开展基于知识密集的各种经济活动,特别是:(1)以知识为基础的服务——通信、教育和研究项目、水上和航空运输、房地产、金融中介、保险和养老金基金、健康娱乐、文体活动;(2)创意和文化产业——广告、建筑、电影、录像、计算机程序开发、音乐、视觉和表演艺术、出版、电视、设计(时尚和通信);(3)生物科学——药品和药品、化妆品、环境保护、医疗设备和用品、体育等。

最后,发展工业信息通信基础设施,并广泛地应用于工业企业生产和业务流程的管理,包括与学术、研究和更广泛的教育界的互动。

今天的塞尔维亚共和国没有完备的结构来满足劳动力市场的需求,而且相当肯定的是,考虑到未来发展的上述主要方向,在十年或更长的时间内,该系统将无法满足劳动力市场中的需求。劳动力市场需求结构的预期变化要求塞尔维亚共和国的教育体系发生深刻变化。变革的实质应该是调整教育体系,以满足雇主的需求,大幅度减少因为资格和能力不足而找不到工作的人数。

因此,未来几十年塞尔维亚共和国发展的关键在于实施由教育、科研和创新构成的发展模式。作为塞尔维亚共和国的发展框架,建立知识型经济的核心在于应该坚持上述塞尔维亚共和国的主要发展方向。

提高塞尔维亚共和国在教育方面的竞争力的关键是:

(1)不断改进教育体系的质量和增加对教育的投资,如自2001迄今,改进了筹资体系,改革的理念往往不会改变。

(2)建立一个教育系统,以全面的普通教育为基础,在劳动力市场上提供更大的灵活性和安全性,从而提供选择额外培训领域的可能性。

(3)鼓励合作计划加强大学、研究中心和经济之间的联系,这意味着为此目的改变监管框架;协调教育概况与雇主的需求;符合塞尔维亚共和国劳动力市场需要的国家资格框架;发展连接私营和公共部门的集群,包括一些公司、供应商、服务企业和相关机构(教育和研究机构、研究机构、大学、学校)。

为了更好地确定职业的需要,大学和中学必须制定监测指标,如员工比例、继续进行其他类型学习的学生比例、他们找工作的时间(在国内或国外以及在哪个部门就业),以及定期对经济的相关部分进行独立调查,以了解与学校或教职工有关的情况。为此,有必要加强教育机构与行业之间的合作:

(1)加强教育机构的职业发展中心(在没有的地方建立职业发展中心)。

(2)建立教育机构(特别是大学)工作计划改革理事会。

(3)改善国家就业服务的运作,以便像欧盟机构的职业培训发展中心一样预测劳动力市场的需求。

附件 2 教育统计和信息系统的开发和使用

统计数据有助于我们了解和跟踪教育及其运作情况，深入了解系统状况，据此我们可以做出决策如何介入以确保教育的可用性、相关性、效率和质量。因此，它显著影响了为教育政策提供决策和建议的能力。

在塞尔维亚共和国，保存有效的教育统计资料有着良好的条件，即在收集、处理和分析统计数据、发达的基础设施、熟练的人员、技术支持和法律法规方面有着悠久的传统。可以依靠两个关键系统，来保留教育统计：塞尔维亚共和国统计局教育数据收集和处理系统以及教育和科学部教育数据收集和分析系统。这两个系统不兼容，通常会提供不同的信息。

塞尔维亚共和国的教育统计存在很多缺陷，因此很难有机会得出可信赖的结论。在开展教育统计工作时存在多个严重问题：通过选用适用的方法，有从现有数据得出的不充分的结论，从指标问题、数据收集和数据收集质量控制到各机构之间缺乏协调的问题。在教育水平方面，高等教育水平越低，提供的数据就越少。我们用有关学前教育和小学教育的最可靠数据进行分析，而对于高等教育来说，数据和分析则最少。

解决塞尔维亚共和国教育统计问题包括一系列重要措施，其中主要措施有：

（1）建立一个独特的信息系统，可以为整个系统提供相关信息，定期输入系统，更新和控制其质量。为使系统运行良好，有必要对所有教育机构进行定期维护和管理。

（2）通过教育系统监测几代人（年龄组）。监测几代人有机会准确地了解教育系统发生了什么以及发生这些事件的原因。此外，它还能实现有针对性的教育和社会行动。

（3）所有的数据都必须分门别类，以便对教育的可访问性、效率和质量进行更全面的分析。十分重要的是数据收集的深度（区域、地区、市镇或住区的水平），因为国家平均值可能会模糊和扭曲教育形象，并且会覆盖地方层级发生的问题。

（4）要有足够数量的合格人员负责管理塞尔维亚共和国统计局以及教育部和科学部所需的教育统计和分析工作。为了跟踪统计教育指标，其时间性和准确性是至关重要的因素，因此，信息跟踪的中断、统计工作的停止和恢复都会对整体工作带来严重影响，同时会增加经费的投入。

（5）确定处理教育统计的机构之间的相互关系，并统一计算和监测选定指标与国际标准的方法。

（6）确定对监测国内战略文件和教育政策执行情况至关重要的统计指标体系。

（7）建立教育指标体系，以便进行国际比较。

（8）调整教育系统中的信息系统，并参照国家主管部门的规定，使系统和各个层次的质量指标和效率继续得到监测。此外，它还确保通过该系统监测特定方面的问题，并在教育方面进行更精确的电子化管理。

附　　录

推动共建丝绸之路经济带
和 21 世纪海上丝绸之路的愿景与行动

国家发展改革委　外交部　商务部
（经国务院授权发布）
2015 年 3 月 28 日

前　言

2000 多年前，亚欧大陆上勤劳勇敢的人民，探索出多条连接亚欧非几大文明的贸易和人文交流通路，后人将其统称为"丝绸之路"。千百年来，"和平合作、开放包容、互学互鉴、互利共赢"的丝绸之路精神薪火相传，推进了人类文明进步，是促进沿线各国繁荣发展的重要纽带，是东西方交流合作的象征，是世界各国共有的历史文化遗产。

进入 21 世纪，在以和平、发展、合作、共赢为主题的新时代，面对复苏乏力的全球经济形势，纷繁复杂的国际和地区局面，传承和弘扬丝绸之路精神更显重要和珍贵。

2013 年 9 月和 10 月，中国国家主席习近平在出访中亚和东南亚国家期间，先后提出共建"丝绸之路经济带"和"21 世纪海上丝绸之路"（以下简称"一带一路"）的重大倡议，得到国际社会高度关注。中国国务院总理李克强参加 2013 年中国-东盟博览会时强调，铺就面向东盟的海上丝绸之路，打造带动腹地发展的战略支点。加快"一带一路"建设，有利于促进沿线各国经济繁荣与区域经济合作，加强不同文明交流互鉴，促进世界和平发展，是一项造福世界各国人民的伟大事业。

"一带一路"建设是一项系统工程，要坚持共商、共建、共享原则，积极推进沿线国家发展战略的相互对接。为推进实施"一带一路"重大倡议，让古丝绸之路焕发新的生机活力，以新的形式使亚欧非各国联系更加紧密，互利合作迈向新的历史高度，中国政府特制定并发布《推动共建丝绸之路经济带和 21 世纪海上丝绸之路的愿景与行动》。

一、时代背景

当今世界正发生复杂深刻的变化，国际金融危机深层次影响继续显现，世界经济缓慢复苏、发展分化，国际投资贸易格局和多边投资贸易规则酝酿深刻调整，各国面临的发展问题依然严峻。共建"一带一路"顺应世界多极化、经济全球化、文化多样化、社会信息化的潮流，秉持开放的区域合作精神，致力于维护全球自由贸易体系和开放型世界经济。共建"一带一路"旨在促进经济要素有序自由流动、资源高效配置和市场深度融合，推动沿线各国实现经济政策协调，开展更大范围、更高水平、更深层次的区域合作，共同打造开放、包容、均衡、普惠的区域经济合作架构。共建"一带一路"符合国际社会的根本利益，彰显人类社会共同理想和美好追求，是国际合作以及全球治理新模式的积极探索，将为世界和平发展增添新的正能量。

共建"一带一路"致力于亚欧非大陆及附近海洋的互联互通，建立和加强沿线各国互联互通伙伴关系，构建全方位、多层次、复合型的互联互通网络，实现沿线各国多元、自主、平衡、可持续的发展。"一带一路"的互联互通项目将推动沿线各国发展战略的对接与耦合，发掘区域内市场的潜力，促进投资和消费，创造需求和就业，增进沿线各国人民的人文交流与文明互鉴，让各国人民相逢相知、互信互敬，共享和谐、安宁、富裕的生活。

当前，中国经济和世界经济高度关联。中国将一以贯之地坚持对外开放的基本国策，构建全方位开放新格局，深度融入世界经济体系。推进"一带一路"建设既是中国扩大和深化对外开放的需要，也是加强和亚欧非及世界各国互利合作的需要，中国愿意在力所能及的范围内承担更多责任义务，为人类和平发展做出更大的贡献。

二、共建原则

恪守联合国宪章的宗旨和原则。遵守和平共处五项原则，即尊重各国主权和领土完整、互不侵犯、互不干涉内政、和平共处、平等互利。

坚持开放合作。"一带一路"相关的国家基于但不限于古代丝绸之路的范围，各国和国际、地区组织均可参与，让共建成果惠及更广泛的区域。

坚持和谐包容。倡导文明宽容，尊重各国发展道路和模式的选择，加强不同文明之间的对话，求同存异、兼容并蓄、和平共处、共生共荣。

坚持市场运作。遵循市场规律和国际通行规则，充分发挥市场在资源配置中的决定性作用和各类企业的主体作用，同时发挥好政府的作用。

坚持互利共赢。兼顾各方利益和关切，寻求利益契合点和合作最大公约数，体现各方智慧和创意，各施所长，各尽所能，把各方优势和潜力充分发挥出来。

三、框架思路

"一带一路"是促进共同发展、实现共同繁荣的合作共赢之路，是增进理解信任、加强全方位交流的和平友谊之路。中国政府倡议，秉持和平合作、开放包容、互学互鉴、互利共赢的理念，全方位推进务实合作，打造政治互信、经济融合、文化包容的利益共同体、命运共同体和责任共同体。

"一带一路"贯穿亚欧非大陆，一头是活跃的东亚经济圈，一头是发达的欧洲经济圈，中间广大腹地国家经济发展潜力巨大。丝绸之路经济带重点畅通中国经中亚、俄罗斯至欧洲(波罗的海);中国经中亚、西亚至波斯湾、地中海;中国至东南亚、南亚、印度洋。21世纪海上丝绸之路重点方向是从中国沿海港口过南海到印度洋,延伸至欧洲;从中国沿海港口过南海到南太平洋。

根据"一带一路"走向,陆上依托国际大通道,以沿线中心城市为支撑,以重点经贸产业园区为合作平台,共同打造新亚欧大陆桥、中蒙俄、中国-中亚-西亚、中国-中南半岛等国际经济合作走廊;海上以重点港口为节点,共同建设通畅安全高效的运输大通道。中巴、孟中印缅两个经济走廊与推进"一带一路"建设关联紧密,要进一步推动合作,取得更大进展。

"一带一路"建设是沿线各国开放合作的宏大经济愿景,需各国携手努力,朝着互利互惠、共同安全的目标相向而行。努力实现区域基础设施更加完善,安全高效的陆海空通道网络基本形成,互联互通达到新水平;投资贸易便利化水平进一步提升,高标准自由贸易区网络基本形成,经济联系更加紧密,政治互信更加深入;人文交流更加广泛深入,不同文明互鉴共荣,各国人民相知相交、和平友好。

四、合作重点

沿线各国资源禀赋各异,经济互补性较强,彼此合作潜力和空间很大。以政策沟通、设施联通、贸易畅通、资金融通、民心相通为主要内容,重点在以下方面加强合作。

政策沟通。加强政策沟通是"一带一路"建设的重要保障。加强政府间合作,积极构建多层次政府间宏观政策沟通交流机制,深化利益融合,促进政治互信,达成合作新共识。沿线各国可以就经济发展战略和对策进行充分交流对接,共同制定推进区域合作的规划和措施,协商解决合作中的问题,共同为务实合作及大型项目实施提供政策支持。

设施联通。基础设施互联互通是"一带一路"建设的优先领域。在尊重相关国家主权和安全关切的基础上,沿线国家宜加强基础设施建设规划、技术标准体系的对接,共同推进国际骨干通道建设,逐步形成连接亚洲各次区域以及亚欧非之间的基础设施网络。强化基础设施绿色低碳化建设和运营管理,在建设中充分考虑气候变化影响。

抓住交通基础设施的关键通道、关键节点和重点工程,优先打通缺失路段,畅通瓶颈路段,配套完善道路安全防护设施和交通管理设施设备,提升道路通达水平。推进建立统一的全程运输协调机制,促进国际通关、换装、多式联运有机衔接,逐步形成兼容规范的运输规则,实现国际运输便利化。推动口岸基础设施建设,畅通陆水联运通道,推进港口合作建设,增加海上航线和班次,加强海上物流信息化合作。拓展建立民航全面合作的平台和机制,加快提升航空基础设施水平。

加强能源基础设施互联互通合作,共同维护输油、输气管道等运输通道安全,推进跨境电力与输电通道建设,积极开展区域电网升级改造合作。

共同推进跨境光缆等通信干线网络建设,提高国际通信互联互通水平,畅通信息丝绸之路。加快推进双边跨境光缆等建设,规划建设洲际海底光缆项目,完善空中(卫星)

信息通道,扩大信息交流与合作。

贸易畅通。投资贸易合作是"一带一路"建设的重点内容。宜着力研究解决投资贸易便利化问题,消除投资和贸易壁垒,构建区域内和各国良好的营商环境,积极同沿线国家和地区共同商建自由贸易区,激发释放合作潜力,做大做好合作"蛋糕"。

沿线国家宜加强信息互换、监管互认、执法互助的海关合作,以及检验检疫、认证认可、标准计量、统计信息等方面的双多边合作,推动世界贸易组织《贸易便利化协定》生效和实施。改善边境口岸通关设施条件,加快边境口岸"单一窗口"建设,降低通关成本,提升通关能力。加强供应链安全与便利化合作,推进跨境监管程序协调,推动检验检疫证书国际互联网核查,开展"经认证的经营者"(AEO)互认。降低非关税壁垒,共同提高技术性贸易措施透明度,提高贸易自由化便利化水平。

拓宽贸易领域,优化贸易结构,挖掘贸易新增长点,促进贸易平衡。创新贸易方式,发展跨境电子商务等新的商业业态。建立健全服务贸易促进体系,巩固和扩大传统贸易,大力发展现代服务贸易。把投资和贸易有机结合起来,以投资带动贸易发展。

加快投资便利化进程,消除投资壁垒。加强双边投资保护协定、避免双重征税协定磋商,保护投资者的合法权益。

拓展相互投资领域,开展农林牧渔业、农机及农产品生产加工等领域深度合作,积极推进海水养殖、远洋渔业、水产品加工、海水淡化、海洋生物制药、海洋工程技术、环保产业和海上旅游等领域合作。加大煤炭、油气、金属矿产等传统能源资源勘探开发合作,积极推动水电、核电、风电、太阳能等清洁、可再生能源合作,推进能源资源就地就近加工转化合作,形成能源资源合作上下游一体化产业链。加强能源资源深加工技术、装备与工程服务合作。

推动新兴产业合作,按照优势互补、互利共赢的原则,促进沿线国家加强在新一代信息技术、生物、新能源、新材料等新兴产业领域的深入合作,推动建立创业投资合作机制。

优化产业链分工布局,推动上下游产业链和关联产业协同发展,鼓励建立研发、生产和营销体系,提升区域产业配套能力和综合竞争力。扩大服务业相互开放,推动区域服务业加快发展。探索投资合作新模式,鼓励合作建设境外经贸合作区、跨境经济合作区等各类产业园区,促进产业集群发展。在投资贸易中突出生态文明理念,加强生态环境、生物多样性和应对气候变化合作,共建绿色丝绸之路。

中国欢迎各国企业来华投资。鼓励本国企业参与沿线国家基础设施建设和产业投资。促进企业按属地化原则经营管理,积极帮助当地发展经济、增加就业、改善民生,主动承担社会责任,严格保护生物多样性和生态环境。

资金融通。资金融通是"一带一路"建设的重要支撑。深化金融合作,推进亚洲货币稳定体系、投融资体系和信用体系建设。扩大沿线国家双边本币互换、结算的范围和规模。推动亚洲债券市场的开放和发展。共同推进亚洲基础设施投资银行、金砖国家开发银行筹建,有关各方就建立上海合作组织融资机构开展磋商。加快丝路基金组建运营。深化中国-东盟银行联合体、上合组织银行联合体务实合作，以银团贷款、银行授信等方式开展多边金融合作。支持沿线国家政府和信用等级较高的企业以及金融机构在中国境内发行人民币债券。符合条件的中国境内金融机构和企业可以在境外发行人民币债券和外币债券，鼓励在沿线国家使用所筹资金。

加强金融监管合作，推动签署双边监管合作谅解备忘录，逐步在区域内建立高效监管协调机制。完善风险应对和危机处置制度安排，构建区域性金融风险预警系统，形成应对跨境风险和危机处置的交流合作机制。加强征信管理部门、征信机构和评级机构之间的跨境交流与合作。充分发挥丝路基金以及各国主权基金作用，引导商业性股权投资基金和社会资金共同参与"一带一路"重点项目建设。

民心相通。民心相通是"一带一路"建设的社会根基。传承和弘扬丝绸之路友好合作精神，广泛开展文化交流、学术往来、人才交流合作、媒体合作、青年和妇女交往、志愿者服务等，为深化双多边合作奠定坚实的民意基础。

扩大相互间留学生规模，开展合作办学，中国每年向沿线国家提供 1 万个政府奖学金名额。沿线国家间互办文化年、艺术节、电影节、电视周和图书展等活动，合作开展广播影视剧精品创作及翻译，联合申请世界文化遗产，共同开展世界遗产的联合保护工作。深化沿线国家间人才交流合作。

加强旅游合作，扩大旅游规模，互办旅游推广周、宣传月等活动，联合打造具有丝绸之路特色的国际精品旅游线路和旅游产品，提高沿线各国游客签证便利化水平。推动 21 世纪海上丝绸之路邮轮旅游合作。积极开展体育交流活动，支持沿线国家申办重大国际体育赛事。

强化与周边国家在传染病疫情信息沟通、防治技术交流、专业人才培养等方面的合作，提高合作处理突发公共卫生事件的能力。为有关国家提供医疗援助和应急医疗救助，在妇幼健康、残疾人康复以及艾滋病、结核、疟疾等主要传染病领域开展务实合作，扩大在传统医药领域的合作。

加强科技合作，共建联合实验室（研究中心）、国际技术转移中心、海上合作中心，促进科技人员交流，合作开展重大科技攻关，共同提升科技创新能力。

整合现有资源，积极开拓和推进与沿线国家在青年就业、创业培训、职业技能开发、社会保障管理服务、公共行政管理等共同关心领域的务实合作。

充分发挥政党、议会交往的桥梁作用，加强沿线国家之间立法机构、主要党派和政治组织的友好往来。开展城市交流合作，欢迎沿线国家重要城市之间互结友好城市，以人文交流为重点，突出务实合作，形成更多鲜活的合作范例。欢迎沿线国家智库之间开展联合研究、合作举办论坛等。

加强沿线国家民间组织的交流合作，重点面向基层民众，广泛开展教育医疗、减贫开发、生物多样性和生态环保等各类公益慈善活动，促进沿线贫困地区生产生活条件改善。加强文化传媒的国际交流合作，积极利用网络平台，运用新媒体工具，塑造和谐友好的文化生态和舆论环境。

五、合作机制

当前,世界经济融合加速发展,区域合作方兴未艾。积极利用现有双多边合作机制,推动"一带一路"建设,促进区域合作蓬勃发展。

加强双边合作,开展多层次、多渠道沟通磋商,推动双边关系全面发展。推动签署合作备忘录或合作规划,建设一批双边合作示范。建立完善双边联合工作机制,研究推进"一带一路"建设的实施方案、行动路线图。充分发挥现有联委会、混委会、协委会、指导委员会、管理委员会等双边机制作用,协调推动合作项目实施。

强化多边合作机制作用,发挥上海合作组织(SCO)、中国-东盟"10＋1"、亚太经合组织(APEC)、亚欧会议(ASEM)、亚洲合作对话(ACD)、亚信会议(CICA)、中阿合作论坛、中国-海合会战略对话、大湄公河次区域(GMS)经济合作、中亚区域经济合作(CAREC)等现有多边合作机制作用,相关国家加强沟通,让更多国家和地区参与"一带一路"建设。

继续发挥沿线各国区域、次区域相关国际论坛、展会以及博鳌亚洲论坛、中国-东盟博览会、中国-亚欧博览会、欧亚经济论坛、中国国际投资贸易洽谈会,以及中国-南亚博览会、中国-阿拉伯博览会、中国西部国际博览会、中国-俄罗斯博览会、前海合作论坛等平台的建设性作用。支持沿线国家地方、民间挖掘"一带一路"历史文化遗产,联合举办专项投资、贸易、文化交流活动,办好丝绸之路(敦煌)国际文化博览会、丝绸之路国际电影节和图书展。倡议建立"一带一路"国际高峰论坛。

六、中国各地方开放态势

推进"一带一路"建设,中国将充分发挥国内各地区比较优势,实行更加积极主动的开放战略,加强东中西互动合作,全面提升开放型经济水平。

西北、东北地区。发挥新疆独特的区位优势和向西开放重要窗口作用,深化与中亚、南亚、西亚等国家交流合作,形成丝绸之路经济带上重要的交通枢纽、商贸物流和文化科教中心,打造丝绸之路经济带核心区。发挥陕西、甘肃综合经济文化和宁夏、青海民族人文优势,打造西安内陆型改革开放新高地,加快兰州、西宁开发开放,推进宁夏内陆开放型经济试验区建设,形成面向中亚、南亚、西亚国家的通道、商贸物流枢纽、重要产业和人文交流基地。发挥内蒙古联通俄蒙的区位优势,完善黑龙江对俄铁路通道和区域铁路网,以及黑龙江、吉林、辽宁与俄远东地区陆海联运合作,推进构建北京—莫斯科欧亚高速运输走廊,建设向北开放的重要窗口。

西南地区。发挥广西与东盟国家陆海相邻的独特优势,加快北部湾经济区和珠江—西江经济带开放发展,构建面向东盟区域的国际通道,打造西南、中南地区开放发展新的战略支点,形成21世纪海上丝绸之路与丝绸之路经济带有机衔接的重要门户。发挥云南区位优势,推进与周边国家的国际运输通道建设,打造大湄公河次区域经济合作新高地,建设成为面向南亚、东南亚的辐射中心。推进西藏与尼泊尔等国家边境贸易和旅游文化合作。

沿海和港澳台地区。利用长三角、珠三角、海峡西岸、环渤海等经济区开放程度高、经济实力强、辐射带动作用大的优势，加快推进中国（上海）自由贸易试验区建设，支持福建建设 21 世纪海上丝绸之路核心区。充分发挥深圳前海、广州南沙、珠海横琴、福建平潭等开放合作区作用，深化与港澳台合作，打造粤港澳大湾区。推进浙江海洋经济发展示范区、福建海峡蓝色经济试验区和舟山群岛新区建设，加大海南国际旅游岛开发开放力度。加强上海、天津、宁波－舟山、广州、深圳、湛江、汕头、青岛、烟台、大连、福州、厦门、泉州、海口、三亚等沿海城市港口建设，强化上海、广州等国际枢纽机场功能。以扩大开放倒逼深层次改革，创新开放型经济体制机制，加大科技创新力度，形成参与和引领国际合作竞争新优势，成为"一带一路"特别是 21 世纪海上丝绸之路建设的排头兵和主力军。发挥海外侨胞以及香港、澳门特别行政区独特优势作用，积极参与和助力"一带一路"建设。为台湾地区参与"一带一路"建设做出妥善安排。

内陆地区。利用内陆纵深广阔、人力资源丰富、产业基础较好优势，依托长江中游城市群、成渝城市群、中原城市群、呼包鄂榆城市群、哈长城市群等重点区域，推动区域互动合作和产业集聚发展，打造重庆西部开发开放重要支撑和成都、郑州、武汉、长沙、南昌、合肥等内陆开放型经济高地。加快推动长江中上游地区和俄罗斯伏尔加河沿岸联邦区的合作。建立中欧通道铁路运输、口岸通关协调机制，打造"中欧班列"品牌，建设沟通境内外、连接东中西的运输通道。支持郑州、西安等内陆城市建设航空港、国际陆港，加强内陆口岸与沿海、沿边口岸通关合作，开展跨境贸易电子商务服务试点。优化海关特殊监管区域布局，创新加工贸易模式，深化与沿线国家的产业合作。

七、中国积极行动

一年多来，中国政府积极推动"一带一路"建设，加强与沿线国家的沟通磋商，推动与沿线国家的务实合作，实施了一系列政策措施，努力收获早期成果。

高层引领推动。习近平主席、李克强总理等国家领导人先后出访 20 多个国家，出席加强互联互通伙伴关系对话会、中阿合作论坛第六届部长级会议，就双边关系和地区发展问题，多次与有关国家元首和政府首脑进行会晤，深入阐释"一带一路"的深刻内涵和积极意义，就共建"一带一路"达成广泛共识。

签署合作框架。与部分国家签署了共建"一带一路"合作备忘录，与一些毗邻国家签署了地区合作和边境合作的备忘录以及经贸合作中长期发展规划。研究编制与一些毗邻国家的地区合作规划纲要。

推动项目建设。加强与沿线有关国家的沟通磋商，在基础设施互联互通、产业投资、资源开发、经贸合作、金融合作、人文交流、生态保护、海上合作等领域，推进了一批条件成熟的重点合作项目。

完善政策措施。中国政府统筹国内各种资源，强化政策支持。推动亚洲基础设施投资银行筹建，发起设立丝路基金，强化中国-欧亚经济合作基金投资功能。推动银行卡清算机构开展跨境清算业务和支付机构开展跨境支付业务。积极推进投资贸易便利化，推进区域通关一体化改革。

发挥平台作用。各地成功举办了一系列以"一带一路"为主题的国际峰会、论坛、研讨会、博览会，对增进理解、凝聚共识、深化合作发挥了重要作用。

八、共创美好未来

共建"一带一路"是中国的倡议，也是中国与沿线国家的共同愿望。站在新的起点上，中国愿与沿线国家一道，以共建"一带一路"为契机，平等协商，兼顾各方利益，反映各方诉求，携手推动更大范围、更高水平、更深层次的大开放、大交流、大融合。"一带一路"建设是开放的、包容的，欢迎世界各国和国际、地区组织积极参与。

共建"一带一路"的途径是以目标协调、政策沟通为主，不刻意追求一致性，可高度灵活，富有弹性，是多元开放的合作进程。中国愿与沿线国家一道，不断充实完善"一带一路"的合作内容和方式，共同制定时间表、路线图，积极对接沿线国家发展和区域合作规划。

中国愿与沿线国家一道，在既有双多边和区域次区域合作机制框架下，通过合作研究、论坛展会、人员培训、交流访问等多种形式，促进沿线国家对共建"一带一路"内涵、目标、任务等方面的进一步理解和认同。

中国愿与沿线国家一道，稳步推进示范项目建设，共同确定一批能够照顾双多边利益的项目，对各方认可、条件成熟的项目抓紧启动实施，争取早日开花结果。

"一带一路"是一条互尊互信之路，一条合作共赢之路，一条文明互鉴之路。只要沿线各国和衷共济、相向而行，就一定能够谱写建设丝绸之路经济带和 21 世纪海上丝绸之路的新篇章，让沿线各国人民共享"一带一路"共建成果。

教育部关于印发
《推进共建"一带一路"教育行动》的通知

教外〔2016〕46 号

各省、自治区、直辖市教育厅（教委），各计划单列市教育局，新疆生产建设兵团教育局，部属各高等学校，部内各司局、各直属单位：

为贯彻落实中办、国办《关于做好新时期教育对外开放工作的若干意见》和国家发展改革委、外交部、商务部经国务院授权发布的《推动共建丝绸之路经济带和 21 世纪海上丝绸之路的愿景与行动》，我部牵头制订了《推进共建"一带一路"教育行动》，并已经国家教育体制改革领导小组会议审议通过。现印发给你们，请结合实际认真贯彻执行。

教育部
2016 年 7 月 13 日

推进共建"一带一路"教育行动

推进共建"丝绸之路经济带"和"21 世纪海上丝绸之路"（以下简称"一带一路"），为推动区域教育大开放、大交流、大融合提供了大契机。"一带一路"沿线国家教育加强合作、共同行动，既是共建"一带一路"的重要组成部分，又为共建"一带一路"提供人才支撑。中国愿与沿线国家一道，扩大人文交流，加强人才培养，共同开创教育美好明天。

一、教育使命

教育为国家富强、民族繁荣、人民幸福之本，在共建"一带一路"中具有基础性和先导性作用。教育交流为沿线各国民心相通架设桥梁，人才培养为沿线各国政策沟通、设施联通、贸易畅通、资金融通提供支撑。沿线各国唇齿相依，教育交流源远流长，教育合作前景广阔,大家携手发展教育,合力推进共建"一带一路",是造福沿线各国人民的伟大事业。

中国将一以贯之地坚持教育对外开放,深度融入世界教育改革发展潮流。推进"一带一路"教育共同繁荣,既是加强与沿线各国教育互利合作的需要,也是推进中国教育改革发展的需要,中国愿意在力所能及的范围内承担更多责任义务,为区域教育大发展做出更大的贡献。

二、合作愿景

沿线各国携起手来,增进理解、扩大开放、加强合作、互学互鉴,谋求共同利益、直面共同命运、勇担共同责任,聚力构建"一带一路"教育共同体,形成平等、包容、互惠、活跃的教育合作态势,促进区域教育发展,全面支撑共建"一带一路",共同致力于:

推进民心相通。开展更大范围、更高水平、更深层次的人文交流,不断推进沿线各国人民相知相亲。

提供人才支撑。培养大批共建"一带一路"急需人才,支持沿线各国实现政策互通、设施联通、贸易畅通、资金融通。

实现共同发展。推动教育深度合作、互学互鉴,携手促进沿线各国教育发展,全面提升区域教育影响力。

三、合作原则

育人为本,人文先行。加强合作育人,提高区域人口素质,为共建"一带一路"提供人才支撑。坚持人文交流先行,建立区域人文交流机制,搭建民心相通桥梁。

政府引导,民间主体。沿线国家政府加强沟通协调,整合多种资源,引导教育融合发展。发挥学校、企业及其他社会力量的主体作用,活跃教育合作局面,丰富教育交流内涵。

共商共建,开放合作。坚持沿线国家共商、共建、共享,推进各国教育发展规划相互衔接,实现沿线各国教育融通发展、互动发展。

和谐包容,互利共赢。加强不同文明之间的对话,寻求教育发展最佳契合点和教育合作最大公约数,促进沿线各国在教育领域互利互惠。

四、合作重点

沿线各国教育特色鲜明、资源丰富、互补性强、合作空间巨大。中国将以基础性、支撑性、引领性三方面举措为建议框架,开展三方面重点合作,对接沿线各国意愿,互鉴先进教育经验,共享优质教育资源,全面推动各国教育提速发展。

(一)开展教育互联互通合作

加强教育政策沟通。开展"一带一路"教育法律、政策协同研究,构建沿线各国教育政策信息交流通报机制,为沿线各国政府推进教育政策互通提供决策建议,为沿线各国学校和社会力量开展教育合作交流提供政策咨询。积极签署双边、多边和次区域教育合作框架协议,制定沿线各国教育合作交流国际公约,逐步疏通教育合作交流政策性瓶颈,实现学分互认、学位互授联授,协力推进教育共同体建设。

助力教育合作渠道畅通。推进"一带一路"国家间签证便利化,扩大教育领域合作交流,形成往来频繁、合作众多、交流活跃、关系密切的携手发展局面。鼓励有合作基础、相同研究课题和发展目标的学校缔结姊妹关系,逐步深化拓展教育合作交流。举办沿线国家校长论坛,推进学校间开展多层次多领域的务实合作。支持高等学校依托学科优势专业,建立产学研用结合的国际合作联合实验室(研究中心)、国际技术转移中心,共同应对经济发展、资源利用、生态保护等沿线各国面临的重大挑战与机遇。打造"一带一路"学术交流平台,吸引各国专家学者、青年学生开展研究和学术交流。推进"一带一路"优质教育资源共享。

促进沿线国家语言互通。研究构建语言互通协调机制,共同开发语言互通开放课程,逐步将沿线国家语言课程纳入各国学校教育课程体系。拓展政府间语言学习交换项目,联合培养、相互培养高层次语言人才。发挥外国语院校人才培养优势,推进基础教育多语种师资队伍建设和外语教育教学工作。扩大语言学习国家公派留学人员规模,倡导沿线各国与中国院校合作在华开办本国语言专业。支持更多社会力量助力孔子学院和孔子课堂建设,加强汉语教师和汉语教学志愿者队伍建设,全力满足沿线国家汉语学习需求。

推进沿线国家民心相通。鼓励沿线国家学者开展或合作开展中国课题研究,增进沿线各国对中国发展模式、国家政策、教育文化等各方面的理解。建设国别和区域研究基地,与对象国合作开展经济、政治、教育、文化等领域研究。逐步将理解教育课程、丝路文化遗产保护纳入沿线各国中小学教育课程体系,加强青少年对不同国家文化的理解。加强"丝绸之路"青少年交流,注重利用社会实践和志愿服务、文化体验、体育竞赛、创新创业活动和新媒体社交等途径,增进不同国家青少年对其他国家文化的理解。

推动学历学位认证标准连通。推动落实联合国教科文组织《亚太地区承认高等教育资历公约》,支持教科文组织建立世界范围学历互认机制,实现区域内双边多边学历学位关联互认。呼吁各国完善教育质量保障体系和认证机制,加快推进本国教育资历框架开发,助力各国学习者在不同种类和不同阶段教育之间进行转换,促进终身学习社会建设。共商共建区域性职业教育资历框架,逐步实现就业市场的从业标准一体化。探索建立沿线各国教师专业发展标准,促进教师流动。

(二)开展人才培养培训合作

实施"丝绸之路"留学推进计划。设立"丝绸之路"中国政府奖学金,为沿线各国专项培养行业领军人才和优秀技能人才。全面提升来华留学人才培养质量,把中国打造成为深受沿线各国学子欢迎的留学目的地国。以国家公派留学为引领,推动更多中国学生到沿线国家留学。坚持"出国留学和来华留学并重、公费留学和自费留学并重、扩大规模和提高质量并重、依法管理和完善服务并重、人才培养和发挥作用并重",完善全链条的留学人员管理服务体系,保障平安留学、健康留学、成功留学。

实施"丝绸之路"合作办学推进计划。有条件的中国高等学校开展境外办学要集中优势学科,选好合作契合点,做好前期论证工作,构建人才培养模式、运行管理模式、服务当地模式、公共关系模式,使学校顺利落地生根、开花结果。发挥政府引领、行业主导作用,促进高等学校、职业院校与行业企业深化产教融合。鼓励中国优质职业教育配合高铁、电信运营等行业企业走出去,探索开展多种形式的境外合作办学,合作设立职业院校、培训中心,合作开发教学资源和项目,开展多层次职业教育和培训,培养当地急需的各类"一带一路"建设者。整合资源,积极推进与沿线各国在青年就业培训等共同关心领域的务实合作。倡议沿线国家之间开展高水平合作办学。

实施"丝绸之路"师资培训推进计划。开展"丝绸之路"教师培训,加强先进教育经验交流,提升区域教育质量。加强"丝绸之路"教师交流,推动沿线各国校长交流访问、教师及管理人员交流研修,推进优质教育模式在沿线各国互学互鉴。大力推进沿线各国优质教学仪器设备、教材课件和整体教学解决方案输出,跟进教师培训工作,促进沿线各国教育资源和教学水平均衡发展。

实施"丝绸之路"人才联合培养推进计划。推进沿线国家间的研修访学活动。鼓励沿线各国高等学校在语言、交通运输、建筑、医学、能源、环境工程、水利工程、生物科学、海洋科学、生态保护、文化遗产保护等沿线国家发展急需的专业领域联合培养学生,推动联盟内或校际教育资源共享。

(三)共建丝路合作机制

加强"丝绸之路"人文交流高层磋商。开展沿线国家双边多边人文交流高层磋商,商定"一带一路"教育合作交流总体布局,协调推动沿线各国建立教育双边多边合作机制、教育质量保障协作机制和跨境教育市场监管协作机制,统筹推进"一带一路"教育共同行动。

充分发挥国际合作平台作用。发挥上海合作组织、东亚峰会、亚太经合组织、亚欧会议、亚洲相互协作与信任措施会议、中阿合作论坛、东南亚教育部长组织、中非合作论坛、中巴经济走廊、孟中印缅经济走廊、中蒙俄经济走廊等现有双边多边合作机制作用,增加教育合作的新内涵。借助联合国教科文组织等国际组织力量,推动沿线各国围绕实现世界教育发展目标形成协作机制。充分利用中国-东盟教育交流周、中日韩大学交流合作促进委员会、中阿大学校长论坛、中非高校 20＋20 合作计划、中日大学校长论坛、中韩大学校长论坛、中俄大学联盟等已有平台,开展务实教育合作交流。支持在共同区域、有合作基础、具备相同专业背景的学校组建联盟,不断延展教育务实合作平台。

实施"丝绸之路"教育援助计划。发挥教育援助在"一带一路"教育共同行动中的重要作用,逐步加大教育援助力度,重点投资于人、援助于人、惠及于人。发挥教育援助在"南南合作"中的重要作用,加大对沿线国家尤其是最不发达国家的支持力度。统筹利用国家、教育系统和民间资源,为沿线国家培养培训教师、学者和各类技能人才。积极开展优质教学仪器设备、整体教学方案、配套师资培训一体化援助。加强中国教育培训中心和教育援外基地建设。倡议各国建立政府引导、社会参与的多元化经费筹措机制，通过国家资助、社会融资、民间捐赠等渠道，拓宽教育经费来源，做大教育援助格局，实现教育共同发展。

开展"丝路金驼金帆"表彰工作。对于在"一带一路"教育合作交流和区域教育共同发展中做出杰出贡献、产生重要影响的国际人士、团队和组织给予表彰。

五、中国教育行动起来

中国倡导沿线各国建立教育共同体，聚力推进共建"一带一路"，首先需要中国教育领域和社会各界率先垂范、积极行动。

加强协调推动。加强国内各部门各地方的统筹协调工作，有序开展"一带一路"教育合作交流。推动中国教育治理体系完善、相关法律法规修订和教育综合改革，提升中国开展"一带一路"教育行动的质量和水平。教育部与国家发展改革委、外交部、商务部等部门和全国性行业组织紧密配合，围绕共建"一带一路"大局，寻找合作重点，建立运行保障机制，畅通教育国际合作交流渠道，对接沿线各国教育发展战略规划。

地方重点推进。突出地方推进共建"一带一路"的主体性、支撑性和落地性，要求各地发挥区位优势和地方特色，抓紧制订本地教育和经济携手走出去行动计划，紧密对接国家总体布局。有序与沿线国家地方政府建立"友好省州""姊妹城市"关系，做好做实彼此间人文交流。充分利用地方调配资源优势，积极搭建海内外平台，促进校企优势互补、良性合作、共同发展。多措并举，支持指导本地教育系统与"一带一路"沿线国家广泛开展合作交流，打造教育合作交流区域高地，助力做强本地教育。

各级学校有序前行。各级各类学校秉承"己欲立而立人"的中国传统，有序与沿线各国学校扩大合作交流，整合优质资源走出去，选择优质资源引进来，兼容并包、互学互鉴，共同提升教育国际化水平和服务共建"一带一路"能力。中小学校要广泛建立校际合作交流关系，重点开展师生交流、教师培训和国际理解教育。高等学校、职业院校要立足各自发展战略和本地区参与共建"一带一路"规划，与沿线各国开展形式多样的合作交流，重点做好完善现代大学制度、创新人才培养模式、提升来华留学质量、优化境外合作办学、助推企业成长等各项工作的协同发展。

社会力量顺势而行。开展更大范围、更深层次、更高水平的"一带一路"教育民间合作交流，吸纳更多民间智慧、民间力量、民间方案、民间行动。大力培育和发展我国非营利组织，通过购买服务、市场调配等举措，大力支持社会机构和专业组织投身教育对外开放事业，活跃民间教育国际合作交流。加快推动教学仪器和中医诊疗服务走出去步伐，支持企业和个人按照市场规则依法参与中外合作办学、合作科研、涉外服务等教育对外开放活动。企业要积极与学校合作走出去，联合开展人才培养、科技创新和成果转化，积极服务"一带一路"国家经贸发展。

助力形成早期成果。实施高度灵活、富有弹性的合作机制，优先启动各方认可度高、条件成熟的项目,明确时间节点,争取短期内开花结果。2016 年,各省市制订并呈报本地"一带一路"教育行动计划,有序推进教育互联互通、人才培养培训及丝路合作机制建设。2017 年,基于三方面重点合作的沿线各国教育共同行动深入开展。未来 3 年,中国每年面向沿线国家公派留学生 2500 人;未来 5 年,建成 10 个海外科教基地,每年资助 1 万名沿线国家新生来华学习或研修。

六、共创教育美好明天

独行快,众行远。合作交流是沿线各国共建"一带一路"教育共同体的主要方式。通过教育合作交流,培养高素质人才,推进经济社会发展,提高沿线各国人民生活福祉,是我们共同的愿望。通过教育合作交流,扩大人文往来,筑牢地区和平基础,是我们共同的责任。

中国愿与沿线各国一道,秉持开放合作、互利共赢理念,共同构建多元化教育合作机制,制定时间表和路线图,推动弹性化合作进程,打造示范性合作项目,满足各方发展需要,促进共同发展。

中国教育部倡议沿线各国积极行动起来,加强战略规划对接和政策磋商,探索教育合作交流的机制与模式,增进教育合作交流的广度和深度,追求教育合作交流的质量和效益,互知互信、互帮互助、互学互鉴,携手推动教育发展,促进民心相通,构建"一带一路"教育共同体,共创人类美好生活新篇章。

后　记

本书是张德祥教授主持的中国高等教育学会高等教育科学研究"十三五"规划重大攻关课题"'一带一路'国家高等教育政策法规研究"（16ZG003）的研究成果。

本书由张德祥教授和李枭鹰教授负责总体规划、设计和架构，确定编译的主旨与核心，搜集、选取、翻译和整理塞尔维亚的相关教育政策法规，最后审阅书稿。《塞尔维亚共和国教育基本法》《塞尔维亚共和国高等教育法》由大连民族大学外国语学院王玉平副教授编译，《塞尔维亚共和国教育发展战略（2010—2020年）》由南开大学英语语言文学专业2017级硕士生潘乐和大连理工大学高等教育研究院教育管理专业2018级博士生耿宁荷、教育管理专业2019级博士生齐小鹛编译。这些政策法规文本的语言为英语。本书由王玉平副教授、齐小鹛校对。

本书的出版得到了中国高等教育学会、大连理工大学出版社的大力支持，课题组在此深表感谢！

课题组